Toolbox 精益管理工具箱系列

财务管理
实用制度与表格范例
图解版

企业管理工具项目组　组织编写

化学工业出版社
·北京·

内容简介

《财务管理实用制度与表格范例(图解版)》一书从财务管理实用制度与表格入手,第1部分详细讲解了财务管理体系的建立,具体包括财务管理体系概述、财务管理业务要点、财务部组织设计、财务部岗位说明;第2部分首先对如何制定财务管理实用制度进行了讲解,并提供了11项财务管理制度的模板和示例供读者参考使用;第3部分首先对如何设置管理表格进行了讲解,并提供了11项财务管理实用表格的模板和示例供读者参考使用。

本书进行模块化设置,内容实用性强,着重突出可操作性。本书另一大特色是在书中设置了二维码,读者可以扫描二维码获取表格范例模板,量身定做修改为自己公司的实用表格,提升工作效率。

本书可以作为财务管理人员、一线员工工作的参照范本和工具书,也可供高校教师和专家学者作为实务类参考指南。

图书在版编目(CIP)数据

财务管理实用制度与表格范例:图解版/企业管理工具项目组组织编写. —北京:化学工业出版社,2021.4
(精益管理工具箱系列)
ISBN 978-7-122-38578-9

Ⅰ.①财… Ⅱ.①企… Ⅲ.①财务管理 Ⅳ.①F275

中国版本图书馆CIP数据核字(2021)第032934号

责任编辑:陈 蕾　　　　　　　　　　　装帧设计:尹琳琳
责任校对:王 静

出版发行:化学工业出版社(北京市东城区青年湖南街13号　邮政编码100011)
印　　装:大厂聚鑫印刷有限责任公司
787mm×1092mm　1/16　印张23$\frac{3}{4}$　字数482千字　2021年5月北京第1版第1次印刷

购书咨询:010-64518888　　　　　　　　售后服务:010-64518899
网　　址:http://www.cip.com.cn
凡购买本书,如有缺损质量问题,本社销售中心负责调换。

定　　价:98.00元　　　　　　　　　　　　　　　　　版权所有　违者必究

前言

　　企业规范化操作是提高管理运营效率和使业务化繁为简的有效工具，它针对经营管理中的每一个环节、每一个部门、每一个岗位，以业务为核心，制定细致化、科学化、数量化的标准，并严格按照标准实施管理。这极大地提高了工作效率，使企业的经营管理模式在扩张中不变样、不走味，让企业以很少的投入获得很大的产出。

　　企业除了以全新的意识创造竞争条件来适应全新的竞争环境外，还必须从企业内部进行梳理，从内部挖潜力，实施精益化管理，且辅以过程控制，才能在竞争中立于不败之地，并获得持续发展。一个长期发展的企业，就要实施规范化管理，制度是所有管理模式的基础，没有制度的约束，任何管理都难以向前推进，进行制度化建设和管理可以促进企业向规范化方向发展。

　　依据制度办事，便于企业员工掌握本岗位的工作技能，利于部门与部门之间、员工与员工之间及上下级之间的沟通，使员工最大限度地减少工作失误。同时，实施规范化管理更加便于企业对员工的工作进行监控和考核，从而促进员工不断改善和提高工作效率。

　　依据表格管理，可以提高企业管理水平，尤其是提高企业管理效率，做到"事有所知，物有所管。人尽其职，物尽其用"的较好方式。以表格为载体，用表格化工作语言固化职能、优化流程、提高工作效率，实现管理创新。

　　企业一旦形成规范化的管理运作，对于规范企业和员工的行为，树立企业的形象，实现企业的正常运营，促进企业的长远发展具有重大的意义。这样使得企业的决策更加程序化和规范化，一些没有科学论证依据的决策被排除在外，从而大大减少了决策风险。

　　《财务管理实用制度与表格范例（图解版）》一书从财务管理实用制度与表格入手，第1部分详细讲解了财务管理体系的建立，具体包括财务管理体系概述、财务管理业务要点、财务部组织设计、财务部岗位说明4章；第2部分对如何制定财务管理实用制度进行了讲解，并提供了11项财务管理制度的模板和示例供读者参考使用，共11章；第3部分对如何设置管理表格进行了讲解，并提供了11项财务管理实用表格的模板和示例供读者参考使用，共11章。

　　本书进行模块化设置，实用性强，着重突出可操作性。本书另一大特色就是在书中设置了二维码，读者可以扫码获取表格范例模板，量身定做修改为自己公司的实用表格，提升工作效率。

　　本书可以作为行政管理人员、文秘进行管理的参照范本和工具书，也可供高校教师和专家学者做实务类参考指南。

　　由于笔者水平有限，书中难免出现疏漏，敬请读者批评指正。

编写组

第3部分
175张表格
请扫码下载使用

目录

第1部分　财务管理体系的建立

第1章　财务管理体系概述 ········· 2

1-01　财务管理体系的内容 ········· 2
1-02　财务管理体系的构成要素 ········· 4

第2章　财务管理业务要点 ········· 8

2-01　财务预算管理 ········· 8
2-02　筹资管理 ········· 9
2-03　投资管理 ········· 11
2-04　资产管理 ········· 12
2-05　成本费用管理 ········· 14
2-06　会计核算管理 ········· 14
2-07　往来账款管理 ········· 15
2-08　企业税务管理 ········· 16
2-09　企业内部审计管理 ········· 18
2-10　财务分析管理 ········· 19

第3章 财务部组织设计 ·· 20

- 3-01 财务部的设置要求 ·· 20
- 3-02 财务部在企业中所处的位置 ·································· 20
- 3-03 大型企业财务部常见架构 ····································· 21
- 3-04 中小型企业财务部常见架构 ·································· 22

第4章 财务部岗位说明 ·· 23

- 4-01 财务部经理岗位说明 ·· 23
- 4-02 总出纳岗位说明 ·· 24
- 4-03 出纳岗位说明 ··· 25
- 4-04 会计主管岗位说明 ··· 26
- 4-05 资金会计岗位说明 ··· 27
- 4-06 应付会计岗位说明 ··· 29
- 4-07 应收会计岗位说明 ··· 30
- 4-08 账务会计岗位说明 ··· 31
- 4-09 电算会计岗位说明 ··· 32
- 4-10 成本会计岗位说明 ··· 32
- 4-11 工资会计岗位说明 ··· 34
- 4-12 税务会计岗位说明 ··· 35
- 4-13 资产管理专员岗位说明 ······································· 36
- 4-14 投融资专员岗位说明 ·· 37

第2部分 财务管理制度

第5章 财务管理制度概述 ··· 39

- 5-01 科学地进行企业内部财务制度建设 ························ 39

5-02 财务制度的内容架构……40
  5-03 财务管理制度的文件样式……41
  5-04 财务管理制度的实施……42
  5-05 财务管理模块及制度概览……43

第6章 财务预算管理制度……45

  6-01 财务预算管理办法……45
  6-02 资金预算管理细则……48
  6-03 月度费用预算管理办法……54
  6-04 管理费用预算实施及管控制度……56

第7章 筹资管理制度……59

  7-01 企业融资管理办法……59
  7-02 筹资管理制度……63
  7-03 筹资内部控制制度……67

第8章 投资管理制度……72

  8-01 对外投资管理制度……72
  8-02 短期投资及风险控制管理办法……77
  8-03 长期投资管理办法……79
  8-04 对外投资内部控制制度……83

第9章 资产管理制度……91

  9-01 货币资金内部控制制度……91
  9-02 应收票据管理办法……101
  9-03 存货管理制度……103
  9-04 固定资产内部控制制度……107
  9-05 无形资产管理制度……115

9-06 低值易耗品管理规定 ······ 119
9-07 资产清查实施细则 ······ 125
9-08 资产减值准备管理制度 ······ 129

第10章 成本费用管理制度 ······ 134

10-01 成本管理基础工作制度 ······ 134
10-02 成本预测、计划、控制、分析制度 ······ 137
10-03 成本费用管理制度 ······ 142
10-04 成本费用核算制度 ······ 147

第11章 会计核算管理制度 ······ 151

11-01 会计核算管理办法 ······ 151
11-02 会计电算化管理制度 ······ 154
11-03 出纳作业管理准则 ······ 161
11-04 财务报表管理办法 ······ 164
11-05 会计档案管理制度 ······ 169

第12章 往来账款管理制度 ······ 173

12-01 企业采购及应付账款管理制度 ······ 173
12-02 应收账款管理制度 ······ 175
12-03 坏账损失审批流程规范 ······ 180
12-04 货款回收管理制度 ······ 184
12-05 供应商货款管理规定（制造业） ······ 186
12-06 供应商货款结算流程规范（零售业） ······ 187

第13章 企业税务管理制度 ······ 190

13-01 公司税务管理制度 ······ 190
13-02 公司发票管理办法 ······ 193

13-03 外来发票管理办法 … 197
13-04 集团税务风险防范管理办法 … 200

第14章 企业内部审计管理制度 … 204

14-01 集团公司内部审计制度 … 204
14-02 公司离任审计制度 … 216
14-03 集团公司内部稽核制度 … 221

第15章 财务分析管理制度 … 230

15-01 企业财务分析管理制度 … 230
15-02 财务报告编制与披露管理制度 … 233
15-03 内部控制制度——财务报告 … 239
15-04 财务分析报告管理制度 … 242

第3部分 财务管理表格

第16章 财务管理表格概述 … 248

16-01 表格登记过程中常见的问题 … 248
16-02 表格的设计和编制要求 … 248
16-03 表格的管理和控制 … 249
16-04 财务管理模块及表格概览 … 249

第17章 财务预算管理表格 … 255

17-01 长期投资和短期投资预算表 … 255

17-02　固定资产购置预算表 …… 256
17-03　销售收入预算总表 …… 256
17-04　××商品销售预测表 …… 257
17-05　××服务收入预算表（含项目开发）…… 257
17-06　销售成本预算总表 …… 258
17-07　采购现金支出预测表 …… 258
17-08　××存货预测表 …… 259
17-09　费用预算总表 …… 260
17-10　现金流量预算表 …… 260
17-11　财务费用预算表 …… 261
17-12　利润预算表 …… 262
17-13　预计损益表 …… 262
17-14　预计资产负债表 …… 264
17-15　资本性支出预算表——设备及其他 …… 265
17-16　融资预算表 …… 266
17-17　制造费用预算表 …… 266
17-18　销售费用预算明细表 …… 267
17-19　直接成本预算表 …… 268
17-20　管理费用预算表 …… 269
17-21　成本预算执行反馈月（季、年）报 …… 270
17-22　费用预算执行反馈月（季、年）报 …… 270
17-23　利润预算执行反馈月（季、年）报 …… 271
17-24　预算反馈报告频率表 …… 271

第18章　筹资管理表格 …… 272

18-01　筹资需求分析表 …… 272
18-02　企业借款申请书 …… 273
18-03　长期借款明细表 …… 273
18-04　短期借款明细表 …… 274
18-05　借款余额月报表 …… 274

- 18-06 费用支付月报表 274
- 18-07 企业融资成本分析表 275
- 18-08 实收资本（股本）明细表 275

第19章 投资管理表格 276

- 19-01 企业年度投资计划表 276
- 19-02 投资绩效预测表 277
- 19-03 长期股权投资明细表 277
- 19-04 持有至到期投资测算表 277
- 19-05 交易性金融资产监盘表 278
- 19-06 投资收益分析表 278
- 19-07 长期投资月报表 278
- 19-08 短期投资月报表 279
- 19-09 重要投资方案绩效核计表 279
- 19-10 投资方案的营业现金流量计算表 280
- 19-11 投资收益明细表 280

第20章 资产管理表格 281

- 20-01 资金收入、支出计划表 282
- 20-02 货币资金周（日）报表 283
- 20-03 货币资金变动情况表 283
- 20-04 周转资金检查单 284
- 20-05 银行存款明细账 284
- 20-06 现金盘点报告表 285
- 20-07 现金收支日报表 285
- 20-08 费用申请单 286
- 20-09 业务招待费申请表 286
- 20-10 资金支出签呈单 287
- 20-11 票据及存款日报表 287

20-12	应收票据备查簿	288
20-13	固定资产登记表	288
20-14	固定资产台账	289
20-15	固定资产报废申请书	289
20-16	固定资产增减表	290
20-17	闲置固定资产明细表	290
20-18	固定资产累计折旧明细表	290
20-19	无形资产及其他资产登记表	291
20-20	固定资产盘盈盘亏报告单	291
20-21	流动资产盘盈盘亏报告单	292
20-22	资产清查中盘盈资产明细表	292
20-23	低值易耗品新增验收单	293
20-24	低值易耗品领用单	293
20-25	低值易耗品报废单	294
20-26	低值易耗品调拨单	294
20-27	低值易耗品出入库汇总表	295
20-28	在用低值易耗品变动分析表	295
20-29	低值易耗品领用登记簿	295
20-30	计提应收款项坏账准备审批表	296
20-31	计提存货跌价准备审批表	297
20-32	计提长（短）期投资减值准备审批表	298
20-33	计提在建工程减值准备审批表	299
20-34	计提固定资产减值准备审批表	300
20-35	计提无形资产减值准备审批表	301
20-36	计提委托贷款准备审批表	302
20-37	减值准备转回审批表	303

第21章　成本费用管理表格············304

| 21-01 | 产品标准成本表 | 304 |
| 21-02 | 标准成本资料卡 | 305 |

- 21-03 每百件产品直接人工定额 ... 305
- 21-04 每百件产品直接材料消耗定额 ... 305
- 21-05 成本费用明细表 ... 306
- 21-06 材料运输费用分配表 ... 307
- 21-07 材料采购成本计算表 ... 307
- 21-08 固定资产折旧费计算分配表 ... 307
- 21-09 待摊费用（报刊费）摊销分配表 ... 308
- 21-10 预提费用（借款利息）摊销计算表 ... 308
- 21-11 工资费用分配表 ... 308
- 21-12 职工福利费计提分配表 ... 309
- 21-13 制造费用分配表 ... 309
- 21-14 产品生产成本计算表 ... 309

第22章 会计核算管理表格 ... 310

- 22-01 账簿启用和经管人员一览表 ... 310
- 22-02 会计账册登记表 ... 310
- 22-03 记账凭证清单 ... 311
- 22-04 会计档案保管移交清单 ... 311
- 22-05 会计档案保管清册 ... 311
- 22-06 会计档案销毁清册 ... 312
- 22-07 会计档案销毁清册审批表 ... 312

第23章 往来账款管理表格 ... 313

- 23-01 应收账款登记表 ... 313
- 23-02 应收账款日报表 ... 314
- 23-03 应收账款月报表 ... 314
- 23-04 应收账款分析表 ... 314
- 23-05 应收账款变动表 ... 315
- 23-06 问题账款报告书 ... 315

23-07	应收账款账龄分析表	316
23-08	应收账款催款通知单	316
23-09	付款申请单	317
23-10	劳务（　）月分包付款计划	317
23-11	材料月付款计划	318
23-12	分包商付款审批表	318
23-13	坏账损失申请书	319
23-14	应付票据明细表	320
23-15	收款情况报告表	320
23-16	应收账款可回收性分析表	321
23-17	应收账款可回收性判断因素一览表	321

第24章　税务管理表格 ································ 322

24-01	纳税自查报告	322
24-02	企业税务风险安全自测及评估标准	323
24-03	月度涉税工作进度表	325
24-04	税务风险控制自检表	325
24-05	发票开具申请单	326
24-06	开具红字增值税专用发票申请单（销售方）	327
24-07	开具红字增值税专用发票通知单（销售方）	327
24-08	开具红字增值税普通发票证明单	328
24-09	发票使用登记表	328

第25章　企业内部审计管理表格 ························ 329

25-01	审计工作规划表	329
25-02	审计分项工作计划表	330
25-03	审计工作底稿：经营环境及状况调查表	330
25-04	审计工作底稿：横向趋势分析表	331
25-05	审计工作底稿：资产负债表纵向分析表	332

25-06 审计工作底稿：损益表纵向趋势分析表 …………………… 333
25-07 审计工作底稿：内部控制调查问卷 ……………………… 334
25-08 审计工作底稿：控制环境调查记录表 …………………… 335
25-09 审计工作底稿：会计系统控制调查表 …………………… 336
25-10 审计工作底稿：审计查账记录表 ………………………… 337
25-11 审计工作底稿：实物核查记录表 ………………………… 337
25-12 审计工作底稿：审计结案表 ……………………………… 338
25-13 审计计划表 ………………………………………………… 338
25-14 审计通知单 ………………………………………………… 339
25-15 审计工作记录 ……………………………………………… 339
25-16 审计查账记录表 …………………………………………… 340
25-17 审计工作报告 ……………………………………………… 340
25-18 审计工作底稿 ……………………………………………… 341

第26章 财务分析管理表格 ……………………………………… 342

26-01 财务分析提纲 ……………………………………………… 343
26-02 财务状况控制表 …………………………………………… 344
26-03 现金流量表纵向趋势分析表 ……………………………… 344
26-04 资产负债表纵向趋势分析表 ……………………………… 347
26-05 利润表纵向趋势分析表 …………………………………… 347
26-06 月份财务分析表 …………………………………………… 348
26-07 年度财务分析表 …………………………………………… 349
26-08 财务状况分析表 …………………………………………… 349
26-09 商品产销平衡趋势分析表 ………………………………… 350
26-10 运营状况分析表（1）：存货周转状况分析 …………… 351
26-11 运营状况分析表（2）：固定资产周转状况分析 ……… 351
26-12 运营状况分析表（3）：流动资产周转状况分析 ……… 351
26-13 运营状况分析表（4）：总资产周转状况分析 ………… 352
26-14 运营状况分析表（5）：应收账款周转状况分析 ……… 352
26-15 融资风险变动分析表 ……………………………………… 353

26-16	生产经营状况综合评价表	353
26-17	资金收支预算执行考核表	354
26-18	成本利润趋势变动表	355
26-19	投资回报分析表	355
26-20	资本结构弹性分析表	356
26-21	企业资产结构分析表	356
26-22	资产负债表项目结构分析表	357
26-23	资产负债表项目趋势分析表	358
26-24	核心财务指标趋势分析表	359
26-25	预算损益执行情况表	360
26-26	财务指标评价分析表	361
26-27	应收账款分析表	362
26-28	存货分析表	362
26-29	利润分析表	363
26-30	财务比率综合分析表	363

第 1 部分

财务管理体系的建立

我国企业财务管理的弱点主要是体系不健全,绝大多数企业仍在沿用传统的方式方法,以记账、算账、报账为主,有些企业甚至财务报表说明都不够真实和准确,不能跟上和适应市场经济的发展及要求。而市场竞争将越来越激烈,对企业财务管理体系化的要求越来越高,市场竞争需要企业有健全的财务管理体系。

本部分共分为四章,如下所示:
- 财务管理体系概述
- 财务管理业务要点
- 财务部组织设计
- 财务部岗位说明

第1章 财务管理体系概述

本章阅读索引：

- 财务管理体系的内容
- 财务管理体系的构成要素

财务管理体系是指企业在一定的战略目标下，企业经营活动和投、融资活动实施价值化管理的体系，包括财务基础设置、财务预算体系、财务核算体系和财务报表体系。

1-01 财务管理体系的内容

（一）以企业价值最大化为中心

财务管理的基本观念和原则都来源于经营常识。如何将经营常识转化为有效的经营管理方式是公司经营的最大挑战。关于企业财务管理目标，主要三种观点，如图1-1所示。

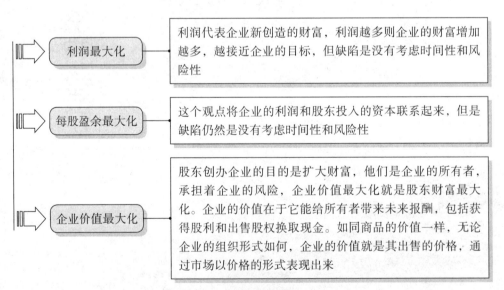

图1-1 企业财务管理目标的三种观点

目前,"企业价值最大化"已经成为企业财务管理的主流观念。

(二)以企业治理、财务管理为出发点

财务管理是公司管理的核心,但是,它也只是公司管理的组成部分而已。财务管理要以企业治理为出发点。因为财务管理掌握着公司经营活动的信息流,各个经济活动环节的信息都可以从财务上反映出来。

财务管理要以企业治理为出发点,就是说,财务管理要着眼于企业的业务特点,尤其是企业业务特点带来的现金以及流转情况特点。财务管理的对象是现金及现金流转。不同的业务,带来的现金及现金流转也不一样,由此要求的财务管理方式、方法、思想也就不一样。因此,财务管理要从企业治理出发,表明了要根据企业的特点来进行财务投、融资管理。

(三)使企业经营、投资、融资管理及时到位

财务管理要有时间观念,这就是时间价值观念。财务管理要使企业经营、投资、融资管理及时到位,就是从时间价值的角度去考虑的。现代商业活动瞬息万变,商机可能瞬间出现又瞬间消失,高明的企业管理者善于及时把握机会。把握机会之后,能否保证将商业机会变成商业价值,要看经营活动、投资、融资管理是否及时到位。如果投、融资不能及时跟上,那么再好的商机也没有价值。

财务管理要有一个观念,无论什么时候都要保证企业各项主要活动有财务管理上的有效的支持。这种支持表现在企业需要投资资金时,财务能够保证融资渠道的畅通。

(四)使股东、员工各方面都对企业都满意

对于股东而言,其对财务会计信息的基本要求是客观、真实、准确,对财务效益的要求是增值。财务管理要从会计信息和财务效益上使股东满意。

对于员工而言,其对财务管理的基本要求是高效、廉洁。表现在其到财务办理手续时能够及时和有效率,不出差错。总之,员工到财务部办理事情应该是满意的,财务工作要在制度范围内使他们得到满意。

(五)建立包括非财务指标的业绩评价体系

著名的《哈佛商业评论》曾评选出过去80年来最有影响的十大管理理念,排在第二位的是综合平衡计分卡(Balance Scorecard,BSC)。BSC不仅可以作为评价的重要工具,它还是战略落实的工具,所谓执行力的工具、管理变革的工具。它主要由三大块组成:财务、过程和总体评价。

财务评价主要分为股东价值保值增值和现金流量两部分。公司在战略发展的不同阶段,财务评价的重点也不同,会跟随战略的变化进行调整。战略执行初期,规模可能比利润意义更大,评价时就评价规模,看利润中心的营业额。

（六）重视现金流量管理

现金流是企业的"血液"，是需要畅通的。所以，无论企业的财务人员、公司领导还是每一个员工，都要重视。现金流管理的核心不在节省现金支出，而是有效地运用资金。

应将现金流管理纳入公司管理，因为在某种程度上，现金流代表了公司的利润，也代表公司的价值。由于现金流管理代表了一种对公司经营的评价，所以可以作为评价经理人的一种方式。

（七）参与风险管理

风险广泛存在于财务活动中，并对企业实现财务目标有重要影响。对财务风险进行防范，关键是建立预警系统。一般情况下，资本结构不合理是财务危机的重要原因，但是产生财务危机的根本原因是财务风险处理不当。

短期财务预警系统：编制现金流量表。企业能否维持下去，不完全取决于是否盈利，而是现金流是否健康。企业现金流量预算的编制，是财务管理工作中特别重要的一环，准确的现金流量预算，可以为企业提供预警信号，使经营者能够及早采取措施。为能准确编制现金流量预算，企业应该将各具体目标加以汇总，并将预期未来收益、现金流量、财务状况及投资计划等，以数量化形式加以表达，建立企业全面预算，预测未来现金收支的状况，以周、月、季、半年及一年为期，建立滚动式现金流量预算。

确立财务分析体系：建立长期预警体系。其中获利能力、偿债能力、经济效益、发展潜力指标最具有代表性。获利是企业经营最终目标，也是企业生存与发展的前提。

（八）实现现金流量最大化、投资效益最大化、融资成本最小化

企业终极目标是获利。企业的获利水平受各种因素影响。从财务角度来看，要实现几个"最"：现金流量最大化、投资效益最大化、融资成本最小化。

（1）现金流量最大化，表明企业能够正常运作，是健康的。

（2）投资效益最大化，表明企业是有效率的。

（3）融资成本最小化，表明企业的财务成本是合理的。

1-02　财务管理体系的构成要素

（一）财务规划

财务规划是财务管理体系建立、实施、保持的基础，同时也是财务管理体系持续改进的方向。其主要由财务战略、财务管理方针、资金及其运动、财务环境、财务目标、财务管理方案等要素构成，如表1-1所示。

表1-1 财务规划的要素

序号	要素	说明
1	财务战略	财务战略是在深入分析和准确判断企业内外环境因素对企业财务活动影响的基础上，为了谋求企业资源均衡及有效流动和实现企业战略目标，对企业资金运动或财务活动进行全面性、长远性和创造性的谋划。其关注焦点是企业的资金运动，其目标是谋求企业财务资源均衡、有效流动和实现企业战略目标，均衡是有效的基础，有效是均衡的主导，只有资金实现了均衡和有效流动，才能保证企业战略目标的顺利实现
2	财务管理方针	财务管理方针是企业在财务管理方面的宗旨和方向，是指导财务管理工作的总纲，能够符合企业的经营规模、财务管理的特点以及财务风险控制的要求，明确持续改进的承诺和对遵守法律、法规及其他等理财环境的要求，并且还需要定期评审，以适应不断变化的内外部条件和要求
3	资金及其运动	企业要对财务风险因素进行充分的辨识、评价，以此为基础，制定相应的控制措施，并根据内外部环境和条件的变化及时更新有关财务风险
4	财务环境	财务环境是企业财务管理活动难以改变的外部约束条件，因此财务管理更多的是适应其要求和变化。财务环境涉及的范围很广，其中最重要的是法律环境、经济环境和金融环境
5	财务目标	财务目标应当是可以量化的，并且要根据管理级次制定多层次目标（有些可以以具体的财务指标作为目标），这些财务目标受财务战略和财务方针的制约，并为财务管理方案的制定和实施提供可操作的依据
6	财务管理方案	财务管理方案是实施某项财务活动的具体文件，应包括每一个相关职能和层次的管理职责以及实现财务目标和指标的具体方法与时间表

（二）财务实施

为使财务管理规划中的各项目标实现，需要将财务管理具体措施予以落实，并在实施的过程中加以调整和改进。财务实施的主要要素如图1-2所示。

 财务管理机构与职责

财务管理机构与企业生产经营规模和特点密切相关，无论该机构和人员的设置复杂程度如何，都要明确规定每一个岗位在财务管理体系中的作用、职责、权限和责任。这需要形成文件化的职责制度，并使每一个在岗人员充分了解其内涵

 培训、意识和能力

对于上岗人员，尤其是与财务管理体系运行相关的岗位人员，必须具备符合其岗位要求的财务管理知识，并具有财务管理的意识，对未达到要求的人员经过培训、考核，使其具备任职能力，从而使其具有相应的理财能力（主要包括学习创新能力、沟通协调能力、财务控制能力、信息处理能力、财务预警及应变能力和持续改进能力等）

图1-2

要素三　协商与交流

在财务管理体系运行中，要对来自于企业外部和内部的各种财务信息和非财务信息进行适当的处理，并将由此产生的结果传输到相应的环节，对企业财务管理工作起到必要的指导。企业内部各部门信息沟通顺畅与否，直接影响到财务管理体系能否得到企业全体部门和人员的支持。企业内部与外部信息沟通的及时性、准确性对企业能否具有更强的财务应变能力、预防财务危机的发生起到至关重要的作用

要素四　文件化

要求企业在建立财务管理体系的过程中，制定一套适合本企业具体情况的财务管理文件，一般可由财务管理手册、程序文件（可由一般事项实施程序、重大事项实施程序、临时事项实施程序等构成）和相关管理规章制度等组成

要素五　文件与资料控制

企业对财务管理体系运行过程中所需要的文件及资料进行必要的控制，为企业进行财务控制提供必要的书面依据

要素六　财务运行

主要体现在对企业发生的各种交易和事项进行确认、计量、记录的一系列过程中，并据此对不符合财务规划的事项进行调节

要素七　财务预警与财务危机

企业应建立一套财务预警和风险防控机制，以应对预想之外的不利事件的影响，增强企业的持续生存和竞争能力

图 1-2　财务实施的主要要素

（三）财务绩效检查及纠正

财务活动实施后要对其实施效果进行评价，以了解企业前期财务运行状况、把握现在并对企业未来的财务状况进行改进。财务绩效检查及纠正的要素如图 1-3 所示。

（四）管理评审

由企业最高管理者按规定的时间间隔对财务管理体系进行评价，确保体系的持续适用性、充分性和有效性，根据其结果、不断变化的内外部客观环境和持续改进的要求，对财务方针、财务目标以及其他财务管理体系要素加以修订。

第1章 财务管理体系概述

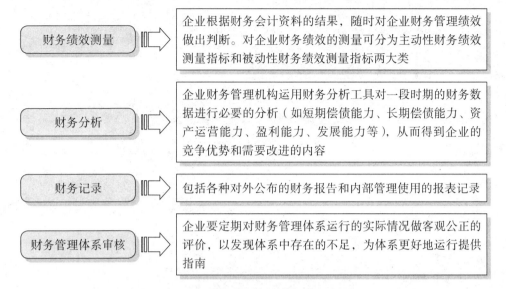

图 1-3 财务绩效检查及纠正的要素

第 2 章 财务管理业务要点

本章阅读索引：

- 财务预算管理
- 筹资管理
- 投资管理
- 资产管理
- 成本费用管理
- 会计核算管理
- 往来账款管理
- 企业税务管理
- 企业内部审计管理
- 财务分析管理

2-01 财务预算管理

（一）财务预算的内容

一般来说，企业对财务预算进行管理时，应包括如图 2-1 所示的内容。

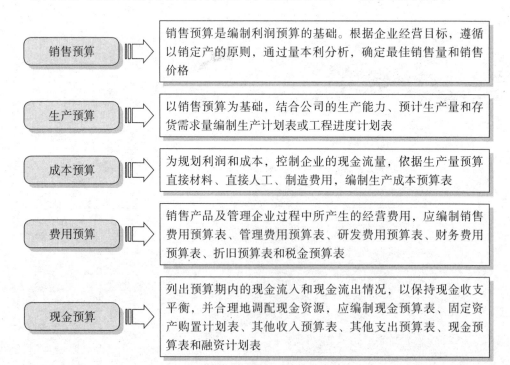

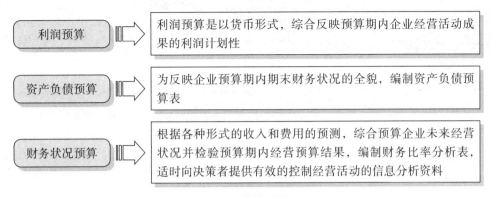

图 2-1　财务预算具体内容

（二）财务预算的编制程序

一般来说，企业对财务预算编制进行管理，应按照以下程序实施。

（1）最高领导机构根据长期规划，利用本量利分析等工具，提出企业一定时期的总目标，并下达规划指标。

（2）最基层成本控制人员自行编写预算，使预算能较为可靠、较为符合实际。

（3）各部门汇总部门预算，并初步协调本部门预算，编出销售、生产、财务等业务预算。

（4）预算委员会审查、平衡业务预算，汇总出公司的总预算。

（5）经过行政首长批准，审议机构通过或者驳回修改预算。

（6）主要预算指标报告给董事会或上级主管单位，讨论通过或者驳回修改。

（7）批准后的预算下达给各部门执行。

2-02　筹资管理

筹资是指企业根据其生产经营、对外投资及调整资本结构的需要，通过一定的渠道和资金市场，采取适当的方式，获取所需资金的一种行为。企业的生存与发展皆以筹集足够的资金为前提，筹资是整个资金运动的起点，因此，筹资管理是企业财务管理的一项基本内容。

（一）筹资原则

企业在筹资时应遵循如图 2-2 所示的原则。

（二）资金的筹集渠道

筹资渠道是指企业资金的来源。目前我国筹资渠道主要包括国家财政资金、企业内部资金、金融机构资金、其他单位资金、职工和民间资金以及国外资金，如表 2-1 所示。

规模适当	➡	企业的资金需求量往往是不断波动的，财务人员要认真分析调研企业生产、经营状况，采用一定的方法，预测资金的需求数量，合理确定筹资规模。这样，既能避免因资金筹集不足影响生产经营的正常进行，又可防止资金筹集过多，造成资金闲置
筹措及时	➡	企业财务人员在筹集资金时必须熟知资金时间价值的原理和计算方法，以便根据资金需求的具体情况，合理安排资金的筹集时间，适时获取所需资金。这样，既能避免过早筹集资金形成资金投放前的闲置，又能防止取得资金的时间滞后，错过资金投放的最佳时机
来源合理	➡	资金的来源渠道和资金市场为企业提供了资金的源泉及筹集场所，它反映了资金的分布状况和供求关系，决定着筹资的难易程度。不同来源的资金，对企业的收益和成本有着不同的影响，因此，企业应认真研究资金渠道和资金市场，合理选择资金来源
方式经济	➡	在确定筹资数量、筹资时间、资金来源的基础上，企业在筹资时还必须认真研究各种筹资方式。企业筹集资金必须要付出一定的代价，不同筹资方式条件下的资金成本有高有低。为此，就需要对各种筹资方式进行分析、对比，选择最佳的筹资方式，确定合理的资金结构，以便降低成本，减少风险

图 2-2　企业在筹资时应遵循的原则

表 2-1　资金的筹集渠道

序号	渠道	说明
1	国家财政资金	国家对企业的投资历来是我国国有企业的主要资金来源。国家财政资金具有广阔的来源和稳定的基础，而国民经济命脉也应当由国家掌握，因此，国家投资在企业的各种资金来源中占有重要的地位
2	企业内部资金	企业内部资金，主要指企业在税后利润中提取的盈余公积金和未分配利润。盈余公积金和未分配利润在一定条件下可以转化为经营资金，随着经济效益的提高，企业内部资金将日益增加
3	金融机构资金	金融机构资金，包括各种商业银行和各种非银行金融机构的资金，金融机构的资金有个人储蓄、单位存款等较稳定的来源，财力雄厚，贷款方式灵活，能适应企业的各种需要，且有利于国家宏观调控，因此它是企业资金的重要来源渠道
4	其他单位资金	其他单位资金，是指其他法人单位可以投入企业的资金。随着横向经济联合的开展，企业同企业之间的经济联合和资金融通日益广泛。既有长期的固定的资金联合，又有短期的临时的资金融通，有利于促进企业之间的经济联系，开拓企业的经营业务。所以，这种资金来源渠道得到了广泛利用

续表

序号	渠道	说明
5	职工和民间资金	职工和民间资金，是指本企业职工和城乡居民手中的暂时闲置未用的资金。这种个人投资渠道在动员闲置的消费基金方面具有重要的作用，已经逐渐成为企业筹集资金的重要渠道
6	国外资金	国外资金，是指外商向企业投入的资金。企业吸收外资，不仅可以满足经营资金的需要，而且能够引进国外先进技术和管理经验，促进企业技术的进步和产品水平的提高。因此，国外资金已成为企业加速生产发展、扩大经营规模的重要筹资渠道之一

（三）资金的筹措方式

资金的筹措方式是指企业筹措资金时所选用的具体形式。目前，我国的筹资方式主要有以下几种。

（1）吸收直接投资。

（2）金融机构贷款。

（3）发行股票。

（4）发行债券。

（5）融资租赁。

（6）留存收益。

（7）商业信用等。

2-03 投资管理

（一）投资战略的制定步骤

要正确制定企业的战略，就必须采用科学的方法和遵循必要的程序。一般来说，投资战略制定的基本方法和步骤如图2-3所示。

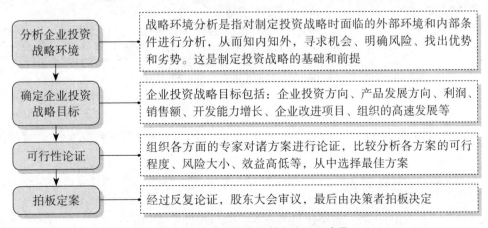

图2-3 投资战略制定的基本方法和步骤

（二）风险投资的决策步骤

一般来说，企业对风险投资的决策进行管理时，应按照如图2-4所示步骤进行。

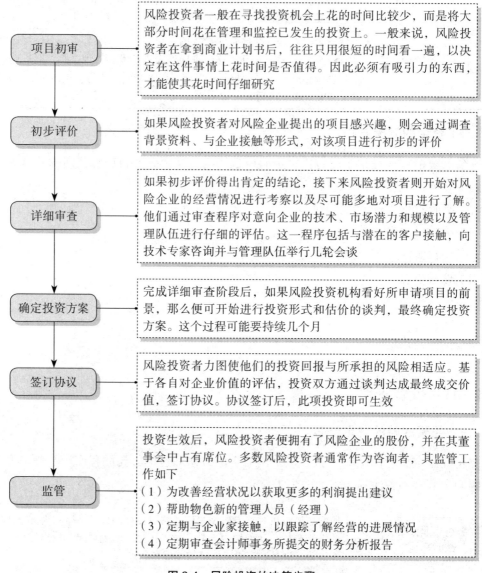

图 2-4 风险投资的决策步骤

2-04 资产管理

（一）资产的具体形式

一般来说，企业的资产主要有如图2-5所示的几种形式。

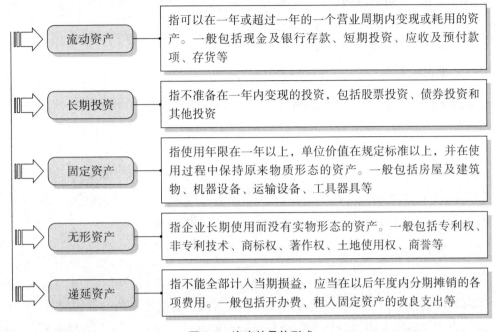

图 2-5　资产的具体形式

（二）资产的控制办法

一般来说，企业对资产进行控制时，可以按照以下方法进行。

（1）资产的保管与账簿的记载，应由不同人员分别负责。
（2）资产的保管，应明确指派人员负责，以免责任混淆。
（3）有形资产应加防护，以免私自或不当使用。
（4）应随时核对零用金与库存现金，并维持最少额度。
（5）各项支出的核决与支付，应分责办理。
（6）应尽可能以支票支付，支票的签发与保管，皆应有严密的控制。
（7）已签章的付款支票，不得由该支票签章人或核决人领取或寄交。
（8）有关现金、存货或其他流动资产收发的单据，应事先印妥连续编号。
（9）负责现金、有价证券及其他贵重资产处理责任的人员，需要有充分保证。
（10）上项人员应采轮调、轮休，并指派他人暂代其职务。
（11）各项付款凭据一经支付，应即加盖支付印章销案，防止重复请款。
（12）存于内部保险箱或银行保管箱的有价证券等贵重物品，应由两人以上共同保管。
（13）若人员编制许可，下列职责应予分立，避免集中一人。
（14）信用授予、折让折扣、客户赠品、招待等，皆应严格管理。
（15）定期举行资产的全面盘点。

2-05　成本费用管理

一般来说，企业在对成本进行控制时，应按照以下程序实施。

（一）事前控制

事前控制是在产品投产前对影响成本的经济活动进行事前的规划、审核、确定目标成本，它是成本的前馈控制。事前控制包括以下内容。

（1）对成本进行预测，为确定目标成本提供依据。

（2）在预测的基础上，通过对多种方案的成本进行对比分析，确定目标成本。

（3）把目标成本分别按各成本项目或费用项目进行层层分解，落实到各部门、车间、班级和个人，实行归口分级管理，以便于管理控制。

（二）事中控制

事中控制是在成本形成过程中，随时实际发生的成本与目标成本对比，及时发现差异并采取相应措施予以纠正，以保证成本目标的实现，它是成本的过程控制。

成本事中控制应在成本目标的归口分级管理的基础上进行，严格按照成本目标对一切生产耗费进行随时随地的检查审核，把可能产生损失浪费的苗头消灭在萌芽状态，并且把各种成本偏差的信息，及时地反馈给有关的责任单位，以利于及时采取纠正措施。

（三）事后控制

事后控制是在产品成本形成之后，对实际成本的核算、分析和考核，它是成本的后馈控制。成本事后控制通过实际成本和一定标准的比较，确定成本的节约或浪费，并进行深入的分析，查明成本节约或超支的主客观原因，确定其责任归属，对成本责任单位进行相应的考核和奖惩。通过成本分析，为日后的成本控制提出积极改进意见和措施，进一步修订成本控制标准、改进各项成本控制制度，以达到降低成本的目的。

2-06　会计核算管理

会计核算，是指以货币为主要计量单位，通过确认、计量、记录和报告等环节，对特定主体的经济活动进行记账、算账和报账，为相关会计信息使用者提供决策所需的会计信息。

（一）会计核算的基本程序

会计核算的基本程序（图2-6）是指对发生的经济业务进行会计数据处理与信息加工的程序。它包括会计确认、计量、记录和报告等程序。

会计确认、计量、记录和报告作为一种基本程序或方法都有其具体内容，并需要采用一系列专门方法。

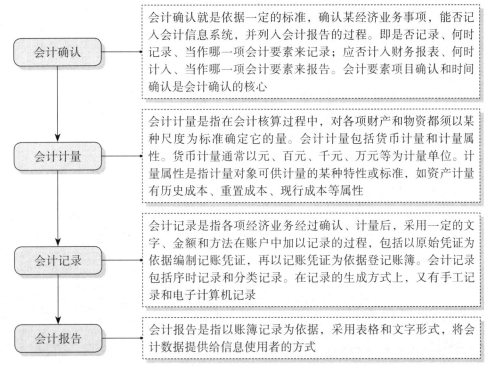

图 2-6　会计核算的基本程序

（二）会计核算方法

会计核算方法是对会计对象进行完整的、连续的、系统的反映和监督所应用的方法。主要包括：设置账户、复式记账、填制和审核凭证、登记账簿、成本计算、财产清查、编制会计报表等一系列专门方法。

2-07　往来账款管理

（一）应收账款管理策略

应收账款是指企业在正常的经营过程中，因销售商品产品或提供劳务等业务而形成的债权。应收账款有效管理的策略如下。

（1）建立相对独立的信用管理部门，坚持信用评估制度。

（2）建立客户管理档案对客户进行资信评价。

（3）实施具体的信用标准。

（4）制定最佳收账政策。

（5）加强财务基础工作，设置规范的应收账款账户。

（6）建立坏账准备金制度，提高企业承担坏账风险的能力。

（7）发挥会计监督作用，及时掌握应收账款的变化情况。

（8）制定应收账款回收责任制。

（二）应付账款管理

应付账款是指企业应购买材料、商品或接受劳务供应等而发生的债务。加强应付账款的管理，是维护企业与供应商之间的良好合作关系，保证企业可持续发展的重要途径。以下是应付账款的管理方法。

（1）规范应付账款的会计核算。

（2）建立供应商基础信息档案。

（3）创建应付账款账龄自动分析表格。

（4）建立供应商分类管理系统，对不同类别的供应商实施不同的发展策略和控制措施。

（5）规范采购合同文本。

（6）建立供应商信用评级制度。

2-08 企业税务管理

（一）加强企业税务管理的主要方法

税务管理的核心是税收筹划，企业其他的税务管理活动最终都是为了实现税收筹划。所谓税收筹划是指在遵守国家税法、不损害国家利益的前提下，通过合理筹划，选择合适的经营方式，实现税负最低。

税收筹划必须与企业的实际情况相结合，运用在企业投资、筹资和生产经营活动过程中。

1. 企业投资选择中的税收筹划

企业在进行投资选择时，由于地区、方向、行业和产品的不同，其税收负担则会存在差异。如在国务院批准的高新技术开发区、沿海经济开发区、经济技术开发区、经济特区和西部地区进行投资，可获一定期限的免征或减征所得税优惠；投资兴建高新技术企业、与外商合资兴办中外合资企业以及兴建利用"三废"为原料的环保企业，也可获一定期限的免征或减征所得税优惠等。

2. 企业筹资选择中的税收筹划

筹资融资是进行生产经营活动的先决条件。企业的资金有借入资金和权益资金两种，权益资金具有安全性、长期性、不需要支付固定利息等优点，但要支付股息，且股息不能从税前扣除，资金成本较高；而借入资金虽需到期还本付息，风险较大，但利息可税前扣除，达到抵税作用，资金成本较低。加强企业筹资选择中的税务管理，就是要合理选用筹资方式，达到降低税负的目的。

3. 企业生产经营活动中的税收筹划

主要指企业在生产经营活动中，通过对存货计价方法、固定资产折旧方法、费用分摊和坏账处理中的会计处理，在不同的会计年度内实现不同的所得税，从而达到延缓纳税目的，提高企业资金使效率。如在遵循现行税法和财务制度的前提下，通过选择适合的存货计价方法，使发货成本最大化，以实现账面利润最少的目标；采用加速折旧法；加大当期折旧，达到延缓纳税目的；选择最有利的坏账损失核算办法减轻税收负担等。

在履行纳税义务中，要充分利用税法对纳税期限的规定、预缴与结算的时间差，合理处理税款，从而减少企业流动资金利息的支出。

在选择不同的纳税方案时，应全面衡量该方案对企业整体税负的影响，避免由于选择某种方案减轻了一种税负而引起另一些税负增加，造成整体税负加重。

（二）加强企业税务管理的要求

加强企业税务管理的要求如图2-7所示。

要求一　要坚持自觉维护税法的原则

企业在加强税务管理中，要充分了解税法，严格按税法规定办事，自觉维护税法的严肃性，不能因为企业的故意或疏忽，将加强税务管理引入偷税、逃税的歧途

要求二　设置税务管理机构，配备专业管理人员

企业内部应设置专门税务管理机构（可设在财务部），并配备专业素质和业务水平高的管理人员，研究国家的各项税收法规，把有关的税收优惠政策在企业的生产经营活动中用好、用足，并对企业的纳税行为进行统一筹划、统一管理，减少企业不必要的损失

要求三　做好事先预测和协调工作

企业生产经营活动多种多样，经营活动内容不同，纳税人和征税对象不同，适用的税收法律和税收政策也不同，必须在实际纳税业务发生之前，与涉及经营活动的各个部门协调好，对各项活动进行合理安排，适用税法允许的最优纳税方案。如果企业在经济活动发生后，才考虑减轻税负，就很容易出现偷、逃税行为，这是法律所不允许的

要求四　利用社会中介机构，争取税务部门帮助

目前，社会中介机构如税务师事务所、会计师事务所等日趋成熟，企业可以聘请这些机构的专业人员进行税务代理或咨询，提高税务管理水平。同时，要与税务部门协调好关系，争取得到税务部门在税法执行方面的指导和帮助，以充分运用有关税收优惠政策

图2-7　加强企业税务管理的要求

2-09 企业内部审计管理

（一）财务内审的范围

一般来说，企业对财务进行内审时，应按照以下范围实施。
（1）年度财务收支的执行情况。
（2）重大经济事项的决策与执行情况。
（3）债权债务的增减情况。
（4）固定资产的管理情况。
（5）职工工资的发放和离退休人员费用支付情况。
（6）车辆费用、招待费用、业务费用的支出情况。
（7）上年度财务内审时提出的问题整改情况。
（8）本企业需要说明的其他事项。

（二）财务内审的步骤

一般来说，企业对财务进行内审时，应按照以下步骤实施。

1. 财务内审准备

在财务内审前，企业首先需要准备以下事项。

（1）更新的当年营业执照、税务登记证、组织结构代码证、关联方清单、本年公司的架构表。

（2）各部门的科目余额表、财务报表、主要的销售合同、租赁合同、法院判决书、未决诉讼等。

2. 内审实施

（1）穿行测试。审计师在预审时，一般会对公司的内部业务流程做大致的了解，主要用以测试内部控制的目的，如销售流程、采购流程、费用流程等，即称为穿行测试。这中间涉及需要拿到流程中一些相关的文档作为支持。

（2）实质性测试阶段。内控了解完毕后，审计师会对该内控进行有效性测试，常常抽查样本，检查是否每个样本都得到适当的控制。实质性测试阶段主要是针对财务报表科目而言的，主要是资产负债表和利润表。

（3）财务审核阶段。在进行财务审核时，主要进行抽查，看总账与明细账，结余与支出、收入是否一致等。

（4）实施审计阶段。在实施审计过程中，财务还需要配合审计人员查找凭证，如催讨函证等（切记：主要客户和关联方的函证不回来是不能做替代测试的、不能出报告的，所以应该在审计进场前与他们做好必要的联系）。

3. 编制审计报告

内审报告一般由企业内部的会计师在内审完毕后编制，主要涉及以下内容。

(1)会计档案等会计工作是否符合会计制度。
(2)企业的内控制度是否健全等事项的报告。

同时对财务收支、经营成果和经济活动全面审查后做出的客观评价。基本内容包括资产、负债、投资者权益、费用成本和收入成果等。

2-10 财务分析管理

财务分析是分析和评价企业的经营成果、财务状况及其变动的一种方法。

(一)财务分析的目的

财务报表分析的目的有两个:基本目的和一般目的,具体如图2-8所示。

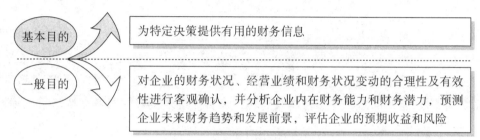

图 2-8 财务报表分析的目的

不同的信息用户对财务报告信息的角度和重点不同,需要对财务报告等信息进行二次加工处理。

(二)财务分析的内容

财务分析的内容如图2-9所示。

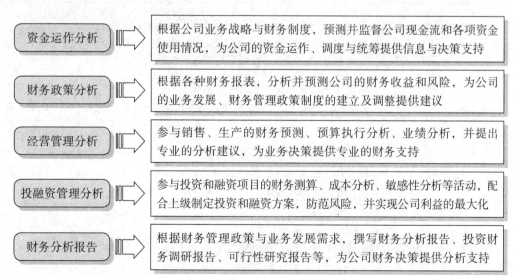

图 2-9 财务分析的内容

第3章 财务部组织设计

本章阅读索引：

- 财务部的设置要求
- 财务部在企业中所处的位置
- 大型企业财务部常见架构
- 中小型企业财务部常见架构

企业是由不同部门组建的，每个部门都是企业的重要组成部分。但是如果部门架构设计不当，很容易造成各种问题，例如人浮于事或者人手紧缺等。因此，每个企业都应当根据自己的具体情况，来选择最合适的部门架构。财务部是企业的财务管理部门，设置合适的架构才能使部门始终保持高效运转，为企业提供良好的财务支持。

3-01 财务部的设置要求

良好的财务管理是确保企业各项资产、存货、资金等完好管理的重要保障，因此，企业应设置财务部对财务工作进行全面管理。企业设置财务部应按如表3-1所示的要求进行。

表3-1 财务部设置要求

序号	设置要求	详细说明
1	符合内部牵制制度	会计工作可一人一岗、一人多岗或一岗多人。但出纳不得兼管稽核、会计档案保管和收入、费用、债权债务账目的登记工作
2	执行回避制度	本企业领导人的直系亲属不得担任本单位的会计机构负责人、会计主管人员。会计机构负责人的直系亲属不得在本单位会计机构中担任出纳工作
3	执行会计人员岗位轮换制度	会计人员的工作岗位做到定岗、定员不定死，有计划地进行岗位轮换，以使会计人员能够全面熟悉财会工作、扩大知识面、增强业务素质、提高工作水平，加强会计工作内部监督。轮换时应按规定办理交接手续。岗位轮换一般2～3年轮换一次，最长不超过5年

3-02 财务部在企业中所处的位置

在生产制造型企业中，虽然因为情况不同，导致各企业架构有所不同，但是一些基本的部门，如研发部、生产部等，是必须配备的，而财务部在企业中所处的位置如图3-1所示。

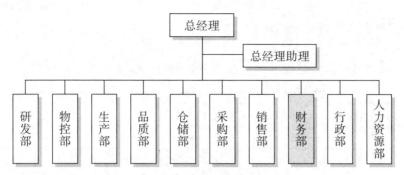

图 3-1 财务部在企业中所处的位置

① 财务部是企业的财务管理部门，主要负责各项财务管理工作。它运营效率的高低直接决定着企业的财务健康状况。

② 财务部为各部门提供必要的财务支持，为其报销必要的业务费用，同时也负责对各部门进行有效的财务监管，防止出现财务漏洞。

3-03 大型企业财务部常见架构

大型企业财务部常见架构如图3-2所示。

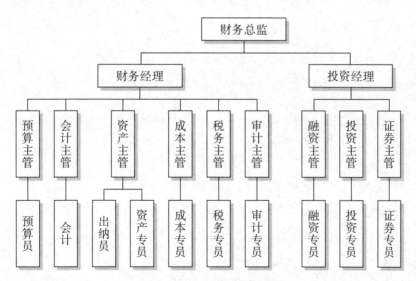

图 3-2 大型企业财务部常见架构

① 大型企业规模非常庞大，涉及的财务事务往往也较为繁杂，因此，其组织架构也会较为复杂，往往在财务经理之上再设一个财务总监。

② 大型企业往往会有专门的投资经理来负责投融资业务，同时设有成本主管负责成本控制、资产主管负责资产管理、税务主管负责税务管理，而不是像中小企业那样，由相关会计负责该方面的工作。

3-04　中小型企业财务部常见架构

中小型企业财务部常见架构如图3-3所示。

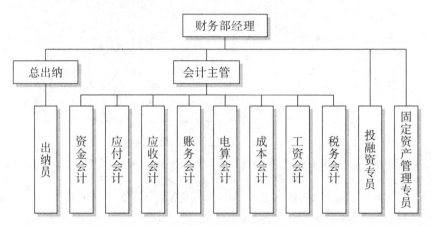

图 3-3　中小型企业财务部常见架构

①根据《中小企业划型标准规定》，对中小企业的划型规定如下：从业人员1000人以下或营业收入40000万元以下的为中小微型企业，也就是通常所说的中小型企业。本书内容主要针对中小型企业。

②中小型企业财务部的架构比较简单，层级较少，职责也比较明确，相互之间以及与相关部门之间的沟通比较简单。

第4章 财务部岗位说明

本章阅读索引:

- 财务部经理岗位说明
- 总出纳岗位说明
- 出纳岗位说明
- 会计主管岗位说明
- 资金会计岗位说明
- 应付会计岗位说明
- 应收会计岗位说明

- 账务会计岗位说明
- 电算会计岗位说明
- 成本会计岗位说明
- 工资会计岗位说明
- 税务会计岗位说明
- 资产管理专员岗位说明
- 投融资专员岗位说明

4-01 财务部经理岗位说明

财务部经理岗位说明可使用以下说明书。

财务部经理岗位说明书

岗位名称	财务部经理	岗位代码		所属部门	财务部
职系		职等职级		直属上级	总经理
1.岗位设置目的 　全面负责公司会计核算、财务管理,对经营过程实施财务监督					
2.岗位职责 （1）与总经理沟通并汇报工作,协助总经理制定财务规划 （2）及时准确地向公司领导提供决策信息及建议,为公司重大决策服务 （3）参与公司重大财务问题的决策 （4）组织公司成本核算,提出成本控制指标建议 （5）按期完成申报缴纳各种税款,妥善保管税务发票,独立完成公司年检工作 （6）负责公司财产及物资采购的监督,定期组织存货盘点 （7）定期编制各种财务报表、会计报表,按要求及时上报总经理 （8）编制财务收支计划,合理安排资金运用,保证满足经营活动的资金需求 （9）对日常各项费用开支报销单据进行审核,杜绝不合理的费用报销 （10）协调本部门与其他部门间的关系,解决争议 （11）监督、指导直接下属人员的财务、会计工作,并督促下属员工及时完成工作计划 （12）完成上级交办的其他事项					

续表

3.工作关系
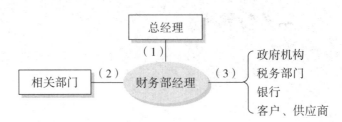 （1）向总经理提供适当的财务报表、分析报告及投、融资建议，并落实其工作安排 （2）做好对外部机构的接洽工作，维持良好的双边关系 （3）与各相关部门按照部门间既定工作程序做好安排，并做好财务监督、会计核算等工作
4.任职要求 （1）教育背景：大专以上学历，财务管理、会计等相关专业 （2）经验：5年以上会计工作经验，2年以上财务管理工作经验 （3）专业知识：熟悉行业特征、涉外公司的有关政策法规以及相关业务知识 （4）能力与技能：良好的组织、沟通协调能力以及文字表述能力和公关社交能力
5.工作条件 （1）工作场所：财务部办公室 （2）工作时间：固定（五天八小时制） （3）使用设备：计算机、电话、计算器等

4-02 总出纳岗位说明

总出纳岗位说明可使用以下说明书。

总出纳岗位说明书

岗位名称	总出纳	岗位代码		所属部门	财务部
职系		职等职级		直属上级	财务部经理
1.岗位设置目的 　公司银行存款和现金的总额收支与管理					
2.岗位职责 　（1）及时反映公司资金信息，并向总经理报送，保证资金监督和预算工作的开展 　（2）对核算会计传递的原始凭证与录入的记账凭证进行检查、监督 　（3）负责办理公司大额资金收支结算业务工作 　（4）定额拨付给出纳所需资金，保证公司经营活动的正常业务需要 　（5）定期与会计、出纳核对银行存款、现金收支账，确保账账、账款相符 　（6）负责银行票据、收款收据、发票的申购、保管、合法使用和及时缴销 　（7）妥善保管印章、现金、票据和有价证券，发现遗失应及时报告 　（8）在工资发放日，协助财务人员办理配、换、找零现金事宜 　（9）完成上级交办的其他事项					

续表

3.工作关系
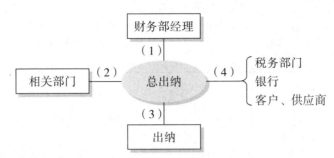 （1）接受财务部经理的直接指导，并协助其管理好出纳工作 （2）与各相关部门做好协调沟通工作 （3）听取下属出纳汇报工作，指导其日常工作，并进行监督 （4）与外部机构就税款缴交、存款、现金转账等事务做好沟通
4.任职要求 （1）教育背景：中专以上学历，财会相关专业 （2）经验：熟悉出纳岗位工作内容，从事过财会工作3年以上 （3）专业知识：熟悉会计基础知识、现金管理知识 （4）能力与技能：具有良好的职业操守和沟通能力，很强的责任心，计算机操作熟练
5.工作条件 （1）工作场所：财务部办公室 （2）工作时间：固定（五天八小时制） （3）使用设备：计算机、电话、计算器等

4-03 出纳岗位说明

出纳岗位说明可使用以下说明书。

出纳岗位说明书

岗位名称	出纳	岗位代码		所属部门	财务部
职系		职等职级		直属上级	总出纳
1.岗位设置目的 　公司银行存款和现金的收支与管理					
2.岗位职责 （1）现金的日常收支和保管，银行账户的开户与销户 （2）清点各部门交来的各种款项，做到有问题当时问清并及时处理 （3）按财务规定做好报销工作和每天现金盘点，核对账目，补充备用金，定期编制出纳报表 （4）查实、汇报各银行账户余额，定期向总经理汇报具体银行存款及备用金情况 （5）登记现金日记账，并结出余额，每月同会计对账与总分类账核对					

（6）登记银行存款日记账，每月根据银行对账单进行核对，并同会计对账与总分类账核对 （7）负责收款收据、发票、空白银行票据的保管与开具，定期整理装订银行对账单 （8）办理工资银行卡，发放工资，办理各类信用卡，交存现金 （9）在保障安全、准确、及时办理资金收付业务的前提下，适当协助会计人员办理外勤工作 （10）完成上级交办的其他事项
3.工作关系 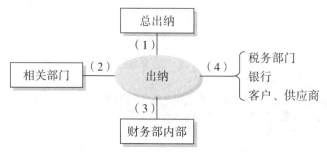 （1）接受总出纳的领导，在其指导、监督下，开展出纳业务工作 （2）与相关部门做好现金往来沟通工作 （3）与部门内部各会计做好现金入账、网上银行转账、日常账务、账簿审核等工作的沟通核对工作 （4）做好与外部机构的现金往来沟通工作
4.任职要求 （1）教育背景：中专以上学历，财务、会计相关专业 （2）经验：熟悉出纳岗位工作内容，从事过财会工作1年以上 （3）专业知识：熟悉会计基础知识、现金管理知识 （4）能力与技能：具有良好的职业操守和沟通能力，很强的责任心，工作认真负责，能够承受一定的工作压力；能适应快节奏的工作步调；熟练操作计算机及财务软件
5.工作条件 （1）工作场所：财务部办公室 （2）工作时间：固定（五天八小时制） （3）使用设备：计算机、电话、计算器等

4-04　会计主管岗位说明

会计主管岗位说明可使用以下说明书。

会计主管岗位说明书

岗位名称	会计主管	岗位代码		所属部门	财务部
职系		职等职级		直属上级	财务部经理
1.岗位设置目的 　　统筹安排会计人员日常工作，实施会计监督					

续表

2.岗位职责 （1）与财务部经理沟通并汇报工作，协助财务部经理制订财务部工作计划 （2）审核各类凭证、报销单据，确保财务数据的准确性和会计资料的齐备、完整性 （3）协助健全内部控制制度，不断整合财务资源及作业流程，以提高财务部整体协同能力 （4）监督指导会计分类记账，填制传票，保证各类凭证准确、真实、完整 （5）监督审核各类日记账、总账、分类账填制 （6）监督公司现金存款与出纳管理 （7）负责公司会计人员队伍建设，提出对下属人员的调配、培训、考核意见 （8）负责指导下属员工制订阶段工作计划，并督促执行 （9）对公司员工进行财务支持，对其他部门能够进行财务监督、协助和沟通 （10）完成上级交办的其他事项
3.工作关系 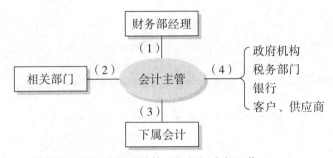 （1）接受财务部经理的直接指导，并协助其管理好部门内部工作 （2）与各相关部门做好会计事务协调沟通工作 （3）听取下属会计汇报工作，指导其日常工作，并进行监督 （4）在财务部经理休假或不在岗时，代其做好对外部机构的接洽工作，维持良好的双边关系
4.任职要求 （1）教育背景：大专以上学历，财务管理、会计等相关专业，有会计师资格 （2）经验：5年以上会计工作经验，3年以上外企主管会计工作经验 （3）专业知识：全面的专业知识、账务处理及财务管理经验；熟悉财政及税务的政策法规 （4）能力与技能：有较强的沟通能力和领导能力，有良好的纪律性、自律性以及对工作认真、细致、负责的态度，并能在压力下工作；熟练使用财务软件和Excel、Word等信息技术工具
5.工作条件 （1）工作场所：财务部办公室 （2）工作时间：固定（五天八小时制） （3）使用设备：计算机、电话、计算器等

4-05 资金会计岗位说明

资金会计岗位说明可使用以下说明书。

资金会计岗位说明书

岗位名称	资金会计	岗位代码		所属部门	财务部
职系		职等职级		直属上级	会计主管

1. 岗位设置目的

　　全面负责资金核算，编制资金需求与使用情况报表，应付账款工作统筹，内部账务处理

2. 岗位职责

　　（1）负责公司资金核算，按月编制公司资金需求预算报表
　　（2）拟定公司资金管理办法，制订资金使用计划，并监督实施
　　（3）负责应收账款、应付账款的管理与核算，以及承发包工程款项的结算与支付
　　（4）及时清理债权债务，按权责发生做好各项应收、应付款项的挂账工作
　　（5）统筹应付账款工作，复核应付账款报表，进行应付账款的账龄分析
　　（6）协助应付账款会计结账，定期与供应商、账务会计对账
　　（7）负责编制内部财务管理所需的各类费用、成本报表
　　（8）负责内部账务处理，单据保管、整理、装订成册和归档保管工作
　　（9）审核收付款单据，监督收付款情况
　　（10）完成上级交办的其他事项

3. 工作关系

　　（1）接受会计主管的领导，在其指导、监督下，开展资金管理工作
　　（2）与相关部门就资金核算、资金需求情况进行协调沟通
　　（3）与财务部内部其他会计人员做好沟通协调工作，与出纳做好现金往来协调工作

4. 任职要求

　　（1）教育背景：中专以上学历，会计相关专业
　　（2）经验：3年以上财会工作经验
　　（3）专业知识：熟悉会计核算和会计法规
　　（4）能力与技能：良好的与内部和外部客户的沟通技巧，很强的责任心，工作细致认真，善于思考，良好的计算能力、统计能力，具备一定的判断力，能承受一定工作压力，计算机操作熟练

5. 工作条件

　　（1）工作场所：财务部办公室
　　（2）工作时间：固定（五天八小时制）
　　（3）使用设备：计算机、电话、计算器等

4-06 应付会计岗位说明

应付会计岗位说明可使用以下说明书。

应付会计岗位说明书

岗位名称	应付会计	岗位代码		所属部门	财务部
职系		职等职级		直属上级	会计主管

1.岗位设置目的
应付账款的核算、结账与付款，应付账款报表编制
2.岗位职责
（1）确保公司的支出及交易、采购、支付等政策得到严格有效的执行 　（2）审核采购部提供的供应商基本资料，在应付账款管理系统中正确建立供应商资料 　（3）做好供应商采购订单跟踪管理、发票校验和付款申请工作 　（4）月底与仓库、采购对账，月初与月结供应商对账，确保应付账款的准确、无误、数据一致 　（5）检查已验收尚未收到发票的采购订单，如果超过合同期限应追查是否采取措施索取发票 　（6）每月编制对账单、应付账款报表、账龄分析报表，交资金会计审核 　（7）根据总经理和总经理审核过的付款申请书，及时安排付款，对逾期付款业务做跟踪处理 　（8）积极参与公司应付账款业务、结算流程及其他相关工作流程的设计、改进和提高 　（9）协助资金会计编制材料采购、外发加工付款预算 　（10）完成上级交办的其他事项
3.工作关系
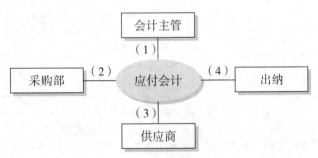
（1）接受会计主管的领导，在其指导、监督下，开展应付账款管理工作 　（2）初审采购部的付款申请单，提供货款报表和货款信息的咨询 　（3）及时与出纳对账，跟进出纳并及时支付货款 　（4）核对付款金额、登记状况
4.任职要求
（1）教育背景：中专以上学历，会计相关专业 　（2）经验：2年以上财会工作经验 　（3）专业知识：熟悉会计核算和会计法规，参加过电算化会计知识培训 　（4）能力与技能：良好的沟通能力和职业操守，很强的责任心，工作细致认真，善于思考，能承受一定的工作压力，计算机操作熟练
5.工作条件
（1）工作场所：财务部办公室 　（2）工作时间：固定（五天八小时制） 　（3）使用设备：计算机、电话、计算器等

4-07 应收会计岗位说明

应收会计岗位说明可使用以下说明书。

应收会计岗位说明书

岗位名称	应收会计	岗位代码		所属部门	财务部
职系		职等职级		直属上级	会计主管

1.岗位设置目的
应收账款的核算，结账与收款，应收账款报表编制
2.岗位职责
（1）确保公司的应收账款政策得到严格有效的执行 　　（2）审核销售人员提供的客户基本资料，在应收账款管理系统中正确建立客户资料 　　（3）月底与销售部对结账，月初与月结客户对结账，确保应收账款的准确、无误、数据一致 　　（4）检查已验收尚未收到货款的销售业务，如果超过合同期限应追查是否采取措施索取货款 　　（5）积极参与公司应收账款业务、结算流程及其他相关工作流程的设计、改进和提高 　　（6）完成上级交办的其他事项
3.工作关系
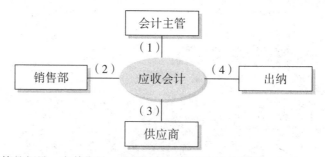 　　（1）接受会计主管的领导，在其指导、监督下，开展应收账款管理工作 　　（2）督促销售人员及时进行应收账款的对账及货款催收，并及时向其发送应收账款的报表 　　（3）根据客户要求及时对账，根据客户要求准确开具发票，配合客户处理其他事宜 　　（4）核对应收款项的入账情况
4.任职要求
（1）教育背景：中专以上学历，会计相关专业 　　（2）经验：2年以上财会工作经验 　　（3）专业知识：熟悉会计核算和会计法规，参加过电算化会计知识培训 　　（4）能力与技能：良好的沟通能力和职业操守，很强的责任心，工作细致认真，善于思考，能承受一定的工作压力，计算机操作熟练
5.工作条件
（1）工作场所：财务部办公室 　　（2）工作时间：固定（五天八小时制） 　　（3）使用设备：计算机、电话、计算器等

4-08 账务会计岗位说明

账务会计岗位说明可使用以下说明书。

账务会计岗位说明书

岗位名称	账务会计	岗位代码		所属部门	财务部
职系		职等职级		直属上级	会计主管

1.岗位设置目的
日常账务处理，会计报表编制，登记及保管各类账簿

2.岗位职责
（1）正确设置会计科目和会计账簿
（2）负责公司日常账务处理，审查原始单据，整理会计凭证，编制记账凭证
（3）负责编制公司的会计报表及财务分析报告
（4）负责编制细化的公司财务分析报告，报领导备案决策
（5）负责总分类账、明细分类账、费用明细账、固定资产账簿的登记与保管
（6）负责分摊各种费用，计提固定资产折旧，核算各项税金
（7）定期对账，发现差异时及时查明原因，处理结账时有关的账务调整事宜
（8）审核、装订及保管各类会计凭证
（9）完成上级交办的其他事项

3.工作关系

（1）接受会计主管的领导，在其指导、监督下，开展账务管理工作
（2）与相关部门做好账务往来工作，并定期对账
（3）与部门内部其他会计做好账簿的移交、核对工作

4.任职要求
（1）教育背景：大专以上学历，会计及财务相关专业，初级以上会计师职称
（2）经验：5年以上财会工作经验
（3）专业知识：熟悉国家会计法规、税务相关政策
（4）能力与技能：良好的沟通能力和职业操守，很强的责任心，工作踏实，做事严谨、细致、认真，人品正直，能够承受较大的压力，熟练使用财务软件及办公软件

5.工作条件
（1）工作场所：财务部办公室
（2）工作时间：固定（五天八小时制）
（3）使用设备：计算机、电话、计算器等

4-09 电算会计岗位说明

电算会计岗位说明可使用以下说明书。

电算会计岗位说明书

岗位名称	电算会计	岗位代码		所属部门	财务部
职系		职等职级		直属上级	会计主管
1.岗位设置目的 　定期编报对外报表，在财务软件中进行凭证录入及报表生成，登记及分管存货账簿					
2.岗位职责 （1）按规定定期向有关部门报送相关报表（如统计报表、外资报表）与资料 （2）负责公司电算财务软件的科目设置、记账凭证的录入 （3）负责公司财务账目计算机查询、电算化资料备份和保管 （4）负责公司物料、生产成本、产成品等存货账簿的登记与保管 （5）负责公司免抵退税申报系统的操作 （6）完成上级交办的其他事项					
3.工作关系  （1）接受会计主管的领导，在其指导、监督下，开展电算系统的管理、报表的制作等工作 （2）及时报送相关部门所需要的各类报表					
4.任职要求 （1）教育背景：中专以上学历，会计及财务相关专业 （2）经验：3年以上财会工作经验 （3）专业知识：熟悉国家会计法规、税务相关政策 （4）能力与技能：良好的沟通能力与学习能力，很强的责任心，工作踏实，做事细致认真，能够承受一定的压力，熟练使用财务软件及办公软件					
5.工作条件 （1）工作场所：财务部办公室 （2）工作时间：固定（五天八小时制） （3）使用设备：计算机、电话、计算器等					

4-10 成本会计岗位说明

成本会计岗位说明可使用以下说明书。

成本会计岗位说明书

岗位名称	成本会计	岗位代码		所属部门	财务部
职系		职等职级		直属上级	会计主管

1. 岗位设置目的

　　成本核算资料的收集，成本报表的编制，成本资料的保管

2. 岗位职责

　（1）负责生产成本、制造费用、产成品的核算工作，编制有关的成本报表
　（2）负责BOM（物料清单）表和工单资料的收集、整理与核对，以及相关资料数据的系统录入
　（3）负责标准成本的计算，协助工程部门制定产品标准工时
　（4）负责制造费用的分摊
　（5）负责生产报表以及盘点表的收集查对、期末分摊计算在制品、制成品成本
　（6）结转成本并根据公司的需要提供各种成本数据并对成本提出合理化建议
　（7）负责指导、监督车间核算员、仓库管理人员做好财务数据收集工作
　（8）负责物料库、成品仓库报表的审核和对账工作，每月编制存货分析表
　（9）负责组织对经管的各项存货进行定期或不定期盘点，监督盘点工作
　（10）完成上级交办的其他事项

3. 工作关系

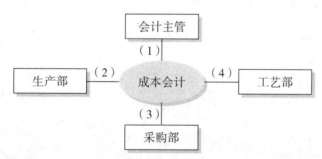

　（1）接受会计主管的领导，在其指导、监督下，开展成本核算、制造费用分摊等工作
　（2）考察生产部成本控制工作的落实情况，并进行监督
　（3）核算采购价格的准确性，与采购部门就采购价格的维护、成本核算材料价格的转换、信息进行沟通
　（4）确保BOM真实准确性，督促工艺部技术资料更改的提交

4. 任职要求

　（1）教育背景：大专以上学历，会计及财务相关专业
　（2）经验：2年以上财会工作经验
　（3）专业知识：精通成本会计、财务管理，熟悉审计、计算机、ERP（企业资源计划）系统等方面的知识
　（4）能力与技能：具备实际操作能力，良好的沟通能力、部门协作与团队合作技巧，高度的责任心和敬业精神，保守公司秘密，恪守职业道德，计算机使用熟练

5. 工作条件

　（1）工作场所：财务部办公室
　（2）工作时间：固定（五天八小时制）
　（3）使用设备：计算机、电话、计算器等

4-11　工资会计岗位说明

工资会计岗位说明可使用以下说明书。

工资会计岗位说明书

岗位名称	工资会计	岗位代码		所属部门	财务部
职系		职等职级		直属上级	会计主管

1.岗位设置目的
负责工资核算，工资表编报与工资发放，会计对外事务的外勤工作

2.岗位职责
（1）负责公司管理层的薪资核算与薪资档案的保管
（2）负责工资核算监督与核查
（3）负责银行代发工资资料的报送，以及银行工资卡的发放管理
（4）负责公司社保登记、申报、缴交工作
（5）负责工资发放，工资分析报表的编制
（6）负责会计对外事务的外勤工作
（7）完成上级交办的其他事项

3.工作关系

（1）接受会计主管的领导，在其指导、监督下，开展工资核算工作
（2）监督与核查人力资源部工资核算员的工作
（3）向出纳出具工资发放的凭证

4.任职要求
（1）教育背景：大专以上学历，会计及财务相关专业
（2）经验：2年以上财会工作经验
（3）专业知识：熟悉会计核算和会计法规，具备统计学、社会保险等方面的知识
（4）能力与技能：有工资核算经验，良好的沟通能力，工作细心谨慎，能承受工作压力，计算机操作熟练

5.工作条件
（1）工作场所：财务部办公室
（2）工作时间：固定（五天八小时制）
（3）使用设备：计算机、电话、计算器等

4-12 税务会计岗位说明

税务会计岗位说明可使用以下说明书。

税务会计岗位说明书

岗位名称	税务会计	岗位代码		所属部门	财务部
职系		职等职级		直属上级	会计主管
1.岗位设置目的 　负责公司税务方面的各项工作					
2.岗位职责 　（1）负责公司纳税申报 　（2）负责税收结算、申报、缴纳与筹划等工作，依法按时缴纳各种税费，对各种税费进行准确核算 　（3）负责协调和税务部门的关系，协助领导处理税收优惠政策的争取工作，准备争取各种税收优惠政策的各种文件 　（4）负责提出合理合法的税收成本降低建议 　（5）负责本领域内的财务分析工作 　（6）负责本岗位工作的改进完善和创新 　（7）负责协助配合其他岗位的相关工作 　（8）完成上级交办的其他事项					
3.工作关系 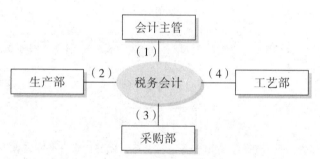 （1）接受会计主管的领导，在其指导、监督下，开展税务事务处理工作 （2）就确定税额向各相关部门获取信息 （3）向出纳出具支付税款的凭证 （4）协调和税务部门的关系，做好缴税工作及税务法规、信息的收集工作					
4.任职要求 　（1）教育背景：大专以上学历，会计及财务相关专业 　（2）经验：2年以上财会工作经验 　（3）专业知识：熟悉会计核算和会计法规，具备统计学、税收法规等方面的知识 　（4）能力与技能：有税收核算经验、良好的沟通能力，工作细心谨慎，能承受工作压力，计算机操作熟练					
5.工作条件 　（1）工作场所：财务部办公室 　（2）工作时间：固定（五天八小时制） 　（3）使用设备：计算机、电话、计算器等					

4-13　资产管理专员岗位说明

资产管理专员岗位说明可使用以下说明书。

资产管理专员岗位说明书

岗位名称	资产管理专员	岗位代码		所属部门	财务部
职系		职等职级		直属上级	财务部经理

1.岗位设置目的
全面负责公司的固定资产和存货的管理
2.岗位职责
（1）为各类固定资产建立管理账目，并登记其变动情况 　　（2）监督各部门对固定资产的使用状况，维护固定资产处于良好状态中 　　（3）做好固定资产的计价、核算、转让、报废等工作 　　（4）为存货建立管理账目，准确记录变动情况 　　（5）就存货的增加、减少、意外损失等情况与各相关部门进行协作 　　（6）参与制定固定资产、存货管理政策 　　（7）参与重大采购、销售合同的签订、采购招标及反拍卖工作 　　（8）及时对存货进行会计记录 　　（9）完成上级交办的其他事项
3.工作关系
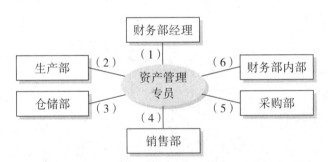 　　（1）接受财务部经理的直接领导，在其指导、监督下，做好固定资产的核算工作 　　（2）与生产部门沟通物料的耗用状况、产品的生产状况 　　（3）向仓储部了解库存存货的数量，为其计价，并协同进行盘点，做好账目变更处理 　　（4）跟踪产品销售状况，及时登账记录 　　（5）跟踪物料采购情况，及时登账记录 　　（6）就固定资产的账目、账务进行协调沟通
4.任职要求
（1）教育背景：大专以上学历，会计及财务相关专业 　　（2）经验：2年以上财会工作经验 　　（3）专业知识：熟悉会计核算和会计法规，具备统计学、税收法规等方面的知识 　　（4）能力与技能：有税收核算经验、良好的沟通能力，工作细心谨慎，能承受工作压力，计算机操作熟练
5.工作条件
（1）工作场所：财务部办公室 　　（2）工作时间：固定（五天八小时制） 　　（3）使用设备：计算机、电话、计算器等

4-14 投融资专员岗位说明

投融资专员岗位说明可使用以下说明书。

投融资专员岗位说明书

岗位名称	投融资专员	岗位代码		所属部门	财务部
职系		职等职级		直属上级	财务部经理
1.岗位设置目的 　　全面负责投融资事务的处理，为总经理、财务部经理等决策人员提供投融资决策建议					
2.岗位职责 　（1）负责公司所有投融资项目的成本预算，组织协调实施投融资预算，设计投融资方案 　（2）负责分析市场和项目融资风险，对公司短期及较长期的资金需求进行预测，及时出具分析报告，提出相应的应对措施，制定并实施相应的融资解决方案 　（3）积极开拓金融市场，与国内外目标融资机构沟通，建立多元化的公司融资渠道，与各金融机构建立和保持良好的合作关系 　（4）通过对公司资产和负债进行全面分析，针对不同银行的特点设计融资项目和方式 　（5）执行融资决策，实现公司融资的流动性，为资金平衡奠定基础 　（6）了解市场上可投资项目，分析其具体收益，并根据公司情况，慎重选择投资项目 　（7）进行资金分析和调配，监督各项资金的运作，优化资金结构，提高资金使用效率 　（8）完成上级交办的其他事项					
3.工作关系 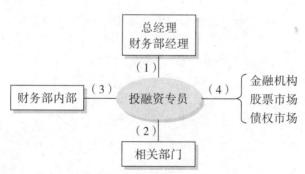 　（1）向总经理、财务部经理提供投融资建议和意见 　（2）就开展投融资工作所需必要的资料和信息与相关部门等做好沟通协调工作 　（3）就开展投融资工作所需资料与财务部内部会计、出纳等做好沟通协调工作 　（4）与银行、证券公司等金融机构保持联系，同时熟悉股票市场、债券市场等					
4.任职要求 　（1）教育背景：大专以上学历，金融、会计及财务相关专业 　（2）经验：2年以上财会工作经验 　（3）专业知识：熟悉会计法律法规，具备统计学、金融学等方面的知识 　（4）能力与技能：良好的沟通能力，工作细心谨慎，能承受工作压力，计算机操作熟练					
5.工作条件 　（1）工作场所：财务部办公室 　（2）工作时间：固定（五天八小时制） 　（3）使用设备：计算机、电话、计算器等					

第2部分

财务管理制度

没有完善的管理制度，任何先进的方法和手段都不能充分发挥作用。为了保障财务管理系统的有效运转，企业必须建立一整套财务管理制度，作为财务管理工作的章程和准则，使财务管理规范化。

本部分共分为11章，如下所示：
- 财务管理制度概述
- 财务预算管理制度
- 筹资管理制度
- 投资管理制度
- 资产管理制度
- 成本费用管理制度
- 会计核算管理制度
- 往来账款管理制度
- 企业税务管理制度
- 企业内部审计管理制度
- 财务分析管理制度

第5章 财务管理制度概述

本章阅读索引：

- 科学地进行企业内部财务制度建设
- 财务制度的内容架构
- 财务管理制度的文件样式
- 财务管理制度的实施
- 财务管理模块及制度概览

"一切按制度办事"是企业制度化管理的根本宗旨。企业通过制度规范员工的行为，员工依据制度处理各种事务，而不是以往的察言观色和见风使舵，使企业的运行逐步规范化和标准化。一个具体的、专业性的企业管理制度一般由一些与此专业或职能相关的规范性的标准、流程或程序，和规则性的控制、检查、奖惩等因素组合而成。在很多场合或环境里，制度即规范或工作程序。

5-01 科学地进行企业内部财务制度建设

企业内部的财务管理制度建设，就是要按照国家的法律、法规及企业的规章制度，对企业进行依法治理、依章管理，并将企业内部形成的各类制度、标准和工作程序以企业立法建章的形式固定下来，作为规范企业组织行为的准则。

（一）制定完善的财务管理制度

为了使企业财务管理工作有章可循，需要建立的财务管理制度如下。

1.财产物资、货币资金收支的管理及清查盘点制度

企业应制定各项财产物资的购入、收发、销售、盘盈、盘亏、毁损、报废的有关手续与管理制度；固定资产、低值易耗品、包装物等的使用、维护、修理制度；货币资金的收付手续和牵制制度；定期和不定期的财产盘存制度。

2.明确岗位责任制

企业应依照公司章程和内部岗位责任制，明确划分公司中经营管理层、财务部门和各职能部门的财务管理职权范围，实现财务管理的高效、有序运行。

3.财务管理基本业务程序制度

这方面包括制定本行业的财务核算管理办法，负债的审批、登记、归还、计息的处

理办法，应收账款的登记、核对、清理、保管制度，投资方案、投资项目的可行性分析程序、立项审批、管理考核制度，成本费用计算与分摊办法，费用开支审批程序等。

（二）财务制度制定原则

制定财务制度时应遵循如图5-1所示的原则。

原则一　合规性原则

合规性是指制定企业内部财务制度，必须符合国家的法律、法规和政策，必须把国家的法律、法规和政策体现到财务制度中去。国家的财经法规政策是企业必须遵循的原则规定，也是制约和引导企业制定内部财务制度的因素

原则二　理论联系实际原则

不同企业的生产规模、经营方式和组织形式不尽相同，其财务活动的内容和方式也不可能完全一致。在制定企业内部财务制度时，不能盲目照搬照抄，只能借鉴吸收而不能简单模仿，既要遵循国家统一规定，又要充分考虑企业自身的生产经营特点和管理要求，具有较强的可操作性，凡是可以由企业进行选择的财务政策，企业都应结合实际情况做出具体规定

原则三　权、责、利相结合的原则

在组织企业财务活动和处理企业财务关系上要贯彻以责任为中心，以权力为保证，以利益为手段的责任制

原则四　全面性原则

企业的财务活动贯穿生产经营活动的全过程，财务管理也必须是对全过程的管理。因此，企业在制定财务制度时必须全面规范各项财务活动，做出明确规定，使财务工作有章可循，形成一个相互补充、相互制约的财务制度体系

图5-1　财务制度制定原则

5-02　财务制度的内容架构

从一个具体的企业管理制度的内涵及其表现形式来看，企业管理制度主要由以下内容组成。

（1）编制目的。

（2）适用范围。

(3)权责。

(4)定义。

(5)作业内容,包括作业流程图,以及用5W1H(Who——何人,When——何时,Where——何地,What——什么,Why——为什么,How——怎样做)对作业流程图的要项逐一说明。

(6)相关文件。

(7)使用表单。

一般来说,编写管理制度的内容时,应按照如表5-1所示的要领进行。

表5-1　管理制度内容编写要领

序号	项目	编写要求	备注
1	目的	简要叙述编制这份制度的目的	必备项目
2	范围	主要描述这份制度所包含的作业深度和广度	必备项目
3	权责	列举本制度和涉及的主要部门或人员的职责及权限	可有可无
4	定义	列举本制度内容中提到的一些专业名称、英文缩写或非公认的特殊事项	可有可无
5	管理规定	这是整个文件的核心部分。用5W1H的方式依顺序详细说明每一步骤涉及的组织、人员及活动等的要求、措施、方法	必备项目
6	相关文件	将管理规定中提及的或引用的文件或资料一一列举	可有可无
7	使用表单	将管理规定中提及的或引用的记录一一列举,用以证明相关活动是否被有效实施	可有可无

5-03　财务管理制度的文件样式

严格来说,制度并没有标准、规范的格式。但大多数企业都采用目前比较流行的、便于企业进行质量审核的文件样式,如表5-2所示。

表5-2　制度样式

××公司标准文件		××有限公司 ×××管理制度/工作程序	文件编号××-××-××	
版次	A/0		页次	第×页
1.目的 2.适用范围 3.权责单位 　3.1 部门 　　负责×× 　3.2 部门 　　负责×× 　　……				

续表

4.定义					
5.管理规定/程序内容					
5.1					
5.1.1					
5.1.2					
5.2					
……					
6.相关文件					
××文件					
7.使用表单					
××表					
拟定		审核		审批	

5-04 财务管理制度的实施

企业管理制度的执行，是企业管理的实践者。它们既有联系又有区别：制度是文件，是命令；执行是落实，是实践；制度是执行的基础，执行是制度的实践，没有制度就没有执行；没有执行，制度也只是一个空壳。所以要想贯彻落实企业管理制度还需做到以下几个方面。

（一）需要加强企业管理制度和执行所设的内容在员工中的透明度

员工是企业管理制度落实到位的主要对象。如果员工连遵守什么、怎样遵守都不明白或不完全明白，就是没有目的或目的（目标）不明确，后果将导致公司制定的管理制度"流产"。企业管理制度是员工在工作中不可或缺的一部分，制度遵守得好坏，取决于员工的工作态度和责任心。如果员工把平时的工作表现和制度执行的好坏程度分开来衡量自己是不恰当的。因为制度和工作在性质上不可分，是相互联系和依存的。制度遵守得好，工作起来就好，就顺心，没有压力；反过来，工作上的每一次过失和失误，大多是不遵守制度、遵守制度不彻底而引起的。因此，遵守企业管理制度虽然提倡自觉性，但同时不能忽略强制性，对少数员工实行罚款、辞退、开除等执行措施是很有必要的。

（二）企业管理人员在制度和执行上应做到"自扫门前雪"

管理人员有宣贯公司管理制度的义务和责任，制度的拟定者和执行者都应把心态放正，不要掺杂个人感情在制度中，同时要杜绝一问三不知。在企业管理制度的执行上对执行者要做到相互监督、落实。

企业管理制度执行本身就具有强制性的特征。没有过硬的强化手段，有些刚建立的企业管理制度就是一纸空文。一般地讲，制度的制定，来自于基层，也适应于基层，为基层服务。因此,建立持久的强化执行方案是完成管理制度最有效的方法。当一种企业管理制度,经过一定阶段强化执行后,它就逐渐形成了一种习惯,甚至可以成为一种好的企业传统发扬下去。

企业管理人员应有好的决心,才有好的制度执行力。优秀的领导应从宏观角度去监督指导企业管理制度执行的程度,随时检查纠正,调整执行方案和执行方法,不断完善企业管理制度,推动公司制度的执行在干部、员工的行为中的深入度,坚持用诚实可信、勤恳踏实的务实敬业作风去感化和影响自己的下属,为自己的工作服务,为企业服务。

5-05 财务管理模块及制度概览

本书为企业的财务管理提供了一些实用的制度范本供参考,具体包括如表5-3所示的几个方面。

表5-3 财务管理模块及制度概览

序号	管理模块	制度名称
1	财务管理制度概述	科学地进行企业内部财务制度建设
		财务制度的内容架构
		财务管理制度的样式
		财务管理制度的实施
		财务管理模块及制度概览
2	财务预算管理制度	财务预算管理办法
		资金预算管理细则
		月度费用预算管理办法
		管理费用预算实施及管控制度
3	筹资管理制度	企业融资管理办法
		筹资管理制度
		筹资内部控制制度
4	投资管理制度	对外投资管理制度
		短期投资及风险控制管理办法
		长期投资管理办法
		对外投资内部控制制度
5	资产管理制度	货币资金内部控制制度
		应收票据管理办法
		存货管理制度

续表

序号	管理模块	制度名称
5	资产管理制度	固定资产内部控制制度
		无形资产管理制度
		低值易耗品管理规定
		资产清查实施细则
		资产减值准备管理制度
6	成本费用管理制度	成本管理基础工作制度
		成本预测、计划、控制、分析制度
		成本费用管理制度
		成本费用核算制度
7	会计核算管理制度	会计核算管理办法
		会计电算化管理制度
		出纳作业管理准则
		财务报表管理办法
		会计档案管理制度
8	往来账款管理制度	企业采购及应付账款管理制度
		应收账款管理制度
		坏账损失审批流程规范
		货款回收管理制度
		供应商货款管理规定（制造业）
		供应商货款结算流程规范（零售业）
9	企业税务管理制度	公司税务管理制度
		公司发票管理办法
		外来发票管理办法
		集团税务风险防范管理办法
10	企业内部审计管理制度	集团公司内部审计制度
		公司离任审计制度
		集团公司内部稽核制度
11	财务分析管理制度	企业财务分析管理制度
		财务报告编制与披露管理制度
		内部控制制度——财务报告
		财务分析报告管理制度

第6章 财务预算管理制度

本章阅读索引：

- 财务预算管理办法
- 资金预算管理细则
- 月度费用预算管理办法
- 管理费用预算实施及管控制度

6-01 财务预算管理办法

××公司标准文件		××有限公司 财务预算管理办法	文件编号××-××-××	
版次	A/0		页次	第×页

1. 目的

为了提高公司整体管理，加强资金协调能力，保证经营目标达成，特制定本制度。

2. 适用范围

各单位、各部门的全部财务活动都必须有计划地加以组织，对一切财务收支，都必须事先编制预算，实行预算管理。

3. 管理规定

3.1 财务预算的内容

3.1.1 销售收入预算。

3.1.2 税金利润预算及利润分配计划。

3.1.3 费用开支预算，包括管理费用、营业费用、制造费用的开支定额预算。

3.1.4 成本预算，包括主要产品单位成本预算、商品产品成本预算等。

3.1.5 财务收支平衡预算。

3.1.6 固定资产折旧预算及其他财务预算。

3.2 财务预算的编制依据

3.2.1 根据公司董事会下达的计划任务，结合现有的生产经营条件，进行深入细致的分析研究，要切实做好市场调查和预测，认真研究公司现有的经营条件，挖掘生产经营潜力，以提高企业的经济效益为中心，对影响财务计划指标的各项因素做出科学的预测，制定相应的措施。

3.2.2 以科学合理的定额作为编制财务预算的基础。因此，在编制财务预算之前，首先要对各项消耗定额、劳动定额、资金定额、费用定额等进行全面的审核和科学合理的补充、调整、修改、完善，使之达到先进合理、切实可行。

3.2.3 认真收集整理、编制财务预算所需要的各项历史数据资料，认真进行分析计算，同时要密切结合生产计划、销售计划、物资供应计划、劳动工资计划和技术组织措施、设备维修利用等各项计划，根据这些计划编制财务预算，综合反映这些计划的经济效果，并通过财务预算的编制，对企业各有关方面的工作提出要求，调整有关计划的指标，使各项计划更加先进合理。

3.3 财务预算的编制时间

公司的各年度财务预算，从10月开始组织编制，11月完成并上报董事长或总经理审查。各项月度财务预算，于上月25日编制完成，并下达执行。财务预算的编制要按期及时编制上报，不得拖延。

3.4 财务预算的编制程序和方法

3.4.1 各项费用计划的编制。

各项费用计划包括制造费用计划、管理费用计划、营业费用计划和财务费用计划。

3.4.1.1 计划编制之前，首先由公司财务部门根据公司有关规定和制度的变动情况，结合生产经营管理的需要，对各项费用的开支范围和标准重新进行调整修订，并按归口单位和管理部门确定各项费用的开支项目，制订下达各项费用计划编制说明，对各归口单位和管理部门提出编制费用计划的具体要求。

3.4.1.2 各归口单位和管理部门按照公司财务部门下达的费用计划编制说明，结合本部门实际情况，在认真分析本年费用计划完成情况、计划年度生产经营任务的基础上，本着努力挖掘潜力，不断提高生产经营和管理效率的原则，提出本部门年度费用开支计划，并报公司财务部门。

3.4.1.3 财务部门对各归口管理部门提报的费用开支计划按项目分部门进行汇总。以汇总数进行成本、利润计划指标的测算，做出初步试算平衡。将测算数据与公司拟定的预算年度效益目标进行对比，找出差距，然后拟定降低费用开支的措施和意见，对各单位、各部门提报的费用预算数进行调整。

3.4.1.4 将调整后的各项费用计划报公司董事会研究，通过后下达各单位和各部门执行。

3.4.2 收入、利润、成本和财务收支预算的编制。

3.4.2.1 销售收入预算：根据经营部门提供的产品销售计划编制。产品销售价格依据编报计划当月的价格，通过对市场需要情况，预测和分析价格变动情况并加以确定。

3.4.2.2 税金利润预算：根据销售收入计划、产品成本计划、费用开支计划及其他有关计划和资料编制。其中：单位产品销售成本主要根据计划期的产品单位成本加以确定；销售税金及附加按照国家规定的计税原则、税率计算确定，包括城市维护建设税和教育费附加。计划期应交纳的增值税根据销售收入计划、物资采购供应计划及计划期外的能源动力情况，按照国家规定的增值税税率分别测算销项税额和进项税额。测算中，要特别注意购进材料物资中，不能取得增值税专用发票，无法抵扣进项税额的情况。增值税在税金利润计划中单独列示。

营业费用、管理费用等按照公司批准的各单位、部门的该项费用计划数汇总填列。财务费用主要填列计划期应付贷款利息数额，对计划期贷款利息的计算，要严格按财务制度规定，切实分清列支渠道，不得将应在损益中列支的贷款利息列入固定资产成本或挂账不列。利息的计划还要充分考虑计划期贷款增减情况、贷款渠道及利率变化。

其他业务收支和营业外收支按照现有的各项收支的变化因素及变化幅度，通过逐项内容的分析计算加以确定。

投资收益按对外投资的项目、规模、投资方式、被投资单位的财务状况、利润分配情况以及计划期对外投资的增减情况和可能发生的其他变化逐项进行分析、预测，本着稳妥可靠的原则编制投资收益计划。

3.4.2.3 利润分配预算：根据利润计划和本年度利润结存（或亏损未补）情况，按照股份有限公司财务制度和公司章程测算应计提的公积金和公益金，并按照公司章程测算可用于向投资者分配的利润。

3.4.2.4 产品成本预算：根据产品品种和产量计划、制造费用开支计划及材料、动力消耗定额、工资计划等，在认真分析节能降耗途径，努力挖掘产品潜力的基础上，按照调整后的各项计划价格，测算和拟定各种产品的单位成本和总成本，计算可比产品的单位成本和总成本，计算可比产品计划降低率和降低额。

3.4.2.5 财务开支平衡预算：根据产品销售收入预算、产品成本预算、费用开支预算、工资预算、税金利润预算及利润分配预算，以及固定资产折旧计划、更新改造和基本建设计划、原材料采购供应计划等系列影响企业财务收支的计划资料与其他资料，认真测算生产经营的资金需用量，现有资金及资金周转状况，资金筹集渠道和可供量，各种资产及负债的变化对资金的影响。企业资金的流出、流入总量等各项因素本着先生产后建设、先经营后生活的原则安排资金的使用；同时，加强应收货款的回收，合理安排负债的清偿，确保生产经营的资金供应，努力实现财务收支平衡。

3.4.2.6 对年度基本建设预算、更新改造预算等要在确保投资效益和资金来源的前提下，做出合理可行的安排。

3.5 各项财务预算的基本要求

3.5.1 坚持实事求是的原则，一切从实际出发，注意调查研究，认真做好科学的分析预测。坚决杜绝任意夸大或好大喜功的不实现象。对问题要摆清楚，抓住主要矛盾，采取积极的解决措施。同时避免消极对待，表面应付，真正做到主动进取，积极平衡，先进合理，切实可行。

3.5.2 要做好各项财务预算之间、财务预算与其他预算之间的相互衔接，使预算形成一个完整的体系。对各项财务预算之间及各项计划指标之间的相互关系要做到关系明晰，数据相符，互为补充，有机结合。

3.5.3 要按照规定的格式、内容编报计划，内容要齐全、完整，抄报要认真清晰；同时，要对各项财务计划编制的依据和计算方法等做出文字说明。

3.5.4 按规定的时间及时编制财务预算。

3.6 财务预算的执行与考核

3.6.1 财务预算一经公司批准下达，即成为企业生产经营工作的目标和全体职工的工作任务。各单位、部门必须认真执行。财务预算下达后，除特殊情况下，经公司领导批准修改外，任何单位和个人无权变更。

3.6.2 各独立核算单位和部门在公司下达预算任务后，可根据总的预算指标，结合本部门的实际情况，制订具体的工作计划，并将计划指标分解落实到各生产经营岗位；同时，制订相应的计划保证措施和计划指标考核办法，加强计划任务的考核，确保计划任务的完成。

3.6.3 公司财务部门负责对公司及各独立核算单位财务计划完成情况的考核工作，定期组织预算执行情况的检查。对违反财务预算的行为和未按期完成预算的情况及时向公司领导汇报，并督促财务预算的严格执行。

3.6.4 各单位各部门必须如实定期地向公司报告预算指标完成情况，并如实汇报计划执行中存在的问题，提出相应的措施和办法，积极克服困难，努力完成或超额完成计划任务。对虚报、隐瞒、作假及各种不实行为要严厉追究其单位领导及财务负责人员的责任，并处以经济罚款。

3.6.5 计划完成情况的考核办法由公司财务部负责制定，报经公司领导批准后实行。

拟定		审核		审批	

6-02 资金预算管理细则

××公司标准文件		××有限公司 资金预算管理细则	文件编号××-×××-××	
版次	A/0		页次	第×页

1. 目的

为了规划、控制、监督资金的运作，提高资金使用效率，特制定本细则。

2. 范围

（1）部门范围：公司所有部门。

（2）资金收支预算范围：公司各部门预计单笔业务支出超过2000元的，公司所有资金收入与支出。

（3）业务范围：公司所有收入业务；有资金支出的业务并符合上一条规定范围的才进行资金预算，不需资金支出的业务不纳入资金预算范围。

3.组织机构

3.1 组织机构

3.1.1 资金预算管理的组织机构包括预算委员会、财务部。

3.1.2 预算委员会是实施资金预算管理的最高管理机构，组成成员包括总经理、副总经理、财务经理、办公室主任。

3.1.3 财务部是资金预算管理的具体操作部门，由财务部综合组牵头，其他核算组协助完成。

3.2 职责

3.2.1 预算委员会职责。

（1）全面指导资金预算过程中出现的新问题和新现象。

（2）预测公司未来资金的收入情况，规划长期资金的支出情况。

（3）对每期的资金预算进行核准并下达核准后的资金支出报告。

（4）审阅每月的资金预算考核报告。

3.2.2 财务部职责。

（1）全面负责资金预算的日常操作和各部门进行预算过程中的问题解答。

（2）向预算委员会提交预算报告。

（3）每月编制预算执行报告。

4.预算管理规定

4.1 预算流程

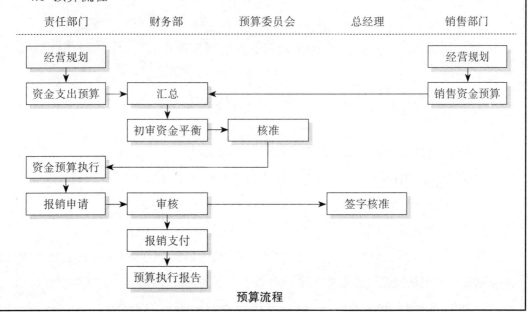

预算流程

4.2 资金预算管理体系

资金预算体系构成包括以下内容。

（1）销售收入及销售现金收入预算。

（2）生产资金的预算，包括材料采购资金预算、外协加工资金预算、低值品采购资金预算。

（3）材料采购资金，指直接构成产品成本的材料所需的资金。

（4）外协加工资金，指委托其他厂家进行半成品加工所需的资金。

（5）低值品采购资金，指购买不属于长期投资范围但每次支出超过2000元的辅料、低值品所需的资金。

（6）样品采购资金预算，指销售部对外采购的样品资金支出预算。

（7）人工工资预算，指生产人员、办公人员、销售人员的工资支出预算。

（8）销售费用预算，指销售部产生的费用预算。

（9）管理费用预算，指管理部门产生的各项费用支出预算。

（10）财务费用预算，指借款利息支出预算。

（11）税金费用预算，指所得税、增值税等各项税费的支出预算。

（12）职工福利预算，指为直接满足职工生活需求的支出，包括职工食堂支出、房租支出、车辆租金支出、职工医疗支出、职工服装支出等预算。

（13）长期投资资金预算，包括在建工程资金预算、固定资产资金预算、无形资产资金预算、项目投资预算。

（14）在建工程，指公司厂房、车间等投资在2000元以上的基本建设。

（15）固定资产，指单价在2000元以上，使用期限在1年以上的设备，如机床、电脑等。

（16）无形资产，指从外部单位购买的，单位价值在5000元以上的软件、专利、商标等。

（17）项目投资，指为某个投资项目所产生的项目支出。

（18）其他支出预算，指除上述以外的其他不可预计的支出。

4.3 预算编制

4.3.1 预算草案编制。

各部门根据历史月份的生产经营情况，对预算月份的经营情况进行周密的预测，并按财务部提供的规范表格编制资金预算表，于每月28日向财务部相关责任组提交。

\	\	预算编制内容及责任部门			
序号	项目		表名	编制部门	对应财务部责任组
1	销售收入及销售资金预算		C01	销售部门	财务部销售核算组
2	生产资金支出	生产预算	C02	生产管理计划部门	财务部存货核算组
3		材料采购支出	C03-1	副总经理办公会、供应部、生管部	
4		外协采购支出		供应部	
5		低值品采购支出		供应部	
6		直接人工支出	C04	生管部	
7	样品采购支出		C03-1	销售部	
8	间接人工支出		B03	财务部	
9	销售费用支出		C05	销售部	财务部销售核算组
10	管理费用支出		C06	各部门、财务部	财务部会计核算组
11	财务费用支出		B06	财务部	
12	税金费用支出		C08	财务部	
13	职工福利支出		C09	总经理办公会	
14	长期投资支出		C10~1 C10~3	有长期投资的部门,其中在建工程投资由办公室提供	财务部综合组
15	新产品开发支出		C11	技术部	
16	其他支出		C11	总经理办公会	

4.3.2 财务部预审与汇总。

(1)财务部各责任组收到各部门预算草表后,应注意是否有异常支出预算,是否符合公司发展目标,是否与预测经营情况相符,是否与历史支出相近等例行性预审。

(2)各责任组预审完毕,于每月30日按有关表格进行初步汇总。

(3)财务部综合组根据各责任组提供的初步汇总数据,编制《资金预算表》,并进行初步的资金平衡,同时提出本月资金支出意见报告书。平衡后将有关表格在每月1日提交预算委员会进行核准。

4.3.3 预算委员会核准。

每月2日左右,由财务部经理负责召集预算委员会进行各项预算资金的核准。财务部应于每月2日将预算委员会的核准预算及时下达给各部门。

4.3.4 表单编制流程。

表单编制流程如下图所示。

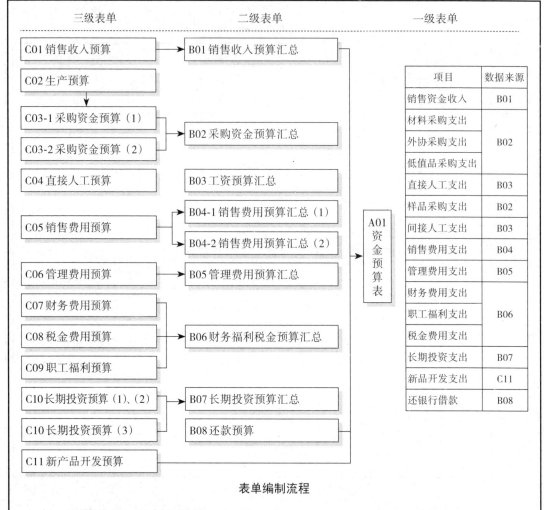

表单编制流程

4.4 预算执行、控制与反馈

4.4.1 部门资金支出。

（1）有预算项目的资金支出，各部门根据财务部下达的预算核准金额严格执行。对于实际支付与预算金额相差较大的，部门主管将承担相应的经济责任。

（2）对于不可预料的资金支出，部门主管在要求支付时应给予详尽的描述。

（3）一般费用如差旅费的支出由部门主管批准后可不受预算资金的约束。

（4）总经理办公会已规定应由相关职能部门支出的，如办公用品采购与维护、计算机低值品的采购与维护，应由部门主管提出申请，由相关部门按规定进行支出，各部门不得自行资金支出。

4.4.2 资金支出审核控制。

4.4.2.1 时间要求。

（1）公司各部门发生的费用支出在该业务发生后一周内向财务部提供相关支付凭证申请支付。

（2）在财务部有借款事项的，在业务处理完毕后一周内向财务部办理结算。

（3）申请支付2000元以上的现金或带走的银行支票，应于支付日的前1日向财务部递交《付款申请单》。

4.4.2.2 支付凭证要求。

（1）所有资金支出报销时，均应附有关原始凭证。原始凭证应能真实反映该笔经济业务的性质，不得涂改、撕毁等。

（2）预付款没有原始凭证的，应填写《付款申请单》。

（3）差旅费报销时，应填写《差旅费报销单》，特殊支付的如乘飞机支出等，应按总经理办公会有关规定附核准单。

（4）固定资产、无形资产、项目投资、在建工程等长期投资要求支付时，必须具备已核准的预算、相关协议合同、验收报告单和正式发票；正式发票当时不能提供的，经手人应提请对方开具预收款凭证。

（5）采购原材料、产成品、外协件、低值品等要求支付时，必须具备已核准的预算、相关协议合同、入库单、正式发票等。产成品采购支付时，还须另附采购订购单。

4.4.2.3 签章要求。

（1）所有将要支出的资金项目必须先由经手人、部门主管签字，经财务经理审核，总经理批准方可报销。

（2）经手人签字要求：在合法的原始凭证上的右边空白处用签字笔或钢笔签字，经手人对原始凭证的真实性、合法性负责。

（3）部门主管签章要求：在经手人签字的基础上进行审核，并在原始凭证上的右边空白处加盖部门或分部门印章，用签字笔或钢笔签字，部门主管对原始凭证的合法性与真实性负连带责任。

（4）财务经理签章要求。

①原始凭证均应有经手人和部门主管签字或签章。

②对于预算内的资金和单笔业务在2000元以下合理范围内的支出，在原始凭证上加盖"财务审核"字样的印章，并签字。

③对于预算外资金支出原则上财务经理不予签章。如对预算外资金附有合理的描述，财务经理在原始凭证上加盖"预算外资金审核"字样的印章并签字。

（5）总经理在财务经理签章的基础上对每笔资金进行签字确认，对于预算外资金，由总经理最终决定是否支付。

（6）出纳在审查支付凭证时，支付凭证应同时具有经手人、部门主管、财务经理、总经理签字，方可支付。支付完毕，在原始凭证上加盖"付讫"印章。

4.4.3 预算执行反馈报告。

（1）预算编制提交时间考核。各部门应严格按预算编制时间要求进行编制并提交财务部相关责任组。财务部每月编制《预算报表提交时间考核表》并于每月6日公布。

（2）预算执行考核表。财务部详细记录各责任部门的资金收支情况，并编制《资金预算执行考核表》，于每月6日公布。

| 拟定 | | 审核 | | 审批 | |

6-03　月度费用预算管理办法

××公司标准文件		××有限公司 月度费用预算管理办法	文件编号××-×××-××	
版次	A/0		页次	第×页

1. 目的

为确保完成公司月度经营目标，规范月度经营管理预算的执行、控制、考核，规范公司费用支出，降低公司运行成本，特制定本办法。

2. 适用范围

本办法适用于公司月度各项费用的预算管理。

3. 管理规定

3.1 预算方法

3.1.1 公共预算费用：由归口管理部门进行统一预算后，提交财务进行审核，审核通过后反馈公共预算部门，公共预算部门再将相关预算信息以电子邮件形式传递给相应部门。传递信息时只需提供与相关部门有关的信息，比如，提供给人力资源部的信息是与人力资源部有关的，与人力资源部无关的其他部门的信息就不需要提供。公共费用预算部门提交给财务部的预算表要同时提交电子版。

3.1.2 部门预算费用：由各部门先填预算工作底稿，然后汇总各费用项目的预算工作底稿的总额并填具费用预算总表。对于公共费用部分，收到公共费用预算部门提交的信息后，直接做入《月度费用预算表》中，不用附《预算工作底稿》。

3.1.3 专项费用：对于公司统办的活动，如中秋、运动会以及规定须专项预算的费用由归口部门提交专项预算，经财务部审核后，由预算部门按费用归属将信息传递给相应部门，由相关部门做入本部门月度费用预算中。

3.2 预算科目

3.2.1 公共预算费用：折旧、工资、提成、电话费、福利、保险、食堂费用、水费、电费、汽车费、摊销费用等。

3.2.2 部门预算费用：除3.1.1提到的预算表上其他费用科目。

3.3 预算提交时间

每月25日前提交下月（1～30日或31日）预算，次月10日前追加一次预算。超过10日则不能再追加预算。

3.4 预算对口人员管理

3.4.1 各部门须指定一名人员负责每月部门费用预算。

3.4.2 各部门月度费用预算在提交财务审核前，须经部门负责人审核。生产系统的预算，按公司人事安排，须经最终负责人审批。

3.5 费用预算方法

3.5.1 各部门必须严格根据预算工作底稿进行预算编制。

3.5.2 除对于难以预计是否产生的费用不能进行预算外，具体参见预算办法。

3.5.3 各部门的相关费用可参照本部门的下月计划及历史费用水平进行预算。

3.5.4 各部门提交财务审核预算前，必须同时提交预算的电子版。

3.5.5 对于公共部门如行政部、采购部、品管部、财务部，原则上按工资表上的人员分配进行相应费用预算。如不能划分到具体人头的，须按财务部划分标准进行预算。

3.5.6 各预算表格不能随便改动，如需更改，需提前知会财务。

3.5.7 专项预算表格，各部门可以在满足财务部要求必须含有的要素外，自行调整。

3.5.8 财务部审核各部门预算，参照历史费用水平、公司费用规定、相关部门的费用开支计划原因进行审核。对于超支预算部门，直接在财务审核栏填写实审金额。

3.5.9 财务部审核各部门费用预算且确认符合标准后，汇总各部门费用预算额，提交总经理审核。

3.6 预算控制

3.6.1 财务部根据各部门月度费用预算表进行审核控制。试行期间对超出预算产生的费用，相关费用报销部门必须提交原因说明。

3.6.2 原则上当月预算费用如有剩余，不能移入下个月使用。

3.6.3 对属于由公共部门报销，但费用并非属于公共部门一个部门产生的费用，由公共部门平时进行登记，并共享给相关部门，便于及时监控。

3.6.4 对属于跨月费用，登记月份原则上要与财务部入账时间保持一致。

3.6.5 各部门文员，根据本部门统计的费用，对"部门预算费用"进行初步统计对比，如有超出预算的费用，及时提醒本部门人员。

3.6.6 各部门负责人必须及时关注本部门费用开支情况，对于异常超支情况及时做出调整。

3.6.7 试行期间各部门费用预算准确率定为预算额的正负10%。超出或低于10%的，下月财务部在审核各部门费用开支时，会相应考虑进行调整。

3.6.8 每月财务部统一导出各部门当月费用产生额给各个部门，由各个部门进行调整后，与当月预算进行对比。各部门需要调整的费用仅指跨月的费用部分。

3.6.9 基于存在跨月费用报销原因，各部门提交《月度费用预算表》时，要同时提交《累计费用预算表对比表》，对于跨月费用进行相应调整，计入相应月份。

3.7 控制措施

3.7.1 每月每迟交一天预算表，预算员扣2点，部门直接负责人扣3点。

3.7.2 归口预算部门提交预算表每迟一天，预算员扣2点，部门直接负责人扣3点。

| 拟定 | | 审核 | | 审批 | |

6-04　管理费用预算实施及管控制度

××公司标准文件		××有限公司 管理费用预算实施及管控制度	文件编号××-××-××	
版次	A/0		页次	第×页

1. 目的

为促进公司建立、健全内部约束机制，推动企业加强费用预算控制管理，进一步合理降低各项费用，以实现企业利润的最大化，以及为推进公司全面预算管理奠定基础，结合公司目前的实际情况，特制定本制度。

2. 适用范围

本制度适用于公司所有涉及管理费用的部门和个人。

3. 职责

（1）行政部是公司管理费用预算的主要负责管控部门，其主要职责如下。

① 制定公司预算管理基本制度和预算编制、考核办法。

② 组织、协调公司管理费用预算编制工作，审查、平衡公司管理费用预算，负责向公司提交预算草案，负责向公司报告预算编制情况。

③ 组织、协调公司管理费用预算执行工作，对预算执行情况进行控制和监督，负责向公司提交预算执行情况报告。

④ 审查、研究公司预算调整事项，负责向公司提交预算调整草案。

⑤ 对预算指标的完成情况进行考核，负责向公司提出考核建议。

⑥ 负责预算管理的其他工作。

（2）公司各相关职能部门是预算管理的管控部门，在行政部的指导下开展工作，其主要职责如下。

① 制定分管业务预算的管理细则。

② 按照授权审批程序，严格执行批准的预算方案，对预算的执行、分析、控制和监督实行全过程管理。

③ 为预算调整和考核提供分管业务的基础数据。

④ 为预算管理提供本部门预算及预算执行、调整、分析、考核的基础资料等。

4. 管理规定

4.1 总则

4.1.1 为高效地控制、节约管理费用支出，提高经营效益，需对维持各部门正常运作而必须开支的非生产性支出实行预算管理、总额控制，这些支出统称管理费用。

4.1.2 管理费用的范围具体包括：工资、福利费、修理费、招聘费、办公费、租赁费（指办公场地）、邮电费、社会保险费、住房公积金、劳动保护费、股东会费、培训费、咨询费、差旅费、税金、水电费、商业保险费（房屋）、招待费、车辆费、企业文化费、年检审计费、折旧费等。

4.1.3 管理费用预算坚持以编定支，根据工作要求，实行总量控制。

4.1.4 各单项管理费用原则上专款专用，任何单项费用原则上都不得超支。

4.1.5 固定资产和低值易耗品的预算纳入管理费用预算范围，同时进行编制，其编制、执行按《固定资产管理办法》相关条款执行。

4.2 预算的编制及审批

4.2.1 每年11月15日前，公司各职能部门根据下一年度的工作安排，制订下一年度人员编制计划，上报行政部。

4.2.2 每年11月30日前，行政部完成对公司的管理费用预算的组织编制和汇总工作。公司高层的业务费列入年度管理费用预算计划，由总经理办公会负责编制并进行汇总。

4.2.3 每年12月25日前，行政部组织公司高层完成对人员编制申请和行政费用预算总额的最终审定，将定编及管理费用预算方案发布。

4.3 预算调整

4.3.1 公司管理费用预算以年度为周期编制，年度预算与经营计划目标一致，为年度经营计划实现提供保障。年度预算制定、下达后必须严格遵照执行，原则上不得进行调整或变更。但确因环境或政策变化导致预算与实际出现较大差异，必须进行调整或变更的，须遵循如下原则。

（1）公司利润最大化原则。预算调整后要有利于实现公司的利润最大化。

（2）必要性及严谨性。调整预算必须由调整部门提供必要、合理的理由，提供专门的分析报告，同时填写《预算调整申请表》并对调整结果负责。

4.3.2 遇特殊情况调整预算，需提报行政部审核，行政部每月月初进行预算调整并汇总（包括增加和调减），以及修正公司的年度预算。最终由总经理批准执行。

4.4 执行

管理费用使用部门控制职责：各职能部门对经批准的涉及各自部门的《管理费用预算表》所列项目负控制职责。

4.5 预算内管理费用报销程序

4.5.1 控制目标。

（1）确保所有费用报销均在费用预算内，严格控制费用支出。

（2）确保所有费用的列支均做到合理、合法、合规，并且得到及时准确的记录。

4.5.2 管理费用报销流程。

（1）各部门费用报销人员将原始票据整理并粘贴好，依据管理费用相关科目分项填写报销单，如有两个及以上管控人的必须分页填写，以利审核。

（2）部门主管审核费用的产生是否真实，并了解是否超出管理费用预算标准范围，确定是否同意报销。

（3）管控部门/管控人审核费用是否在资金计划内，是否在部门预算内，不在资金计划和部门预算内的费用予以退回，要求按照规定程序补充资金计划和（或）超预算计划。

（4）预算内管理费用由行政部经理负责审核，审核费用是否在资金计划内，将超出审批权限的报销单退回。

（5）财务主管审核费用内容及原始票据的真实性、合法性，报销单填写是否齐全，计算是否正确，是否已经过规定程序审核批准，各程序的审批是否在规定的审批权限内，对不合规的票据予以没收，或退回换合格票据。

（6）财务经理审核凭证科目使用是否正确，原始票据与报销单金额是否一致，数据计算是否正确。

（7）签批：签批程序参照公司财务管理相关程序。

4.6 超支处理

4.6.1 预算期内管理费用已实际超支，在预算计划尚未做出调整之前，原则上不允许超支部门再行产生管理费用，确因工作需要，超支部门应按本办法执行。

4.6.2 调整预算后方可据实报销。

4.7 报销时间

各项行政费用的报销时间截至当年的12月31日，逾期报销，费用计入下一年度。

4.8 监控

4.8.1 各管控部门/管控人每月定期向行政部报送管理费用执行情况报表；行政部每月定期向财务部报送管理费用执行情况报表；财务部每月向公司提交管理费用预算执行情况报表。

4.8.2 公司总经理办公会审计专员每季度定期对各部门管理费用预算执行情况进行审计。对审计发现的超预算情况，审计专员及时进行核实，查明情况。

4.8.3 管理费用预算执行的超额和节支情况与考核挂钩，作为奖金发放的考核标准之一。

4.9 账务处理

各管控部门根据实际情况需要，在会计核算制度规定的范围内设置科目，对各部门的各项管理费用进行登记。

4.10 奖惩规定

行政部将依据批准的年度《管理费用预算表》制定相应的奖励及处罚措施，具体的方案依据当年度的预算情况决定。

拟定		审核		审批	

第7章 筹资管理制度

本章阅读索引：

- 企业融资管理办法
- 筹资管理制度
- 筹资内部控制制度

7-01 企业融资管理办法

××公司标准文件		××有限公司 企业融资管理办法	文件编号××-××-××	
版次	A/0		页次	第×页
1.目的 　　为规范融资行为，降低资本成本，减少融资风险，提高资金利用效益，依据国家有关财经法规规定，并结合××有限公司（以下简称"公司"）具体情况，特制定本办法。 **2.适用范围** 　　本办法适用于本公司的融资行为，公司所属控股子公司的融资参照本办法执行，公司所属参股公司的融资行为遵照该参股公司的公司章程规定办理。 **3.定义和原则** 　　3.1 融资定义 　　本制度所指的融资，包括权益资本融资和债务资本融资两种方式。权益资本融资是指融资结束后增加了企业权益资本的融资，如增发及配股（上市之后）等；债务资本融资是指融资结束后增加了企业负债的融资，如向银行或非银行金融机构借款、发行企业债券、融资租赁等。 　　短期债务性融资，是指负债期限不超过1年（含1年）的债务性融资。 　　长期债务性融资，是指负债期限超过1年（不含1年）的债务性融资。 　　3.2 融资的原则 　　3.2.1 适度负债，防范风险。 　　3.2.2 遵守国家法律、法规规定。 　　3.2.3 所有融资由公司统一筹措。			

3.2.4 根据公司战略和业务发展的需要以及资本市场的情况在不同时期采取不同的融资政策。

3.2.5 综合权衡，降低成本，合理确定公司资本结构。

4.管理规定

4.1 融资组织与决策

4.1.1 根据融资方案的不同，按照公司章程的规定，在授权范围内，由公司财务部具体实施全公司的融资工作。

4.1.2 财务部负责公司短期负债融资和长期借款、融资租赁等长期负债融资管理，主要负责以下事项。

（1）制定公司融资事项的管理办法。

（2）提出融资事项具体方案，并负责落实。

（3）提出或审查公司重点项目的长期负债融资方案。

（4）负责对公司所有筹集资金的使用监督与管理。

4.1.3 融资的申请及审批权限。

（1）公司长短期借款、融资租赁的融资，由财务部提出具体融资方案，报财务总监审核同意后，数额在董事会授权范围以内的，经总经理办公会讨论后由总经理批准；董事会授权范围以外的，报董事会批准。

（2）重大经营项目的融资，由财务部提出融资方案，公司在审批该投资项目时一并审批其融资方案。项目实施阶段，融资方案或融资规模需要改变的，变动数额在董事会授权范围以内的，由公司总经理审批；超过授权范围的，报公司董事会批准后办理。

4.1.4 融资政策的选择。

融资政策应结合公司发展状况、资金需求、经营业绩、风险因素、外部资金市场供给情况、国家相关政策法规要求制定。

（1）公司调整时期，应采取保守的融资政策，尽可能减少银行借款等负债融资。

（2）公司发展时期，应采取稳健的融资政策，可通过增加融资租赁等方式融资，改善资本结构，降低资本成本。

（3）公司迅速成长扩张时期，可采取激进的融资政策，选择多种融资方式，通过金融机构贷款等方式积极筹措资金，充分利用财务杠杆作用适当增加负债比例。

4.2 权益资本融资

4.2.1 公司根据经营和发展的需要，依照法律、法规的规定，经董事会做出决议，可以采用下列方式增加权益资本。

（1）增加注册资本。

（2）增资扩股。

4.2.2 在注册或增资扩股时，财务部应督促所有股东遵照国家有关法规和董事会要求，及时、足额交付资本金，对未按时或足额交付资本金的，应提交董事会做股权调整等处理。

4.3 债务资本融资

4.3.1 财务部统一负责公司债务资本的融资工作。

4.3.2 债务资本融资方式。

（1）通过银行贷款获取短期借款、长期借款。

（2）发行企业债券。

4.3.3 公司短期借款融资程序。

（1）财务部根据财务预算和资金计划确定公司短期内所需资金，编制融资计划表。

（2）按照融资规模大小，分别由财务总监、总经理和董事会审批融资计划。

（3）财务部负责签订借款合同，并监督资金的到位和使用，借款合同内容包括借款人、借款金额、利息率、借款期限、利息及本金的偿还方式、违约责任等。

（4）双方法人代表或授权人签字。

4.3.4 短期借款的管理。

（1）财务部在短期借款到位当日按照借款类别在短期借款台账中登记。

（2）财务部负责监督借款资金的使用，原则上应按照借款计划使用该项资金，不得随意改变资金用途。

（3）财务部及时计提和支付借款利息。

（4）财务部应建立资金台账，详细记录各项资金的筹集、运用和本息归还情况。

4.3.5 长期债务资本融资包括长期借款、发行公司债券等方式。

4.3.6 长期借款融资程序及管理。

（1）长期借款必须编制长期借款计划使用书，包括项目可行性研究报告、项目批复、公司批准文件、借款金额、用款时间与计划、还款期限与计划等。

（2）财务总监、总经理和董事会依其职权范围审批该项长期借款计划。

（3）财务部负责签订长期借款合同，其主要内容包括贷款种类、用途、贷款金额、利息率、贷款期限、利息及本金的偿还方式和资金来源、违约责任等。

（4）长期借款利息的处理按照《企业会计制度》执行。

4.3.7 债务性融资的报批材料，应包括以下内容。

（1）融资款项的用途及用款项目背景情况。

（2）用款与还款计划。

（3）融资数量与债权人。

（4）担保方式与内容。

（5）用款项目经济性与还款能力分析。

（6）其他需要说明的事项。

4.3.8 如果某项筹资是直接为项目投资服务的,则此项目的投资效益率必须大于该项筹资的资本成本。如果某项筹资的直接效果是无法计量的,则应该选择资金成本最低的筹资方案。

4.3.9 发行企业债券融资程序。

(1)根据公司业务发展和资金需求状况,由财务总监组织财务部拟定发行企业债券的意向书,递交公司总经理办公会审议,总经理最终审核。意向书应包括公司发行债券的条件、发行方式、发行价格、数量、筹集资金投向等。

(2)拟发行债券意向书经公司总经理办公会和总经理审核通过后,由财务部正式拟定申请发行债券方案,递交董事会批准。

(3)发行企业债券的相关程序按照国家有关规定执行。

4.3.10 公司发行的债券必须载明公司名称、债券票面金额、利率、偿还期限等事项,并由董事长签名、公司盖章。

4.3.11 公司债券发行价格可以采用折价、溢价、平价三种方式,财务部对债券折、溢价采用直线法进行合理分摊。

4.3.12 公司对发行的债券应置备企业债券存根簿予以登记。

4.3.13 企业债券的管理。

(1)财务部在取得债券发行收入的当日将款项存入银行。

(2)财务部应指派专人负责保管债券持有人明细账并定期核对。

(3)按照债券契约的规定及时支付债券利息。

4.4 融资风险管理

4.4.1 融资风险的评价由财务部负责。

4.4.2 公司融资风险的评价原则。

(1)以投资和资金的需要决定融资的时机、规模和组合。

(2)充分考虑公司的偿还能力,全面地衡量收益情况和偿还能力,做到量力而行。

(3)负债率和还债率要控制在一定范围内。

(4)融资要考虑税款减免及社会条件的制约。

4.4.3 融资成本是决定公司融资效益的决定性因素,对于选择评价融资方式有重要意义。财务部应采用加权平均资本成本最小的融资组合评价公司资金成本,以确定合理的资本结构(长期资本的资金成本计算见附件)。

4.4.4 融资风险的评价方法采用财务杠杆系数法,财务杠杆系数越大,公司融资风险也越大。

$$财务杠杆系数DFL=每股税后利润变动率÷息税前利润变动率$$

4.4.5 公司财务部依据公司经营状况、现金流量等因素合理安排借款的偿还期和归还借款的资金来源。

附件　资本成本计算

资本成本是为筹集和使用资金而付出的代价，包括筹资费用和资金占用费两部分。加权平均资本成本是公司全部长期资金的总成本。它是以各种资本占全部资本的比重为权数，对个别资本成本进行加权平均确定的。

1. 长期借款成本

$$长期借款成本 = 长期借款年利息 \times (1-所得税税率) \div [借款本金 \times (1-筹资费用率)]$$

2. 债券成本

$$债券成本 = 债券年利息 \times (1-所得税税率) \div [债券筹资额 \times (1-筹资费用率)]$$

3. 全部长期资金的总成本——加权平均资本成本

$$加权平均资本成本 \, KW = \sum_{j=1}^{n} K_j W_j$$

式中，KW 为加权平均资本成本；K_j 为第 j 种个别资本成本；W_j 为第 j 种个别资本占全部资本的比重（权数）。

拟定		审核		审批	

7-02　筹资管理制度

××公司标准文件		××有限公司 筹资管理制度	文件编号×× - ×× - ××	
版次	A/0		页次	第×页

1. 目的

为规范公司筹资行为，降低资本成本，减少筹资风险，提高资金效益，依据国家有关财经法规规定，并结合公司具体情况，特制定本制度。

2. 范围

公司财务部统一负责资金筹措的管理、协调和监督工作。分公司无权对外进行筹资，经营活动中所需资金向公司财务部申请。

3. 定义与原则

3.1 筹资的定义

本制度所指的筹资，包括权益资本筹资和债务资本筹资两种方式。权益资本筹资是由公司所有者投入以及发行股票方式筹资；债务资本筹资指公司以负债方式借入并到期偿还的资金，包括短期借款、长期借款、应付债券、长期应付款等方式筹资。

3.2 筹资的原则

3.2.1 遵守国家法律、法规原则。

3.2.2 统一筹措原则。

3.2.3 综合权衡，降低成本原则。

3.2.4 适度负债，防范风险原则。

4. 管理规定

4.1 权益资本筹资

4.1.1 权益资本筹资可以分为吸收直接投资和发行股票两种筹资方式。

（1）吸收直接投资是指公司以协议等形式吸收其他企业和个人投资的筹资方式。

（2）发行股票筹资是指公司以发行股票方式筹集资本的方式。

4.1.2 公司吸收直接投资程序。

（1）公司吸收直接投资必须经公司股东大会批准。

（2）公司与投资者签订投资协议，约定投资金额、所占股份、投资日期、投资收益与风险的分担等。

（3）公司财务部负责监督所筹集资金的到位和实物资产的评估工作，并请具有证券业资格的会计师事务所办理验资手续，公司据以向投资者签发出资报告。

（4）公司财务部在收到投资款后及时建立股东名册。

（5）公司财务部负责办理工商变更登记手续、企业章程修改手续。

4.1.3 公司不得吸收投资者已设立有担保物权及租赁资产的出资。

4.1.4 公司筹集的资本金，在生产经营期间内，除投资者依法转让外，不得以任何方式抽走。

4.1.5 公司发行股票筹资程序。

（1）公司发行股票筹资必须经过股东大会批准并拟定发行新股申请报告。

（2）公司董事会向国务院授权的部门或省级人民政府申请并经批准。

（3）公司公告招股说明书和财务会计报表及附属明细表，与证券经营机构签订承销协议，定向募集时向新股认购人发出认购公告或通知。

（4）招认股份，交纳股款。

（5）改组董事会、监事会，办理变更登记并向社会公告。

4.1.6 公司财务部建立股东名册，其内容包括股东的姓名或者名称及住所，各股东所持股份、股票编号、股东取得股票的日期。

4.2 债务资本筹资

4.2.1 公司财务部统一负责债务资本的筹资工作。

4.2.2 公司债务筹资审批权限。

财务总监审批限额：100万元（含100万元）。

总经理审批限额：500万元（含500万元）。

公司董事会的审批权限应不超出公司章程中的有关规定，超出董事会审批权限的项目由股东大会审议。

4.2.3 公司短期借款筹资程序如下。

（1）财务部根据财务预算和预测确定公司短期内所需资金，编制筹资计划表。

（2）按照筹资规模大小，分别由财务总监、总经理和董事会审批筹资计划。

（3）财务部负责签订借款合同并监督资金的到位和使用，借款合同内容包括借款人、借款金额、利息率、借款期限、利息及本金的偿还方式、违约责任等。

（4）双方法人代表或授权人签字。

4.2.4 财务部在短期借款到位当日，按照借款类别在短期筹资登记簿中登记。

4.2.5 公司按照借款计划使用该项资金，不得随意改变资金用途。

4.2.6 财务部及时计提和支付借款利息。

4.2.7 财务部建立资金台账以详细记录各项资金的筹集、运用和本息归还情况。

4.2.8 长期债务资本筹资包括长期借款、发行公司债券、长期应付款等方式。

4.2.9 长期借款必须编制长期借款计划使用书，包括项目可行性研究报告、项目批复、公司批准文件、借款金额、用款时间与计划、还款期限与计划等。

4.2.10 财务总监、总经理和董事会、股东大会依其职权范围审批该项长期借款计划。

4.2.11 财务部负责签订长期借款合同，其主要内容包括贷款种类、用途、贷款金额、利息率、贷款期限、利息及本金的偿还方式和资金来源、违约责任等。

4.2.12 长期借款利息的处理按照《企业会计制度》执行。

4.2.13 发行公司债券筹资程序。

（1）发行债券筹资必须由股东大会做出决议。

（2）公司向国务院证券监督管理部门提出申请并提交公司登记证明、公司章程、公司债券募集办法、资产评估报告和验资报告等。

（3）公司制定债券募集办法，其主要内容包括公司名称、债券总额和票面金额、债券利率、还本付息的期限和方式、债券发行的起止日期、公司净资产、已发行尚未到期的债券总额、公司债券的承销机构等。

（4）公司同债券承销机构签订债券承销协议或包销合同。

4.2.14 公司发行的债券必须载明公司名称、债券票面金额、利率、偿还期限等事项，并由董事长签名、公司盖章。

4.2.15 公司债券发行价格可以采用折价、溢价、平价三种方式，财务部对债券折、溢价采用直线法进行合理分摊。

4.2.16 公司对发行的债券应置备公司债券存根簿予以登记。

（1）发行记名债券的，公司债券存根簿应记明债券持有人的姓名或名称及住所、债券持有人取得债券的日期及债券编号、债券总额、票面金额、利率、还本付息的期限和方式、债券的发行日期。

（2）发行无记名债券的，应在公司债券存根簿上登记债券的总额、利率、偿还期限和方式、发行日期和债券的编号等。

4.2.17 财务部在取得债券发行收入的当日将款项存入银行。

4.2.18 财务部指派专人负责保管债券持有人明细账并定期核对。

4.2.19 按照债券契约的规定及时支付债券利息。

4.2.20 债券偿还和购回在董事会的授权下由财务部办理。

4.2.21 公司未发行的债券必须由专人负责保管。

4.2.22 其他长期负债筹资方式包括补充贸易引进设备价款和融资租入固定资产应付的租赁费等形成的长期应付款。

4.2.23 长期应付款由财务部统一办理。

4.3 筹资风险管理

4.3.1 公司每季度召开财务工作会议，并由财务部评价公司的筹资风险。

公司筹资风险的评价原则如下。

（1）以固定资产投资和流动资金的需要决定筹资的时机、规模和组合。

（2）充分考虑公司的偿还能力，全面地衡量收益情况和偿还能力，做到量力而行。

（3）对筹集来的资金、资产、技术具有吸收和消化的能力。

（4）筹资的期限要适当。

（5）负债率和还债率要控制在一定范围内。

（6）筹资要考虑税款减免及社会条件的制约。

4.3.2 筹资成本是决定公司筹资效益的决定性因素，对于选择评价筹资方式有重要意义。财务部采用加权平均资本成本最小的筹资组合评价公司资金成本以确定合理的资本结构（长期资本的资金成本计算见附件一）。

4.3.3 筹资风险的评价方法采用财务杠杆系数法，财务杠杆系数越大（财务杠杆系数计算见附件二），公司筹资风险也越大。

4.3.4 公司财务部依据公司经营状况、现金流量等因素合理安排借款的偿还期和归还借款的资金来源。

附件一　资金成本率计算

资金成本是为筹集和使用资金而付出的代价，包括筹资费用和资金占用费两部分。加权平均资本成本是公司全部长期资金的总成本。它是以各种资本占全部资本的比重为权数，对个别资本成本进行加权平均确定的。

1. 长期借款成本

长期借款成本＝长期借款年利息×(1－所得税税率)÷[借款本金×(1－筹资费用率)]

2.债券成本

债券成本=债券年利息×(1-所得税税率)÷[债券筹资额×(1-筹资费用率)]

3.留存收益成本

计算留存收益成本的方法主要有以下三种。

（1）股利增长模型法。

留存收益成本=预期年股利额÷普通股市价+普通股利年增长率

（2）资本资产定价模型法。

留存收益成本=无风险报酬率+β×(平均风险必要报酬率-无风险报酬率)

（3）风险溢价法

留存收益成本=债券成本+股东比债权人承担更大风险所需求的风险溢价

风险溢价可以凭经验估计。通常情况下，公司普通股风险溢价对其自己发行的债券来说，为3%～5%。

4.普通股成本

普通股成本=预期年股利额÷[普通股市价×(1-普通股筹资费用率)]+股利年增长率

5.全部长期资金的总成本——加权平均资本成本

$$加权平均资本成本 KW = \sum_{j=1}^{n} K_j W_j$$

式中，KW为加权平均资本成本；K_j为第j种个别资本成本；W_j为第j种个别资本占全部资本的比重（权数）。

附件二　财务杠杆系数计算

财务杠杆系数DFL=每股税后利润变动率÷息税前利润变动率

=1+利息支出÷税前利润总额

| 拟定 | | 审核 | | 审批 | |

7-03　筹资内部控制制度

××公司标准文件		××有限公司 筹资内部控制制度	文件编号××-××-××	
版次	A/0		页次	第×页

1.目的

为了加强对公司筹资活动的内部控制，控制筹资风险，降低筹资成本，防止筹资过程中的差错与舞弊，根据《中华人民共和国会计法》等相关法律、法规，结合本公司的实际情况，特制定本制度。

2.适用范围

公司筹资业务要严格按照本制度规定执行。

3.定义与职责

（1）本制度所称筹资是指本公司通过借款、发行公司债券和股票三种方式取得货币资金的行为。

（2）公司筹措资金应比较各种资金筹措方式的优劣和筹资成本的大小，要讲求最佳资本结构，确定所需资金如何筹措。

（3）筹资内部控制制度的基本要求是不相容职务应当分离，其中包括以下内容。

① 筹资方案的拟定与决策。

② 筹资合同或协议的审批与订立。

③ 与筹资有关的各种款项偿付的审批、执行和相关会计记录。

④ 筹资业务的决策、执行与相关会计记录。

（4）重大筹资活动必须由独立于审批人的人员审核并提出意见，必要时可聘请外部顾问。

4.管理规定

4.1 分工及授权

4.1.1 筹资内部控制制度相关岗位职责。

（1）财务总监。

①组织实施公司融资策略，组织融资协议的谈判，参与公司信贷评级及授信管理工作。

②负责公司债务的管理工作，对公司债务的总量、结构进行分析，根据公司发展要求，研究制定债务优化调整方案并组织实施。

③结合资金预算，提出公司年度融资计划，平衡融资规模，对融资计划和执行情况进行逐笔审批和监控。

④负责安排公司贷款、借款及还本付息工作。

（2）董事会办公室。

①负责协助财务总监拟定发行债券或股票的筹资方案，对重大筹资方案应当进行风险评估，形成评估报告，报董事会或股东大会审批。

②对在证券市场上所筹措资金使用的过程进行监督、控制。

（3）出纳，负责根据批准的利息、股息计算单支付利息、股息等。

（4）会计，根据银行进账单、借款合同、利息或股利计算单等填制记账凭证。

4.1.2 本公司的筹资额度超过公司最近一期经审计的净资产的10%（含10%）以上的长期借款或净资产的20%（含20%）以上的短期借款由董事会讨论并做出决议，待提请公司股东大会讨论并做出决议后方可实施;不超过公司最近一期经审计的净资产的10%(含20%)以上的长期借款或净资产的20%(含20%)以上的短期借款由董事会做出决议并实施;不超过200万元的借款可由公司总经理批准;发行公司债券或股票由公司董事会审议通过后,提请股东大会以特别决议的形式批准。债券或股票的回购必须获得董事会的授权和股东大会批准。

4.1.3 与借款有关的主要业务活动由公司财务部负责具体办理;与发行公司债券、股票有关的主要业务活动由公司财务部和董事会办公室分别在各自的职责范围内具体办理。

4.2 筹资业务流程控制

4.2.1 公司财务部根据企业经营范围、投资项目的未来效益、目标资本结构、可接受的资金成本水平和偿付能力制订借款计划,经公司财务总监、总经理审核后报董事会或股东大会批准后执行。

有价证券筹资由公司财务部与董事会办公室协同制定筹资方案,报股东大会批准后执行。

4.2.2 公司拟订的筹资方案应当符合国家有关法律、法规、政策和企业筹资预算要求,明确筹资规模、筹资用途、筹资结构、筹资方式和筹资对象,并对筹资时机选择、预计筹资成本、潜在筹资风险和具体应对措施以及偿债计划等做出安排和说明。

4.2.3 借款方案(包括贷款额、贷款方式、结构及可行性报告等资料)由财务部以书面的形式提出,经公司总经理或董事会或股东大会批准后,由财务部负责与金融机构联系、洽谈,达成借款意向,签订借款合同或协议,办理借款手续。所有借款合同或协议必须由公司法律事务部审核通过。

4.2.4 发行公司债券或股票由董事会办公室和财务部协同起草方案,经董事会、股东大会授权并取得有关政府部门的批准文件后,董事会办公室和财务部在各自职责范围内整理发行材料,由董事会办公室负责联络中介机构,与券商签订债券承销协议或股票承销协议。在筹资决策前,公司应当聘请外部法律专家对有关筹资文件进行审核,提出专业意见,以备批准决策时参考。所有协议必须由公司法律事务部审核通过。

4.2.5 发行公司债券,应设立公司债券存根簿,用于记载以下内容:如发行记名债券,应记载债券持有人的姓名或名称及住所;债券持有人取得债券的日期及债券的编号;债券总额、债券的票面金额、债券的利率、债券还本付息的期限和方式;债券的发行日期。如发行无记名债券,应记载债券总额、利率、偿还期限和方式、发行日期和债券编号。未发行的债券必须由专人负责保管。保存债券持有人的明细资料,应同总分类账核对相符,如由外部机构保存,需定期与外部机构核对。

4.2.6 发行记名股票,股东名册应记载以下内容:股东的姓名或名称及住所,各股东所持股份数,各股东所持股票的编号,各股东取得其股份的日期;发行无记名股票,应记载股票数量、编号及发行日期。

4.2.7 公司获授权人员在各自的批准权限内批准有关筹资合同、协议或决议等法律文件。

4.2.8 财务部要按照有关会计制度的规定设置核算筹资业务的会计科目,通过设置规范的会计科目,按会计制度的规定对筹资业务进行核算,详尽记录筹资业务的整个过程,实施筹资业务的会计核算监督,从而有效地担负起核算和监督的会计责任。

4.2.9 公司应当按照筹资方案所规定的用途使用对外筹集的资金。由于市场环境变化等特殊情况导致确需改变资金用途的,必须事先获得批准该筹资计划的批准机构或人员的批准后方能改变资金的用途或预算。对审批过程进行完整的书面记录,严禁擅自改变资金用途。

4.2.10 财务部应当结合偿债能力、资金结构等,保持足够的现金流量,确保及时、足额偿还到期本金、利息或已宣告发放的现金股利等。

4.2.11 会计严格按照筹资合同或协议规定的本金、利率、期限及币种计算利息和租金,经财务总监审核确认后,与债权人进行核对。本金与应付利息必须和债权人定期对账。如有不符,应查明原因,按权限及时处理。

4.2.12 财务部在办理筹资业务款项偿付过程中,发现已审批拟偿付的各种款项的支付方式、金额或币种等与有关合同或协议不符的,应当拒绝支付并及时向财务总监报告,财务总监应当查明原因,做出处理。

4.2.13 偿还公司债券应根据董事会的授权办理。发生借款或债券逾期不能归还的情况时,财务总监应报告不能按期归还借款的原因,必要时提请公司总经理关注资金状况,并及时与债权人协商,通报有关情况,申请展期。

4.2.14 以抵押、质押方式筹资的,应当对抵押物资进行登记。筹资业务终结后,应当对抵押或质押资产进行清理、结算、收缴,及时注销有关担保内容。

4.2.15 筹资业务控制流程如下。

(1) 拟定筹资方案。根据公司发展战略、经营目标、可接受的资金成本水平和偿付能力拟定筹资方案。对借款的筹资方案由财务部拟定。对有价证券的筹资,由财务部与董事会办公室协同拟订方案,并经法律顾问审核出具意见。

(2) 审批。根据授权,筹资方案由财务总监报送总经理、董事会、股东大会进行审批。

(3) 审核。公司签订的所有筹资合同或协议必须由公司法律事务部审核出具意见。

(4) 签订合同。实施借款方案的,由财务部负责与金融机构洽谈,办理借款手续。实施发行债券或股票业务的,由董事会办公室负责,财务部协助办理有关证券业务。

(5) 收款。出纳按合同或协议的约定及时收取筹资款项。

（6）制单。会计根据银行进账单、借款合同、利息或股利计算单等填制记账凭证。

（7）记账。会计人员审核筹资业务的会计处理是否正确，生成凭证。

（8）还款付息。出纳按照合同、付息单等办理及时还款付息（还款付息按照资金流程执行）。

4.3 监督检查

4.3.1 筹资活动由财务部、董事会办公室、审计部、法律顾问在各自职权范围内行使监督检查权。

4.3.2 筹资活动监督检查主要包括以下内容。

（1）筹资业务相关岗位及人员的设置情况。重点检查是否存在一人办理筹资业务全过程的现象。

（2）筹资业务授权批准制度的执行情况。重点检查筹资业务的授权批准手续是否健全，是否存在越权审批行为。

（3）筹资计划的合法性。重点检查是否存在非法筹资的现象。

（4）筹资活动有关的批准文件、合同、契约、协议等相关法律文件的保管情况。重点检查相关法律文件的存放是否整齐有序以及是否完整无缺。

（5）筹资业务核算情况。重点检查原始凭证是否真实、合法、准确、完整，会计科目运用是否正确，会计核算是否准确、完整。

（6）所筹资金使用情况。重点检查是否按计划使用筹集资金，是否存在铺张浪费的现象。

（7）所筹资金归还的情况。重点检查批准归还所筹资金的权限是否恰当以及是否存在逾期不还又不及时办理展期手续的现象。

4.3.3 监督检查过程中发现的筹资活动内部控制中的薄弱环节，应要求加强和完善，发现重大问题应写出书面检查报告，向有关领导和部门汇报，以便及时采取措施，加以纠正和完善。

4.3.4 在筹资活动中玩忽职守，给公司造成重大损失的，予以开除，并承担赔偿责任。

4.3.5 对违反上述有关内部控制流程相关规定和岗位职责的人员，除有特别规定外，对直接责任人员发现一次扣罚奖金50元，并提出警告，累计3次以上者报总经理办公会决定予以处罚。

| 拟定 | | 审核 | | 审批 | |

第8章 投资管理制度

本章阅读索引：

- 对外投资管理制度
- 短期投资及风险控制管理办法
- 长期投资管理办法
- 对外投资内部控制制度

8-01 对外投资管理制度

××公司标准文件		××有限公司 对外投资管理制度	文件编号××-××-××	
版次	A/0		页次	第×页

1. 目的

为规范××集团股份有限公司（以下简称"公司"）对外投资行为，提高投资效益，规避投资所带来的风险，有效、合理地使用资金，依照《中华人民共和国公司法》《中华人民共和国合同法》等国家法律法规、规范性文件，结合《公司章程》和其他公司制度，制定本制度。

2. 适用范围

本制度适用于公司及其全资子公司、控股子公司（以下简称"子公司"）。

3. 管理规定

3.1 对外投资的审批权限

3.1.1 公司对外投资实行专业管理和逐级审批制度。

3.1.2 公司对外投资的审批应严格按照《中华人民共和国公司法》及其他相关法律、法规和《公司章程》等规定的权限履行审批程序。

3.1.3 公司股东大会、董事会、总经理负责公司对外投资的决策，各自在其权限范围内，对公司的对外投资做出决策。其他任何部门和个人无权做出对外投资的决定。

3.1.4 对外投资权限。

3.1.4.1 公司对外投资达到下列标准之一的，应当在董事会审议通过后，提交股东大会审议。

（1）对外投资涉及的资产总额占上市公司最近一期经审计总资产的50%以上，该交易涉及的资产总额同时存在账面值和评估值的，以较高者作为计算数据。

（2）对外投资涉及的标的（如股权）在最近一个会计年度相关的营业收入占上市公司最近一个会计年度经审计营业收入的50%以上，且绝对金额超过5000万元人民币。

（3）对外投资涉及的标的（如股权）在最近一个会计年度相关的净利润占上市公司最近一个会计年度经审计净利润的50%以上，且绝对金额超过500万元人民币。

（4）对外投资的成交金额（含承担债务和费用）占上市公司最近一期经审计净资产的50%以上，且绝对金额超过5000万元人民币。

（5）对外投资产生的利润占上市公司最近一个会计年度经审计净利润的50%以上，且绝对金额超过500万元人民币。

（6）公司在连续12个月内进行的对外投资，应当对标的相关的各项交易累计计算，达到本条（1）~（5）所规定的标准时，应当提交股东大会审议。已按照前款规定履行相关义务的，不再纳入相关的累计计算范围。

（7）公司在连续12个月内购买资产或股权，以资产总额和成交金额中的较高者作为计算标准，经累计计算达到最近一期经审计总资产30%的，应当提交股东大会审议，并经出席会议的股东所持表决权的2/3以上通过。已按照前款规定履行相关义务的，不再纳入相关的累计计算范围。

上述指标计算中涉及的数据如为负值，取其绝对值计算。

3.1.4.2 公司对外投资未达到股东大会审议标准，达到下列标准之一的，应当提交董事会审议。

（1）对外投资涉及的资产总额占上市公司最近一期经审计总资产的10%以上，该交易涉及的资产总额同时存在账面值和评估值的，以较高者作为计算数据。

（2）对外投资涉及的标的（如股权）在最近一个会计年度相关的营业收入占上市公司最近一个会计年度经审计营业收入的10%以上，且绝对金额超过1000万元人民币。

（3）对外投资涉及的标的（如股权）在最近一个会计年度相关的净利润占上市公司最近一个会计年度经审计净利润的10%以上，且绝对金额超过100万元人民币。

（4）对外投资的成交金额（含承担债务和费用）占上市公司最近一期经审计净资产的10%以上，且绝对金额超过1000万元人民币。

（5）对外投资产生的利润占上市公司最近一个会计年度经审计净利润的10%以上，且绝对金额超过100万元人民币。

上述指标计算中涉及的数据如为负值，取其绝对值计算。

3.1.4.3 公司对外投资未达到股东大会及董事会审议标准的，由公司总经理行使对外投资决策权并签署相关法律文件。但公司在连续12个月内进行的对外投资，按照交易类别累计计算达到董事会审议标准时，应当提交董事会审议，已按照前款规定履行相关义务的，不再纳入相关的累计计算范围。

3.1.4.4 涉及关联交易的对外投资，按照××证券交易所关于关联交易的相关法规及公司《关联交易决策制度》执行。

3.1.5 公司投资管理部门参与研究、制定公司发展战略，对重大投资项目进行效益评估、审议并提出建议；对公司对外的基本建设投资、生产经营性投资和合营、租赁项目负责进行预选、策划、论证、筹备；对外投资项目的协议、合同和重要相关信函、章程等的法律审核及后续的工商登记。

对外投资主体为公司子公司的，子公司应负责相关项目的预选、策划及论证等工作。

3.1.6 公司财务部门负责对外投资的财务管理，负责协同相关方面办理出资手续、税务登记、银行开户等工作。

3.1.7 人力资源部、财务部协同对子公司进行责任目标管理考核。

3.2 对外投资的决策管理

3.2.1 短期投资。

3.2.1.1 公司短期投资决策程序如下。

（1）投资管理部门负责对随机投资建议进行预选投资机会和投资对象，根据投资对象的盈利能力编制短期投资计划。

（2）财务部门负责提供公司资金流量状况表。

（3）短期投资计划按审批权限履行审批程序后实施。

3.2.1.2 财务部门负责按照短期投资类别、数量、单价、应计利息、购进日期等及时登记入账，并进行相关账务处理。

3.2.1.3 涉及证券投资的，必须执行严格的联合控制制度，即至少要由两名以上人员共同操作，且证券投资操作人员与资金、财务管理人员分离，相互制约，不得一人单独接触投资资产，对任何投资资产的存入或取出，必须由相互制约的两人联名签字。

3.2.1.4 公司购入的短期有价证券必须在购入的当日记入公司名下。

3.2.1.5 公司财务部门负责定期与证券营业部核对证券投资资金的使用及结存情况。应将收到的利息、股利及时入账。

3.2.2 长期投资。

3.2.2.1 投资管理部门对适时投资项目进行初步评估，提出投资建议，报总经理初审。

3.2.2.2 初审通过后，投资管理部门负责对其进行调研、论证，审核被投资主体提交的可行性研究报告并编制有关合作意向书，提交公司总经理办公会。

3.2.2.3 总经理办公会对可行性研究报告及有关合作协议进行评审；超出总经理权限的，提交董事会履行审批程序，超出董事会权限的，提交股东大会审议。

3.2.2.4 已批准实施的对外投资项目,应由董事会或总经理在权限范围内授权公司相关部门负责具体实施。

3.2.2.5 公司总经理负责监督项目的运作及其经营管理。

3.2.2.6 长期投资项目应与被投资方签订投资合同或协议,长期投资合同或协议须经公司法务部进行审核,并经授权的决策机构批准后方可对外正式签署。

3.2.2.7 公司财务部门负责协同被授权部门和人员,按长期投资合同或协议规定投入现金、实物或无形资产。投入实物必须办理实物交接手续,并经实物使用部门和管理部门同意。

3.2.2.8 对于重大投资项目可聘请专家或中介机构进行可行性分析论证。

3.2.2.9 投资管理部门根据公司所确定的投资项目,相应编制实施投资建设开发计划,对项目实施进行指导、监督与控制,参与投资项目审计、终(中)止清算与交接工作,并进行投资评价与总结。

3.2.2.10 公司总经理办公会负责对所有投资项目实施运作情况实行全过程的监督、检查和评价。投资项目实行季报制,审计部对投资项目的进度、投资预算的执行和使用、合作各方情况、经营状况、存在问题和建议等每季度汇制报表,及时向公司领导报告。项目在投资建设执行过程中,可根据实施情况的变化合理调整投资预算,投资预算的调整需经原投资审批机构批准。

3.2.2.11 公司监事会、财务部门应依据其职责对投资项目进行监督,对违规行为及时提出纠正意见,对重大问题提出专项报告,提请项目投资审批机构讨论处理。

3.2.2.12 建立健全投资项目档案管理制度,自项目预选到项目竣工移交(含项目中止)的档案资料,由投资管理部门负责整理归档。

3.3 对外投资的转让与收回

3.3.1 出现或发生下列情况之一时,公司可以收回对外投资。

(1)按照公司章程规定,该投资项目(企业)经营期满。

(2)由于投资项目(企业)经营不善,无法偿还到期债务,依法实施破产。

(3)由于发生不可抗力而使项目(企业)无法继续经营。

(4)合同规定投资终止的其他情况出现或发生时。

3.3.2 发生或出现下列情况之一时,公司可以转让对外投资。

(1)投资项目已经明显有悖于公司经营方向的。

(2)投资项目出现连续亏损且扭亏无望、没有市场前景的。

(3)由于自身经营资金不足急需补充资金时。

(4)本公司认为有必要的其他情形。

3.3.3 投资转让应严格按照《中华人民共和国公司法》和《公司章程》有关转让投资规定办理。务必使对外投资的行为符合国家有关法律、法规的相关规定。

3.3.4 批准处置对外投资的程序和权限与批准实施对外投资的权限相同。

3.3.5 投资管理部门负责做好投资收回和转让的资产评估工作，防止公司资产的流失。

3.4 对外投资的人事管理

3.4.1 公司对外投资组建合作、合资公司，应对新建公司派出经法定程序选举产生的董事、监事，参与和监督影响新建公司的运营决策。

3.4.2 对于对外投资组建的子公司，公司应派出经法定程序选举产生的董事长，并派出相应的经营管理人员（包括财务总监），对控股公司的运营、决策起重要作用。

3.4.3 上述对外投资派出人员的人选由公司总经理办公会研究决定。

3.4.4 派出人员应按照《中华人民共和国公司法》和被投资公司的《公司章程》的规定切实履行职责，在新建公司的经营管理活动中维护公司利益，实现公司投资的保值、增值。公司委派出任投资单位董事的有关人员，注意通过参加董事会会议等形式，获取更多的投资单位的信息，应及时向公司汇报投资情况。派出人员每年应与公司签订责任书，接受公司下达的考核指标，并向公司提交年度述职报告，接受公司的检查。

3.5 对外投资的财务管理及审计

3.5.1 公司财务部门应对公司的对外投资活动进行全面完整的财务记录，进行详尽的会计核算，按每个投资项目分别建立明细账簿，详尽记录相关资料。对外投资的会计核算方法应符合会计准则和会计制度的规定。

3.5.2 长期对外投资的财务管理由公司财务部门负责，财务部门根据分析和管理的需要，取得被投资单位的财务报告，以便对被投资单位的财务状况进行分析，维护公司的权益，确保公司利益不受损害。

3.5.3 公司在每年度末对长、短期投资进行全面检查。对子公司进行定期或专项审计。

3.5.4 公司子公司的会计核算方法和财务管理中所采用的会计政策及会计估计、变更等应遵循公司的财务会计制度及其有关规定。

3.5.5 公司子公司应每月向公司财务部报送财务会计报表，并按照公司编制合并报表和对外披露会计信息的要求，及时报送会计报表和提供会计资料。

3.5.6 公司可向子公司委派财务总监，财务总监对其任职公司财务状况的真实性、合法性进行监督。

3.5.7 对公司所有的投资资产，应由内部审计人员或不参与投资业务的其他人员进行定期盘点或与委托保管机构进行核对，检查其是否为本公司所拥有，并将盘点记录与账面记录相互核对以确认账实的一致性。

| 拟定 | | 审核 | | 审批 | |

8-02　短期投资及风险控制管理办法

××公司标准文件		××有限公司 短期投资及风险控制管理办法	文件编号××-××-××	
版次	A/0		页次	第×页

1.目的

为加强股份有限公司（下称"公司"）短期对外投资活动的管理，规范公司的投资行为，保护公司和股东的利益，根据国家有关法律、法规和《股份有限公司章程》的规定，制定本办法。

2.适用范围

适用于本公司短期投资的风险防控。

3.定义

（1）本办法所称短期对外投资，主要是指在国家政策允许的情况下，公司作为独立的法人主体、以提高资金使用效率和收益最大化为原则，在证券市场上购买有价证券并承担有限责任的投资行为。

（2）公司短期对外投资的类型，可分为新股申购（含可转债）、从事国债业务和在二级市场上进行投资等。

（3）申购新股，是指其他公司在进行新股发行时，公司通过网上、网下申购，向新股发行总承销商申请购买新股（含可转债）并在新股（含可转债）上市交易后卖出的投资方式。

（4）从事国债业务，是指公司以现金形式认购新发行的国债，或通过交易所参与国债回购等的投资方式。

（5）在二级市场上进行投资，是指公司通过证券交易所的有价证券转让活动买卖上市交易的股票（含可转债）及其他衍生金融品种所进行的投资。

4.管理规定

4.1 投资决策权限

4.1.1 公司进行短期对外投资时，投资决策权限如下。

（1）投资金融占公司最近一次经审计净资产的20%（含20%）以上的，由股东大会审议通过。

（2）投资金融占公司最近一次经审计净资产的20%以下的，由董事会审议通过。

（3）投资金融占公司最近一次经审计净资产的比例不高于30%。

4.1.2 公司实行投资责任制，制定科学决策流程，规范科学决策行为。

4.2 执行与实施

4.2.1 在对短期投资项目进行决策之前，必须对拟投资项目进行可行性研究，分析投资回报率、投资风险及其他有助于做出投资决策的各种分析。

4.2.2 公司进行短期对外投资时，须经董事会批准。投资完成后，应取得相应的投资证明和其他有效凭据。

4.2.3 对单笔投资金额超过2000万元的短期证券投资项目，应组织有关人员进行分析、评审和论证。

4.2.4 短期证券投资需根据公司董事会的具体授权实施，并在每次董事会上汇报具体实施情况。

4.2.5 公司财务部门应对公司短期对外投资活动进行完整的会计记录，进行详尽的会计核算，按每一个投资项目分别设立明细账簿，详细记录相关资料。在期末进行成本与市价孰低比较，正确记录投资跌价准备。

4.2.6 公司进行短期对外投资活动的信息披露应符合现行会计准则、会计制度和公开发行股票的上市公司信息披露的要求。

4.3 投资管理

4.3.1 公司有关部门应当按照各自的分工，行使投资的管理职能。

4.3.2 对公司相应决策层最终审查决定的短期对外投资事项，公司董事会和经营管理层应当认真履行和实施。

4.3.3 公司短期对外投资的具体运作和管理，均由公司证券部负责。

4.3.4 公司证券部应当对所管理的短期对外投资项目进行即使跟踪，并向公司经营管理层及时汇报有关进展和变化情况。

4.4 风险管理

4.4.1 在对短期对外投资项目进行决策之前，必须对拟投资项目按风险分散、风险规避、风险损失控制和风险自承四项原则进行投资风险分析。

4.4.2 公司董事会及经营管理层承诺对外投资项目的风险控制负有全部责任，建立严格的审查和决策程序，并制定相应的风险管理和控制政策，责成专人协调突发重大风险事项，对各投资项目的合法合规运作进行监督检查。

4.4.3 公司证券部门应定期检查各项投资项目的具体实施情况，并将检查结果上报董事长和总经理。

4.4.4 公司董事会根据实际需要，可委托具有资格的中介机构对公司的短期对外投资活动进行核查，并将核查结果提交董事会，同时按照有关公开发行股票的上市公司信息披露制度的要求进行披露。

4.4.5 公司董事会可指定专人定期或不定期对投资项目的执行部门进行内部控制制度执行情况和遵循国家法律法规及其他规定的实施情况进行抽查，并就抽查结果提出相应建议和改进措施。

4.5 附则

4.5.1 必要时董事会可委托短期对外投资项目经办人（负责人）之外的其他专业人员对投资项目进行评价和分析。

4.5.2 公司的短期对外投资活动必须遵守国家有关法律法规，并接受政府有关部门及证券监管机构的监督和管理。

拟定		审核		审批	

8-03　长期投资管理办法

××公司标准文件		××有限公司 长期投资管理办法	文件编号××-××-××	
版次	A/0		页次	第×页

1. 目的

为了加强公司投资活动的内部控制，规范投资行为，防范投资风险，保障投资安全，提高投资效益，制定本办法。

2. 适用范围

本办法适用于公司及所属控股子公司的投资行为。

本办法所称投资行为包括以下内容。

（1）对内投资：公司新增固定资产投资及重大技改项目、新拓展业务领域等投资。

（2）对外投资：股权投资、对外合作、联营、收购、兼并、房地产投资、矿业权投资、证券投资等。

3. 管理规定

3.1 投资决策

3.1.1 公司投资的决策机构为公司董事会。

（1）对内投资：经董事会审批后的年度预算内的新增固定资产投资，3万元（含）以下的，由总经理审批，超过3万元的须报董事长审批。未列入年度预算，但根据经营实际确需新增的固定资产投资及重大技改项目、新拓展业务领域投资，由董事会审批。

各分（子）公司承接现场业主委托购置的固定资产并由业主方支付设备购置费的，不受此限。

（2）对外投资：所有对外投资项目，一律经公司董事会审批。

3.1.2 在董事会审议重大技改项目、新拓展业务领域投资、对外投资事项以前，由公司经营管理层统筹、协调和组织投资项目的分析和研究，编制投资项目可行性研究报告，为董事会决策提供建议。

3.2 职责分工

3.2.1 公司总经理为投资实施的主要责任人，负责对新项目实施的人、财、物进行计划、组织、监控，及时向董事会汇报投资进展情况，提出调整建议等，以利于董事会及时对投资做出决策。

3.2.2 经营管理部负责对重大技改项目、新拓展业务领域、对外投资项目进行可行性研究与评估。

总经理工作部对新增固定资产项目进行必要性评估。

（1）对重大技改项目、新拓展业务领域、对外投资项目立项前，由经营管理部充分考虑公司目前业务发展的规模与范围，投资的项目、行业、时间、预计的投资收益；对项目进行调查并收集相关信息；最后对已收集到的信息进行分析、讨论并提出投资建议，报公司总经理办公会讨论项目立项，形成会议纪要，由总经理工作部存档备查。

新增固定资产项目，由总经理工作部根据现有固定资产情况、业务发展状况进行分析、讨论并提出投资建议，财务管理部编制新增固定资产投资预算，报公司预算管理委员会讨论，形成新增固定资产投资预算，由经营管理层提请董事会审批。

（2）对重大技改项目、新拓展业务领域、对外投资项目立项后，经营管理部负责组织各部门、分（子）公司（必要时可聘请有资质的中介机构成立投资项目评估小组）对已立项的投资项目进行可行性分析、评估，编制投资项目可行性研究报告，由经营管理层提请董事会审批。财务管理部根据董事会审批意见对年度预算进行调整。

3.2.3 财务管理部负责投资项目的财务管理。公司投资项目确定后，由财务管理部负责筹措资金，协同有关部门办理出资手续、工商登记、税务登记、银行开户等工作，并实行严格的借款、审批与付款手续。

3.2.4 总经理工作部负责新增固定资产的日常管理和监督，包括固定资产购置申请审批、组织相关人员参与固定资产采购询价、合同签订、款项支付申请、固定资产实物验收、落实使用责任人、技术资料归档等。

生产管理部负责重大技改项目、新拓展业务领域、对外投资项目的日常管理和监督，包括重大技改项目的进展情况、新设经营项目的生产管理、及时掌握对外投资项目的经营情况、财务状况等。

3.2.5 总经理工作部对对外投资过程中形成的各种决议、合同、协议以及投资权益证书等指定专人负责保管，并建立详细的档案记录。未经授权人员不得接触权益证书。

3.3 执行控制

3.3.1 公司在确定投资方案时，应广泛听取评估小组专家和有关部门及人员的意见与建议，注重投资决策的几个关键指标，如现金流量、货币的时间价值、投资风险等。在充分考虑了项目投资风险、预计投资收益，并权衡各方面利弊的基础上，选择最优投资方案。

3.3.2 购置固定资产前，申请单位向总经理工作部提交固定资产购置申请，由总经理工作部根据审批权限报董事长或总经理审批。

重大技改项目、新拓展业务领域、对外投资的项目实施方案经董事会审批后，原则上不得变更，根据实际情况确需对实施方案进行变更的，须经过董事会决议通过。

3.3.3 重大技改项目、新拓展业务领域、对外投资项目获得批准后，由获得授权的部门或人员具体实施投资计划，与相关单位签订合同、协议，实施财产转移的具体操作活动。对外投资在签订投资合同或协议之前，不得支付投资款或办理投资资产的移交；对外投资完成后，应取得被投资方出具的投资证明或其他有效凭据。

3.3.4 公司使用实物资产进行对外投资的，其资产须经过具有相关资质的资产评估机构进行评估，其评估结果须经董事会审批。

3.3.5 财务管理部应加强对投资项目收益的控制，对投资获取的利息、股利以及其他收益，均应纳入公司的会计核算体系，严禁设置账外账。

3.3.6 总经理工作部应加强对固定资产的实物管理，每年定期进行固定资产实物清查，形成固定资产清查报告。

生产管理部应加强对重大技改项目、新拓展业务领域、对外投资项目的日常运作监督，对投资项目进行跟踪管理，及时掌握被投资单位的财务状况和经营情况，发现异常情况，应及时向经营管理层报告，并采取相应措施。

3.3.7 总经理工作部应加强有关投资档案的管理，保证各种决议、合同、协议以及对外投资权益证书等文件的安全与完整。

3.4 投资处置

3.4.1 公司应加强投资项目资产处置环节的控制，投资的收回、转让、核销等须经过适当授权审批。

3.4.2 固定资产报废：由使用责任人向本单位实物管理部门提出固定资产报废申请，上报总经理工作部，总经理工作部根据审批权限报董事长或总经理审批：原值3万元（含）以下的固定资产报废，由公司总经理审批，原值超过3万元的固定资产报废，由董事会审批。

报废后的固定资产由总经理工作部及时处置。

3.4.3 公司对外投资项目终止时，应当成立清算组，应按国家有关规定对被投资单位的财产、债权、债务等进行全面的清查，清算组应根据清查结果编制清算报告，经董事会审批。

3.4.4 关停转经营项目的，由生产管理部对拟关停转经营项目进行分析、论证，充分说明关停转的理由和直接、间接的经济及其他后果，经董事会审批。

3.4.5 公司核销对外投资，应取得因被投资单位破产等原因不能收回投资的法律文书和证明文件。

3.4.6 财务管理部应当认真审核与投资资产处置有关的审批文件、会议记录、资产回收清单等相关资料，并按照规定及时进行投资资产处置的会计处理，确保资产处置真实、合法。

3.5 跟踪与监督

3.5.1 固定资产投资后，由总经理工作部负责跟踪与监督。

重大技改项目、新拓展业务领域经营项目、对外投资项目实施后，由生产管理部负责跟踪与监督，并对投资效果进行评价。

重大技改项目在技改完成后的前两年、新拓展业务领域经营项目在项目实施后的前两年、对外投资项目实施后的前两年，应每年至少一次向经营管理层书面报告项目的实施情况，包括但不限于：投资方向是否正确，投资金额是否到位，是否与预算相符，股权比例是否变化，投资环境政策是否变化，与可行性研究报告所述是否存在重大差异等，并根据发现的问题或经营异常情况向经营管理层提出有关处理建议。

3.5.2 总经理工作部负责统筹组织固定资产盘点清查工作，并监督固定资产盘点过程。

生产管理部负责统筹组织重大技改项目、新拓展业务领域经营项目、对外投资项目的监督检查。

3.5.3 监督检查主要包括以下内容。

（1）固定资产投资监督检查的内容。

①固定资产是否建立实物台账。重点检查实物资产管理是否落实责任人。

②固定资产实物台账与财务固定资产明细账是否账账相符。重点检查有无盘盈盘亏现象。

③固定资产调拨手续是否齐全。重点检查调拨审批手续是否健全，拨入单位折旧年限是否已扣除拨出单位已计提折旧年限。

④固定资产使用状态及性能是否齐全。重点检查固定资产是否能满足需要，若已经损坏，是否提出报废停用。若已经停用，是否还能继续使用，核实停用原因。性能不齐全，是否及时进行维修等。

（2）新拓展业务领域经营项目、对外投资项目监督检查的内容。

①投资业务相关岗位及人员的设置情况。重点检查是否存在由一人同时担任两项以上不相容职务的现象。

②投资计划的合法性。重点检查是否存在非法投资的现象。

③投资活动的批准文件、合同、协议等相关法律文件的保管情况。

④投资项目核算情况。重点检查原始凭证是否真实、合法、准确、完整，会计科目运用是否正确，会计核算是否准确、完整。

⑤投资资金使用情况。重点检查是否按计划用途和预算使用资金，使用过程中是否存在铺张浪费、挪用、挤占资金的现象。

⑥投资资产的保管情况。重点检查是否存在账实不符的现象。

⑦投资授权批准制度的执行情况。重点检查投资业务的授权批准手续是否健全，是否存在越权审批行为。

⑧投资处置情况。重点检查投资处置的批准程序是否正确，过程是否真实、合法。

（3）重大技改项目监督检查的内容。

①是否按项目实施方案进行。重点检查实施方案的变更是否经过董事会审批。

②是否按项目实施方案计划进度进行。重点检查项目进度是否合理，能否在计划时间内完成技改。

③是否按国家有关法规进行技改。重点检查环保、消防、卫生等条件是否达到国家规定标准。

④技改合同款项支付是否按合同约定执行。重点检查有无超额提前支付合同款项的现象。

⑤技改现场的作业是否满足安全操作规程。重点检查安全防范措施是否到位，安全作业制度是否上墙警示，是否文明施工等。

拟定		审核		审批	

8-04　对外投资内部控制制度

××公司标准文件		××有限公司 对外投资内部控制制度	文件编号×× -×× -× ×	
版次	A/0		页次	第×页

1. 目的

为了加强公司对外投资的内部控制，规范对外投资行为，防范对外投资风险，保证对外投资的安全，提高对外投资的效益，根据《中华人民共和国会计法》《上海证券交易所上市公司内部控制指引》和《企业内部控制具体规范——对外投资（征求意见稿）》等法律、法规，并结合公司的实际情况，特制定本制度。

2. 适用范围

本制度适用于××有限公司本部、分公司及所属全资子公司和控股子公司（以下简称各单位），参股子公司可参照执行。

3. 释义

对外投资是指企业以现金、实物、无形资产或购买股票、债券等有价证券方式向其他企业的投资。

4. 管理规定

4.1　对外投资管理的组织机构和职责

4.1.1　股份公司董事会的相关职责。

董事会负责权限范围内对外投资方案的审批。重大对外投资项目须经董事会审议通过后，报股东大会审批。

4.1.2　股份公司总经理办公会的相关职责。

总经理办公会负责对投资项目进行审议，经审议通过的对外投资方案提交董事会审批。

4.1.3　股份公司财务部的相关职责。

（1）根据股东大会决定的投资计划，拟定年度投资计划。

（2）负责对外投资资金的划拨、清算和记录。

4.1.4　股份公司投资管理部门的相关职责。

公司投资管理部门暂设在财务部，受公司委托可行使其管理职责。

（1）负责公司对外投资项目的立项审核、可行性论证、方案确定等工作。

（2）负责公司对外投资项目的实施和监管。

（3）负责公司对外投资项目的备案登记及上报工作。

（4）负责对外投资核算及报表编制等日常工作。

4.1.5 股份公司证券部的相关职责。

（1）经董事会授权，从事证券投资业务。负责提供投资依据，具体管理运作资金，定期向董事会汇报公司证券投资业务状况。

（2）负责协同财务部拟定年度投资计划。

（3）负责组织公司对外投资事项的相关信息披露。

4.1.6 对外投资管理岗位分工原则要求。

（1）为了达到对外投资内部控制规范的目标，公司建立对外投资业务的岗位责任制，明确相关部门和岗位的职责、权限，确保办理对外投资业务的不相容岗位相互分离、相互制约和相互监督。

（2）合法的对外投资业务应在业务的授权、执行、会计记录以及资产的保管方面有明确的分工，不得由一个人同时负责对外投资业务流程中两项或两项以上的工作。

（3）对外投资不相容岗位如下。

①对外投资项目的可行性研究人员与评估人员在职责上必须分离。

②对外投资计划的编制人员不能同时控制计划的审批权。

③对外投资的决策人员与对外投资的执行人员必须由不同的人员负责。

④负责证券购入或出售的人员不能同时担任会计记录工作。

⑤证券的保管人员必须同负责投资交易账务处理的职员在职责上分离。

⑥参与投资交易活动的职员不能同时负责有价证券的盘点工作。

⑦对外投资处置的审批与执行不能由相同的人员负责。

⑧对外投资项目进行投资绩效评估的人员与执行人员在职责上必须分离。

4.2 授权审批规定

4.2.1 各单位应建立对外投资业务的授权审批制度。对外投资业务的相关部门与经办人员应严格履行授权审批程序，审批人应严格遵守审批权限，不得超越权限审批。对审批人超越授权范围审批的对外投资业务，经办人员有权拒绝办理，并及时向审批人的上级授权部门报告。

4.2.2 对外投资审批权力矩阵参见下表。

对外投资审批权力矩阵

审批事项		对外投资项目承办单位	外部专业机构/有关专家	股份公司本部				高管层	董事会		股东大会
				法律部门	投资管理部门	证券部	财务部	总经理办公会	董事长	全体成员	
年度投资计划						参与拟定	拟定	审议	组织拟定	审批	
一般投资项目决策		提出立项申请			初审、可行性论证、方案确定			组织审议		审批	
重大投资项目决策	单项运用资金≤净资产20%	提出立项申请	评审		初审、可行性论证、方案确定			组织审议		审批	
	单笔运用资金>净资产50%	提出立项申请	评审		初审、可行性论证、方案确定			组织审议	审议		审批
对外投资实施方案及方案变更		按照授权审批程序重新进行审批									
对外投资业务合同				评审	经授权签订						
重大投资处置						拟定方案	拟定方案			审议	审批
对外投资转让						确定转让价格	审核			审批	
重大对外投资转让			审计评估			确定转让价格	审核		审议	审批	

4.3 对外投资管理内控程序

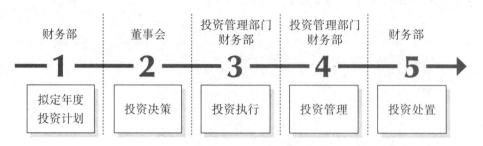

对外投资管理内控程序

4.3.1 根据股东大会决定的投资计划，董事会委托总经理组织有关人员拟定年度投资计划，公司财务部拟定年度投资计划后，向董事长报告，提交董事会，形成决议后，交由总经理组织实施。

4.3.2 对外投资项目承办单位提出立项申请，由投资管理部门上报总经理办公会，总经理办公会委托投资管理部或专业机构对投资项目进行可行性论证，并对投资项目进行审议，审议通过后，上报董事会决策审批。

4.3.3 投资管理部门分别执行投资谈判和合同签订作业，财务部按照投资合同中投资双方协商确定的价格结算、支付投资款项，或者移交投资实物资产。

4.3.4 投资管raging部门及产权代表对投资项目全过程实行跟踪监管，掌握被投资企业的状况，及时发现并解决项目实施中存在的问题；公司财务部及时收取应获得的股利、利息及其他各项权益，定期与被投资企业核对有关账目。

4.3.5 公司管理层提出投资处置建议，财务部会同投资管理部门拟定处置方案，报董事会审批，重大投资处置提交股东大会审批。

4.4 投资决策内控要求

4.4.1 对外投资原则：公司的对外投资以形成主业突出、行业特点鲜明、多元化发展的产业体系为目标，同时符合国家产业政策以及公司的中长期发展规划。

4.4.2 公司所有对外投资均由股份公司运作，公司所属分公司及其他单位不得作为投资主体进行对外投资业务。

4.4.3 公司对外投资总量须与资产总量相适应，累计对外投资总规模不得超过其净资产的50%。

4.4.4 对外投资审批程序：项目承办单位提出立项申请，由公司投资管理部门将项目报审资料上报总经理办公会；总经理办公会委托投资管理部门或专业机构对投资项目进行初审、可行性论证、方案确定等工作，并对投资项目进行审议，审议通过后，上报董事会决策审批。

4.4.5 公司所属参控股企业进行对外投资业务，由所在公司董事会决议。总经理委托公司投资管理部门或专业机构对其投资项目进行可行性论证，为参控股企业董事会决议提供专业意见。

4.4.6 对外投资项目承办单位提出立项申请需备齐以下资料。

对外投资项目申请报告或建议书；对外投资项目可行性研究报告；对外投资方式及资金来源；被投资企业的资产负债及经营状况；有关合作单位的资信情况；政府或主管部门的有关文件等。

4.4.7 由公司投资管理部门等相关部门对投资建议项目进行分析和论证时，应对被投资企业资信情况进行调查或实地考察，并关注被投资企业管理层或实际控制人的能力、资信等情况。对外投资项目如有其他投资者，应根据情况对其他投资者的资信情况进行了解或调查。

4.4.8 公司投资管理部门或委托具有相应资质的专业机构对投资项目出具可行性研究报告，重点对投资项目的目标、规模、投资方式、投资的风险与收益等评价，形成评估报告。评估报告应当全面反映评估人员的意见，并由所有评估人员签章。

4.4.9 对重大对外投资项目，必须委托具有相应资质的专业机构对可行性研究报告进行独立评估。重大对外投资项目包括但不限于以下内容。

（1）单项运用资金超过500万元人民币（含）的对外投资项目，对同一投资对象的金额累计计算。

（2）公司新建项目。

（3）资本运营项目。

（4）其他应由董事会、股东大会决定的项目。

4.4.10 总经理办公会对投资项目的审议程序：查询项目基本情况，比较和选择不同的投资方案；对项目的疑点、隐患提出质询；提出项目最终决策方案、建议等；最后上报公司董事会决策审批。

4.4.11 总经理办公会对投资项目的审议包括以下内容。

（1）拟投资项目是否符合国家有关法律、法规和相关调控政策，是否符合公司主业发展方向和对外投资的总体要求，是否有利于公司的长远发展。

（2）拟定的投资方案是否可行，主要的风险是否可控，是否采取了相应的防范措施。

（3）公司是否具有相应的资金能力和项目监管能力。

（4）拟投资项目的预计经营目标，收益目标等是否能够实现，公司的投资利益能否确保，所投入的资金能否收回。

4.4.12 公司董事会在权限范围内根据总经理办公会对项目做出的审核建议，经集体讨论后，签署审批意见。公司单项运用资金超过最近一期经审计净资产20%的对外投资项目须经董事会审议通过后，报股东大会决策审批。

4.4.13 公司对外投资实行集体决策，严禁任何个人擅自决定对外投资或者改变集体决策意见。

4.4.14 公司投资管理部门对所有的投资决策进行完整的书面记录，包括投资项目的风险与收益的计算过程、投资决策层人员背景材料等，并对这些书面文件进行编号备查。

4.5 投资执行内控要求

4.5.1 根据董事会或股东大会的审批意见，公司投资管理部门会同项目承办单位制定对外投资实施方案，明确出资时间、金额、出资方式及责任人员等内容。

4.5.2 对外投资实施方案及方案的变更，应当按照授权审批程序重新进行审批。

4.5.3 总经理授权公司投资管理部门组织实施对外投资方案。投资管理部门分别执行投资谈判和合同签订作业；财务部按照投资合同中投资双方协商确定的价格结算、支付投资款项，或者移交投资实物资产。

4.5.4 对外投资业务合同需由公司法律部门或相关专家提出评审意见，并经公司法定代表人授权后签订。

4.5.5 以委托投资方式进行的对外投资，由公司投资管理部门对受托企业的资信情况和履约能力进行调查，签订委托投资合同，明确双方的权利、义务和责任，并采取相应的风险防范和控制措施。

4.5.6 公司可以用现金、实物资产、无形资产等向其他单位投资，但不得以国家规定不能用于对外投资的其他财产进行投资。

4.5.7 经批准实施后的对外投资项目应由产权代表或委托的承办人向公司投资管理部门报齐全部资料，投资管理部门应做好对外投资项目的备案工作。

4.6 投资（持有期间）管理内控要求

4.6.1 投资管理部门负责项目实施过程中的监督、检查工作，定期向总经理办公会和董事会提交报告。董事会认为必要时，可直接听取项目承办单位的汇报。

4.6.2 公司对外投资（证券投资除外）实行投资、经营、监管相结合的原则，在项目实施前派出产权代表，建立对外投资项目的产权代表责任制度，并建立产权代表适时报告、业绩考评与轮岗制度。

4.6.3 公司对外投资项目产权代表应指定一人担任。可由公司董事会、监事会、经理层成员、承办单位负责人或其他人员担任。

4.6.4 产权代表对投资项目全过程实行跟踪监管，掌握被投资企业的财务状况、经营情况和现金流量，定期组织对外投资质量分析，及时发现和汇报项目实施过程中存在的问题，并提出解决的办法和建议。产权代表对子公司的利润分配向董事会提出建议。

4.6.5 公司投资的全资及控股子公司应按月编制财务报告，并按规定时间送交公司财务部，由财务部按规定编制合并会计报表。

4.6.6 除全资及控股子公司以外的对外投资项目（含股票、债券投资），由产权代表或具体承办单位每半年向公司财务部报送被投资企业的财务报表，同时对被投资企业的重大经营情况（如利润分配等股东大会决议）也应及时报送公司财务部备案。

4.6.7 证券投资业务。

（1）经董事会授权，公司证券部为从事证券投资业务的专门部门，公司其他单位和部门不得从事证券投资业务。

（2）公司证券投资范围仅限于国内依法公开发行上市的股票、债券和证券投资基金。

（3）证券部负责提供投资依据和具体管理运作资金。重大证券投资项目聘请中介机构或有关专业人员参与评定，经总经理办公会审议，董事会审批后执行。

（4）证券部对所发生的交易业务，办理相关手续后必须及时将有关资料移交财务部；财务部设库保管、专人负责、定期盘点。

（5）证券部在每季度结束后的15日内，向总经理办公会、董事会汇报公司证券投资业务状况，如遇重大事项及时向董事会做出汇报。

4.6.8 公司财务部负责对外投资有关权益证书的管理，指定专门人员保管权益证书，建立详细的记录。未经授权人员不得接触权益证书。财会部定期和不定期地与相关管理部门和人员清点核对有关权益证书。

4.6.9 公司财务部及时收取应获得的股利、利息及其他各项权益；定期与被投资企业核对有关账目，保证对外投资的安全、完整。

4.6.10 公司投资收益的核算符合国家统一的会计制度规定，对外投资取得的股利以及其他收益，均纳入公司会计核算体系。

4.6.11 被投资企业股权结构等发生变化的，公司财务部应及时取得被投资企业的相关文件，办理相关产权变更手续，反映股权变更对本企业的影响。

4.6.12 公司财务部加强对投资项目减值情况的定期检查和归口管理，减值准备的计提标准和审批程序，按照《××有限公司会计政策》的有关规定执行。

4.7 对外投资处置内控要求

4.7.1 对外投资的处置包括对外投资的收回、转让、核销，由公司管理层提出处置建议，财务部会同投资管理部门拟定处置方案，报董事会审批；重大投资处置还应提交股东大会审议，经批准后方可实施。

4.7.2 公司财务部对应收回的对外投资资产，要及时足额收取并及时入账，收到的金额超过投资账面价值部分确认为处置收益。

4.7.3 公司对外转让投资时应由财务部会同投资管理部门合理确定转让价格，并报公司管理层、董事会及股东大会逐级批准；必要时，可委托具有相应资质的专门机构（会计师事务所或评估师事务所）进行审计评估后确认。

4.7.4 公司核销对外投资，应取得因被投资企业破产等原因不能收回投资的法律文书和证明文件。

4.7.5 公司财务部应当认真审核与对外投资处置有关的审批文件、会议记录、资产回收清单等相关资料，并按照规定及时进行对外投资处置的会计处理，确保资产处置真实、合法。

4.7.6 公司建立对外投资项目后续跟踪评价管理制度，由投资管理部门对公司和所属企业的重要投资项目，有重点地开展后续跟踪评价工作，并作为进行投资奖励和责任追究的基本依据。

4.7.7 公司建立对外投资业务的岗位责任制及对外投资责任追究制度，对在对外投资中出现重大决策失误，未按规定履行立项、论证、审批程序和不按规定执行对外投资各项管理规章的机构、部门及人员，追究相应的责任。

4.7.8 公司结合对外投资经济损失的程度，对投资主体负责人、其他责任人做出经济赔偿处罚；情节严重的给予行政处分；构成刑事责任的移交司法机关。对负有审核责任的单位负责人、其他责任人视情节轻重给予一定的处分。

4.8 监督检查

4.8.1 公司审计部负责对外投资内部控制的监督检查制度，定期或不定期地进行检查。

4.8.2 对外投资内部控制监督检查主要包括以下内容。

（1）对外投资业务相关岗位设置及人员配备情况。重点检查岗位设置是否科学、合理，是否存在不相容职务混岗的现象，以及人员配备是否合理。

（2）对外投资业务授权审批制度的执行情况。重点检查分级授权是否合理，对外投资的授权批准手续是否健全、是否存在越权审批等违反规定的行为。

（3）对外投资业务的决策情况。重点检查对外投资决策过程是否符合规定的程序。

（4）对外投资的执行情况。重点检查各项资产是否按照投资方案投出；投资期间获得的投资收益是否及时进行会计处理，以及对外投资权益证书和有关凭证的保管与记录情况。

（5）对外投资的处置情况。重点检查投资资产的处置是否经过集体决策并符合授权批准程序，资产的回收是否完整、及时，资产的作价是否合理。

（6）对外投资的会计处理情况。重点检查会计记录是否真实、完整。

4.8.3 对在监督检查过程中发现的对外投资业务内部控制中的薄弱环节，审计部应当及时报告公司管理层，有关部门应当查明原因，采取措施加以纠正和完善。

4.8.4 审计部每年应当提交对外投资内部审计报告，说明公司对外投资业务内部控制监督检查情况和有关部门的整改情况。

| 拟定 | | 审核 | | 审批 | |

第9章 资产管理制度

本章阅读索引：

- 货币资金内部控制制度
- 应收票据管理办法
- 存货管理制度
- 固定资产内部控制制度
- 无形资产管理制度
- 低值易耗品管理规定
- 资产清查实施细则
- 资产减值准备管理制度

9-01 货币资金内部控制制度

××公司标准文件		××有限公司 货币资金内部控制制度	文件编号××-××-××	
版次	A/0		页次	第×页

1. 目的

为保护货币资金的安全，提高货币资金的使用效率，规范收付款业务程序，特制定本制度。

2. 适用范围

适用于公司的货币资金业务。

3. 管理规定

3.1 管理和控制的基本原则

3.1.1 严格职责分工，实行交易分开，实行内部稽核，实施定期轮岗制度。

（1）岗位内部牵制。

①钱账分管。

②收付款申请人、批准人、会计记录、出纳、稽核岗位分离，不由一人办理收付款业务的全过程。

③出纳人员不兼任稽核、会计档案保管和收入、支出、费用、债权债务账目的登记工作。

（2）业务归口办理。

①公司的现金收付款业务由财务部门统一办理，并且只能由出纳办理。

②非出纳人员不得直接接触公司的货币资金。

③银行结算业务只能通过公司开立的结算账户办理。

④收款的收据和发票由财务部门的专人开具。

（3）岗位定期轮换。

① 出纳人员3年内必须轮换一次。

② 相关的会计岗位原则上3年轮换一次，最长不超过5年。

3.1.2 财务部负责资金筹集、调度、使用、审核。

财务部是公司货币资金管理的职能部门，根据预算目标，负责公司的资金筹集、调度、使用、审核等项具体工作。

财务部应如实反映货币资金的收付和结存情况，保证货币资金的账实相符，监督货币资金的合理节约使用。同时，建立货币资金业务的岗位责任制，明确相关部门和岗位的职责权限，确保办理货币资金业务的不相容岗位的相互分离、制约和监督。办理货币资金业务，应当配备合格的人员，并根据单位具体情况进行岗位轮换。

3.1.3 建立授权批准制度。

应当对货币资金业务建立严格的授权批准制度，明确审批人对货币资金业务的授权审批方式、权限、程序、责任和相关控制措施，规定经办人办理货币资金业务的职责范围和工作要求。

（1）授权方式。

① 公司对董事会的授权由公司章程规定和股东大会决定。

② 公司对董事长和总经理的授权，由公司董事会决定。

③ 公司总经理对各其他人员的授权，每年年初由公司以文件的方式明确。

（2）权限。可参见公司章程和公司内部授权文件。

（3）批准和越权批准处理。

①审批人根据货币资金授权批准制度的规定，在授权范围内进行审批，不得超越审批权限。

②经办人在职责范围内，按照审批人的批准意见办理货币资金业务。

③对于审批人超越授权范围审批的货币资金业务，经办人有权拒绝并应拒绝办理，及时向审批人的上级授权部门报告。

3.2 付款业务流程及控制要求

付款业务流程如下图所示。

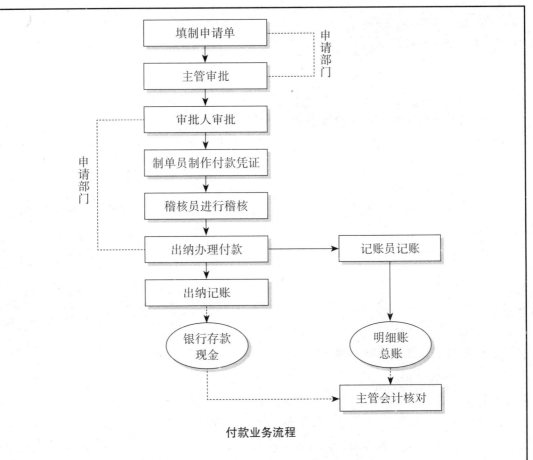

付款业务流程

3.2.1 支付申请。

用款经办人办理支付申请事项，要求如下。

（1）填写付款申请单，注明款项的用途、金额、预算、支付方式等。

（2）附相关附件：计划、发票、入库单等。需经股东大会、董事会批准的事项，必须附有股东大会决议和董事会决议。

（3）由经管部门的经管人员办理申请。

（4）＿＿＿元以上现金支付提前1天通知财务部门。

3.2.2 支付审批。

（1）申请部门主管。

① 核实该付款事项的真实性，对该项付款金额的合理性提出初步意见。

② 对有涂改现象的发票一律不审核。

③ 对不真实的付款事项拒绝审核。

（2）核决人。

① 在自己核决权限范围内进行审批。

② 对超过自己核决权限范围的付款事项审核后转上一级核决人审批。

③ 对有涂改现象的发票一律不审批。

④ 对不符合规定的付款拒绝批准。

3.2.3 支付复核。

（1）制单员。

① 复核支付申请的批准范围、权限是否符合规定。

② 审核原始凭证包括日期、收款人名称、税务监制章、经济内容等要素是否完备。

③ 手续和相关单证是否齐备。

④ 金额计算是否准确。

⑤ 支付方式是否妥当。____元以上的单位付款应采用银行结算方式支付。

⑥ 收款单位是否妥当。收款单位名称与合同、发票是否一致。

（2）稽核员。

① 复核制单员的账务处理是否正确。

② 对制单员复核的内容再复核。

③ 审核付款单位是否与发票一致。

④ 复核后直接交出纳办理支付。

3.2.4 办理支付。

支付工作由出纳办理，其具体要求如下。

（1）对付款凭证进行形式上复核。

① 付款凭证的所有手续是否齐备。

② 付款凭证金额与附件金额是否相符。

③ 付款单位是否与发票上的一致。

（2）出纳不能保管所有预留银行印鉴。

（3）现金支付有其他人复点或至少复点两次；开出的银行票据有其他人复核。

（4）非出纳人员不得接触库存现金和空白票据。

（5）付款后在付款凭证及附件上盖上"付讫"章。

3.2.5 核对。

核对工作由主管会计完成。

（1）总账与现金、银行存款账核对。

（2）总账与明细账相对。

（3）编制银行存款余额调节表，对未达账项核实，并督促经办人在10日内处理完毕。

（4）与银行定期核对余额和发生额。

（5）每月不定期对现金抽点两次。

3.3 收款业务流程及控制要求

收款业务流程如下图所示。

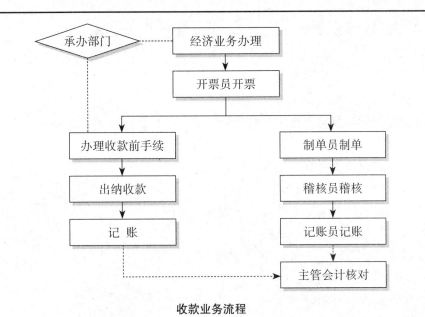

收款业务流程

3.3.1 经济业务办理。

业务承办人要做好以下事项。

（1）按公司的业务操作规程进行商洽、签订合同等。

（2）按公司授权由被授权人批准交易价格、折扣方式及比例等。

（3）与财务部门商定或按财务部门规定确定结算方式和付款期。

（4）开具业务凭单（如发货单等）并送交发票员开票。

3.3.2 开具发票。

由开票员负责，具体要求如下。

（1）按公司规定领用、保管发票和收据。

（2）开具规范，填写内容完整，内容真实。

（3）发票开具后，由另一人审核。

（4）下班前汇总、打印收据、发票开具清单，并附记账联报送销售会计。

（5）发票联、税务抵扣联移送业务承办人，并办理签收手续。

3.3.3 办理收款前手续。

由业务承办人负责，具体要求如下。

（1）催收应收款项。

（2）通知交款人付款。

①告知交款人到财务部门交款。

②受理结算票据或告知交款人到银行进账。

③辨别真假。

（3）登记结算票据受理，向财务部门移交结算票据并办理移交手续。

3.3.4 收款。

由出纳负责，具体要求如下。

（1）接受业务承办人移交的结算票据。

（2）对受理的结算票据难辨其真伪时，及时送交银行鉴别。

（3）登记结算登记簿，妥善保管结算票据。

（4）办理银行票据结算或贴现手续。

（5）验证收取现金并送交银行。

（6）将收款通知单送交制单员，告知相关部门。

（7）编制收款周报表，分送相关部门。

（8）收款后在收款凭证及附件上盖上"收讫"章。

3.3.5 制单。

由制单员负责，具体要求如下。

（1）对发票、收据进行审核，审核其完整性。

（2）对发票、收据的记账联及时进行账务处理。

（3）对收款通知单进行审核并及时进行账务处理。

① 审核收款日期与合同是否相符。

② 审核收款金额发票与应收款余额是否相符。

（4）审核收款方式是否合适。

（5）审核折扣审批者是否超过其权限。

3.3.6 稽核。

由稽核员负责，具体要求如下。

（1）复核制单员的账务处理是否正确。

（2）对制单员复核的内容再复核。

（3）抽查核实收款凭证与对账单等是否相符。

3.3.7 记账。

由记账员负责，会计电算系统在凭证稽核后自动记账。

3.3.8 核对。

由主管会计负责，具体要求如下。

（1）总账与现金、银行存款日记账核对。

（2）总账与明细账核对。

（3）编制银行存款余额调节表，对未达账项进行核实，并督促经办人在10日内处理完毕。

（4）与银行定期核对余额和发生额。

（5）每月不定期对现金抽点两次。

3.4 现金管理

3.4.1 现金收取。

（1）现金收取范围包括销售的零星货款和零星劳务外协加工收入；公司员工或外单位结算费用后补交的余额款；不能通过银行结算的经济往来收入；暂收款项及其他收入。

（2）收取的现金当天由出纳解交银行。

3.4.2 现金支付。

（1）现金支付的范围包括员工工资、奖金、津贴；个人劳务报酬；根据国家规定颁发给个人的科学技术、文化艺术、体育等各种奖金；各种劳保、福利费用以及国家规定对个人的其他支出；向个人收购物资的价款支出；出差人员必须随身携带的差旅费；结算起点（____元）以下的零星支出；确实需要支付现金的其他支出。

（2）凡不符合上述现金支付范围的支出，均通过银行办理结算。

3.4.3 现金保管。

（1）公司的现金只能由出纳员负责经管。

（2）存放现的金保险箱（柜），其存放地点的门窗必须设有金属安全栏，保险箱（柜）加装安全报警装置。

（3）公司现金出纳和保管的场所，未经批准不得进入。

（4）由基本户开户银行核定现金库存限额，出纳员在每天下午4：00前预结现金数额，每日的现金余额不得超过核定的库存限额，超过部分，及时解交银行。

（5）出纳保险柜内，只准存放公司的现金、有价证券、支票等，不能存放个人和外单位现金（不包括押金）或其他物品。

（6）出纳保险柜的钥匙和密码只能由出纳员掌管，不得将钥匙随意乱放，不得把密码告诉他人。

（7）出纳员离开出纳场所，必须在离开前，将现金、支票、印鉴等放入保险柜并锁好。

（8）出纳员变更，新的出纳员必须及时变更保险柜密码。

（9）公司向银行提取现金时，必须有2人同行或派车办理。

（10）出纳员应每天对现金进行盘点，并保证账实相符，财务部门主管每月至少应对出纳的现金抽点两次，并填写抽查盘点表。

3.4.4 现金结算。

（1）出纳员办理现金付出业务，必须以经过审核的会计凭证作为付款依据，未经审核的凭证，出纳员有权拒付。

（2）对于违反财经政策、法规及手续不全的收支有权拒收、拒付。

（3）对于发票有涂改现象的一律不予受理。

（4）现金结算只能在公司规定的收支范围内办理，企业之间的经济往来均须通过银行转账结算。

（5）借支备用金、报销等需支取现金____元以上的领取人，须提前1天通知出纳员；提取现金额达到或超过银行规定需预约金额的，出纳员应提前1天与银行预约。

（6）发现伪造变造凭证、虚报冒领款项，应及时书面报告财务负责人，金额超过____元以上者，应同时书面报告总经理。

（7）及时、正确记录现金收付业务，做到现金账日清月结，账实相符。

（8）严格遵守现金管理制度，出纳员及公司其他人员不得有下列行为。

① 挪用现金。

②"白条抵库"。

③"坐支"现金。

④ 借用外单位账户套取现金。

⑤ 谎报用途套取现金。

⑥ 保留账外公款。

⑦ 公款私存。

⑧ 设立小金库。

⑨ 其他违法违纪行为。

3.5 银行存款管理

3.5.1 账户开设和终止。

（1）公司统一由财务部门在银行开立基本账户、一般存款账户、临时存款账户和专用存款账户，并只能开设一个基本存款账户。

（2）公司需要开设账户及选择银行开设账户，由财务部门提出申请，报财务部经理批准。

（3）公司已开设的银行账户需要终止时，由财务部门提出申请，报财务部经理批准。

（4）公司各事业部的银行账号的开设和终止由公司财务部办理。

3.5.2 银行印章管理。

（1）银行印章至少须有以下两枚。

① 公司财务专用章。

② 公司法人代表人名章（或财务部经理人名章）。

（2）银行印章保管。

① 财务专用章和法人代表人名章（或财务部经理章）由财务部门1名主管保管。

② 出纳人名章由出纳员保管。

③ 银行印章不用时应存放在保险柜中。

（3）不得乱用、错用银行印章，不能将银行印章提前预盖在空白支票等结算票据上。

3.5.3 结算纪律。

（1）银行账户由出纳管理。

（2）除按规定可用现金结算的经济业务外，均采用银行转账结算。

（3）银行结算票据（如支票、汇票等）由出纳统一签发和保管，签发支票须写明收款单位名称、用途、大小写金额及签发日期等，加盖银行预留印章后生效，付款用途必须真实填写。

（4）办理银行结算业务必须遵守银行规定，正确采用各种结算方式，结算凭证的附件必须齐全并符合规定。

（5）及时正确办理银行收付款结算业务。

（6）一般不签发空白支票，特殊情况由财务部经理批准。

（7）不得利用银行账户代替其他部门和个人办理收付款事项，不得租赁或转让银行存款账户，不得签发空头支票，不得签发远期支票。

（8）对于违反财经政策、法规、公司规定及手续不完善的收支拒绝办理。

（9）出纳每月定期与银行核对账目，发现差错及时更正，每月终了3个工作日内由会计主管到银行拿取银行对账单，并编制"银行存款余额调节表"，未达账项由会计主管和出纳督促经办人在10日内处理完毕。

3.6 票据管理

3.6.1 结算票据的购买、保管由出纳员负责，空白票据和未到期的票据必须存入保险柜。

3.6.2 购买或接受票据后，立即登记到票据登记簿上。

3.6.3 业务部门接到票据后应立即将票据解送银行或移交出纳员，票据到达公司后在业务部门不过夜。

3.6.4 票据贴现或到期兑现后，以及签发票据，出纳员应在票据登记簿内逐笔注明或注销。

3.6.5 出纳必须每天对票据登记簿进行清理核对，保证票据在有效期内或到期日能正常兑现。

3.6.6 银行承兑汇票、商业承兑汇票的接受、背书转让、换新、签发必须经财务部经理批准，贴现必须经过总经理批准或由总经理授权财务部经理审批。

3.6.7 票据的签发、背书转让须严格按银行规定办理。

3.6.8 票据被拒绝承兑、拒绝付款，出纳员必须立即查明原因并在第一时间报告财务部经理，同时通知业务经办人，采取相应补救措施。

3.6.9 票据发生丢失，丢失人应立即向财务部门报告，财务部门经理应立即派出纳办理挂失止付手续，同时在3日内按规定派人向法院申请办理公示催告手续。

3.7 货币资金收支计划、记录及报告

3.7.1 公司的财务收支计划由财务部经理负责汇总、编制、报审和下达。

（1）公司各部门及用款单位每月月度终了前2天向财务部报送资金收支计划。

（2）财务部经理每月月度终了前1天将公司各部门及用款单位的收支计划汇总，报总经理。

（3）公司出现重大资金调度，由总经理主持召开资金调度会，平衡调度资金。

（4）财务部经理根据批准的资金收支计划下达各部门及用款单位。

3.7.2 公司资金使用由财务部经理根据资金收支计划予以安排，并按本制度规定的审批权限予以审批。

3.7.3 资金收支计划不能实现时，由财务部经理会同相关部门查明原因，并提出调整计划报总经理批准。

3.7.4 资金使用部门出现追加付款事项，需要追加支出计划，必须提前3天提出资金支出增加计划，报财务部经理审核，由财务部经理提出调整计划报总经理批准。

3.7.5 出纳人员每天下班前必须将当日发生的货币收支业务产生额及余额报告财务部经理，每周完了的次周星期一向财务部经理和总经理报送货币资金变动情况表。

3.8 损失责任

3.8.1 付款申请人，虚构事实或夸大事实使公司受到损失，负赔偿责任并承担其他责任。

3.8.2 部门主管审核付款申请，未查明真实原因或为付款申请人隐瞒事实真相或与付款申请人共同舞弊，使公司受到损失，负连带赔偿或赔偿责任，并承担其他责任。

3.8.3 审批人超越权限审批，或明知不真实的付款予以审批，或共同作弊对公司造成损失，负连带赔偿责任或赔偿责任，并承担其他责任。

3.8.4 制单员、稽核员、出纳员，对明知手续不健全或明知不真实的付款予以受理或共同舞弊，使公司受到损失，负连带赔偿责任或赔偿责任，并承担其他责任。

3.8.5 出纳员未按时清理票据，票据到期未及时兑现造成损失，由出纳员承担赔偿责任。

3.8.6 由于未遵守国家法律、法规和银行的有关规定，致使公司产生损失或责任，由责任人承担损失或责任，由其上一级主管承担连带责任。

3.8.7 承担其他责任是指承担行政责任和刑事责任。

| 拟定 | | 审核 | | 审批 | |

9-02　应收票据管理办法

××公司标准文件		××有限公司 应收票据管理办法	文件编号××-××-××	
版次	A/0		页次	第×页

1. 目的

为确保公司权益，减少坏账损失，有效管理应收票据，依据有关营业处理办法的规定，特制定本办法。

2. 适用范围

适用于公司及下属各营业部门应收票据的管理。

3. 管理规定

（1）公司各营业部门应详细进行客户征信调查，并随时调查客户信用的变化（可以利用机会通过A客户调查B客户的信用情况），签注于征信调查表相关栏内。

（2）营业部门所收票据，自销售日算起，至票据兑现日止，以120天为限。如超过此期限，财务部将根据查得的资料，就其超限部分的票据编列明细表，并通知营业部门加收利息费用。

（3）赊销货品收受支票时，要注意以下事项。

① 注意开票人有无权限签发支票。

② 非本人签发的支票，应要求交付支票人背书。

③ 注意查明支票有效的必要记载事项，如文字、金额、到期日以及发票人盖章等是否齐全。

④ 注意所收支票账号号码越少，表示与该银行往来期越长，信用较为可靠（可直接向银行查明或请财务部协办）。

⑤ 注意所收支票账户与银行往来的期间、金额以及退票记录情形（可直接向付款银行查明或请财务部协办）。

⑥ 支票上文字有无涂改、涂销、更改或字迹不清。

⑦ 注意支票记载何处不能修改（如大写金额），可更改处如有修改是否于更改处加盖原印鉴，如有背书人时应同时盖章。

⑧ 注意支票上的文字记载（如禁止背书转让字样）。

⑨ 注意支票期限，如已逾到期日1年的支票属失效支票。如有背书人，应注意支票提示日期是否超过（4）中的规定。

⑩ 尽量利用各种机会和信息通过A客户来了解B客户支票（或客票）信用。

（4）公司收受的支票提示付款期限，最迟应于到期日后6日内予以处理；一般公司收受的本埠支票到期日当日兑现，近郊到期日两日兑现。

（5）所收支票已缴交者，如退票或因客户存款不足，或其他因素要求退回兑现或换票时，营业单位应填写"票据撤回申请书"，经部门主管签字后送财务部办理。营业部门取回原支票后，必须先向客户取得相当于原支票金额的现金或其他担保品，也可以新开支票将原支票交付，但仍须依上列规定办理。

（6）当遇有销货退回时，应于交货日起60天内将交寄收据及原统一发票一并取回，送交会计人员办理（如不能取回时，应向客户取得销货退回证明），其折让或退回部分，应设"销货折让"科目表示，不得直接从销货收入项下减除。

（7）财务部接到银行通知客户退票时，应立即转告营业部门。营业部门用退票无法换回现金或新票时，应立即寄发存证信函，通知发票人及背书人，并迅速拟定善策进行处理。同时营业部门应填送呆账（退票）处理报告表，随附支票正本（副件留营业部门）及退票理由单，直接送上级主管部门依规定处理。

（8）营业部门对退票申诉案件送请财务部办理时，应提供下列资料。

① 发票人及背书人的户籍所在地。

② 发票人及背书人的财产（其中土地应注明所有权人、地段、地号、面积、持分及设定抵押；建筑物或土地改良物也应注明所有权人、建号；其他财产应注明名称、存放地点及现值等）。

③ 发票人及背书人其他投资事项。

（9）财务部接到呆账（退票）处理报告表，经批准后两日内应依法申诉，并随时将处理情况通知各有关部门、单位。

（10）上述债权确定无法收回时，应及时报送财务部，并附税务机关认可的合法凭证（如法院裁定书，或当地证明文件，或邮政信函等），呈总管理处核准后，才能冲销应收账款。

（11）依法申诉而无法收回债权部分，应取得法院债权凭证，交财务部列册保管。若事后发现债务人（利益偿还请求权时效期15年内）有偿债能力时，应依上列有关规定申请法院执行。

（12）公司营业人员不依本准则的各项规定办理或有勾结行为，致使公司权益蒙受损失者，依人事管理规则处理，情节严重者应移送法院办理。

（13）本准则经总管理处批准后公布实施。

拟定		审核		审批	

9-03 存货管理制度

××公司标准文件		××有限公司 存货管理制度	文件编号××-××-××	
版次	A/0		页次	第×页

1. 目的

为规范存货管理行为，防范存货业务中的差错和舞弊，保护存货的安全、完整，提高存货运营效率，特制定本制度。

2. 适用范围

适用于公司在正常生产经营过程中持有以备出售的，或为了出售仍处在生产过程中的，或将在生产过程或提供劳务过程中耗用的存货管理。

3. 权责部门

3.1 采购部门

受理采购申请，编制采购作业计划；采购作业；收集市场价格。

3.2 仓储部门

数量验收、保管存货；按发货指令（领料单或发货单）发货；对存货的收、发、存进行记录和报告。

3.3 财务部门

参与制定存货管理政策；参与重大采购合同的签订、采购招标工作；及时对存货进行会计记录；审查采购发票，正确计算存货成本；参与存货盘点，抽查保管部门的存货实物记录。

3.4 审计部门

对存货的采购合同进行审计。

4. 管理规定

4.1 存货的分类

存货包括原材料、低值易耗品、在产品、半成品、产成品等。

4.1.1 原材料。原材料是指用于制造产品并构成产品实体的购入物品，以及购入的供生产耗用的不构成产品实体的辅助性材料，包括原辅材料、外购件、修理用配件、包装材料等。

4.1.2 低值易耗品。它是指使用年限短、价值低、易损耗，不作为固定资产管理的各种劳动资料。

4.1.3 在产品。它是指生产过程尚未全部结束、正在生产中的产品。

4.1.4 半成品。它是指已经过一定生产过程并已检验合格交付半成品仓库，仍需继续加工的中间产品。可以深加工为产成品，也可单独对外销售。

4.1.5 产成品。它是指企业加工生产过程结束，符合质量技术要求，验收入库，可以对外销售的产品。

4.2 存货的计价

4.2.1 存货按照取得时的实际成本进行初始计量，期末存货按照成本与可变现净值孰低计量。

4.2.2 原材料、库存商品发出时采用加权平均法核算，低值易耗品采用领用时一次摊销法核算。

4.2.3 本公司存货盘存采用永续盘存制。

4.2.4 期末，按照单个存货成本高于可变现净值的差额计提存货跌价准备，计入当期损益；以前减记存货价值的影响因素已经消失的，减记的金额应当予以恢复，并在原已计提的存货跌价准备金额内转回，转回的金额计入当期损益。对于数量繁多、单价较低的存货，按存货类别计提存货跌价准备。

4.2.5 可变现净值按存货的估计售价减去至完工时估计将要产生的成本、估计的销售费用以及相关税费后的金额确定。

4.3 存货的核算

4.3.1 财务部应在总分类账中设置"材料采购""原材料""低值易耗品""委托加工材料""自制半成品""产成品""燃料"和"包装物"等一级科目，并相应设置明细分类账，实行价值量、实物量的核算。

4.3.2 各有关责任部门应按存货类别设置明细账，进行实物量的核算。月终，各部门的存货明细分类账余额应与财务总分类账中的有关一级科目余额核对相符。

4.3.3 存货出库单价采用移动加权平均法计算确认；低值易耗品采用领用时一次摊销法核算。

4.4 存货的入库管理

4.4.1 各类采购物资的入库，必须具备下列条件。

（1）持有按规定审批的准购单和税制发票。

（2）按规定需持有本公司质检部出具的检验合格报告，有特殊规定的应附生产厂家质保单。大宗物资需附委外检定的计量磅码单。

4.4.2 具备入库条件的由各仓管员对隶属其所管辖的物资，按照准购单、税制发票，认真核对品名、规格、数量、金额，确认正确一致方可办理入库手续。经办人员必须持有办理仓库入库单的税制发票才能到财务部门进行报账。

4.4.3 完工自制半成品、产成品的入库，需经质检部门出具检验合格报告，经办人员填写入库单，写明入库产品的品名、规格、型号、实际数量。仓管员必须认真清点入库产品，核对入库产品的品名、规格、型号、实际数量，核对无误才能签字办理入库手续。如有不符，应会同经办人员及时查明原因、及时更正。

4.5 存货的发出管理

4.5.1 产成品的发出程序。

由市场部业务人员根据客户需求和合同订单情况，依据仓库产品库存量，开具提货单，报部门负责人审核，总经理签批。提货单一式四联，第一联交仓库提货，第二联交质检部门申请对拟发出货物进行质检，第三联交门卫作为出门证，第四联留存。仓库收到提货联和质检合格联后，开具出库单和送货单发货。送货单需要客户回签，作为运输费用的结算凭证和收取货款的凭证。发出商品按《发出商品管理制度》执行。

4.5.2 原辅材料、包装物、低值易耗品、劳保用品、五金工具、设备维修材料等各类物资的领用程序由经办人开具领料单，并按规定办理签字审批手续，仓管员按领料单开具的物资品名、规格型号、品种、数量发料。期末未用完的物资、材料必须办理退库手续。

（1）各生产车间领用各类原材料、辅助材料、产品包装材料、五金机电、设备维修备品备件，由各车间负责人审批签字。工具、机电等物资的领用必须在备品备件库办理领用登记手续。组合车间领用原材料、辅助材料由工艺员审核，车间主管签批。

（2）技术部、质检部领用原辅材料、备品备件，由部门负责人签批。

（3）行政、后勤领用办公用品、备品备件、低值易耗品等物资，由办公室主任审批签字。低值易耗品要建立台账、落实专人负责，并对所管辖物品统一编号、定期与使用部门核对账物。

（4）劳动保护用品的发放由保安部负责人审批签字。

（5）工程物资由行政部根据工程需要填写领料单，并经分管领导审批签字。

4.5.3 对外捐赠和对外投资发出存货。

（1）公司对外捐赠存货，必须按公司授权，经授权审批人审批，有明确的捐赠对象、合理的捐赠方式、可监督检查的捐赠程序，并且签订捐赠协议。

（2）公司运用存货进行对外投资，必须按公司对外投资的规定履行审批手续，并与投资合同或协议等核对一致。

4.6 存货仓储与保管控制

4.6.1 仓储计划控制。公司根据销售计划、生产计划、采购计划、资金筹措计划等制订仓储计划，合理确定库存存货的结构和数量。

4.6.2 存货接触控制。严格限制未经授权的人员接触存货。

4.6.3 分类保管控制。公司对存货实行分类保管，对贵重物品、生产用关键备件、精密仪器、危险品等重要存货的保管、调用、转移等实行严格授权批准，且在同一环节有2人或2人以上同时经办。

4.6.4 安全控制。

（1）公司按照国家有关法律、法规要求，结合存货的具体特征，建立、健全存货的防火、防潮、防鼠、防盗和防变质等措施，并建立责任追究机制。

（2）公司仓储、保管部门建立岗位责任制，明确各岗位在值班轮班、入库检查、货物调运、出入库登记、仓场清理、安全保卫、情况记录等各方面的职责任务，并对其进行检查。

4.6.5 生产现场存货控制。公司生产部门应当加强对生产现场的材料、低值易耗品、半成品等物资的管理和控制，根据生产特点、工艺流程等，生产班组应对转入、转出存货的品种、数量等以及生产过程中废弃的存货进行登记。

4.7 存货盘点

4.7.1 盘点安排。

（1）仓管员每月末自盘。

（2）财务部门存货会计每月抽点。

（3）部门负责人每月抽点。

（4）主管副总经理每季抽点。

（5）不定期抽点。

（6）每年年终结账日公司全面盘点。

4.7.2 自盘。

（1）仓管员每月应对自己经管的物资必须自盘一次，库存品种、规格超过100种以上的，可以抽点，抽点比例不低于50%但不少于100种。

（2）自盘时，可要求部门负责人派人协点。

（3）自盘时，发现呆滞物品、变质物品、盘盈盘亏，填写自盘报告单，并由财务部门派人核实。

4.7.3 抽点。

（1）抽点人随机抽点，抽点比例为20%左右。

（2）抽点时，由仓管员配合，将未办妥手续及代管的货物分开存放，并加以标示。

（3）抽点后，由抽点人填写抽点表，抽点人和仓管员签字认可，发现盈亏，填写"盘点盈亏汇总表"报总经理。

4.7.4 年终全面盘点。

（1）年终全面盘点由总经理或财务部经理组织，由财务部门制订盘点计划。

（2）盘点人员包括盘点人、会点人、协点人和监盘人。

① 盘点人由盘点小组指定，负责点量工作。

② 会点人由财务部门派员担任，负责盘点记录。

③ 协点人由仓库搬运人员担任，负责盘点时物资搬运。

④ 监盘人由内部审计人员或总经理派员担任，以及负责年度会计报表审计的会计师事务所派员担任。

（3）盘点日由公司财务部门在盘点计划中确定。

（4）会点人按实际盘点数翔实记录"盘点表"，由会点人、盘点人、监盘人共同签注姓名、时间；盘点表发生差错更正，必须在更正时，由盘点人、监盘人及时签字确认。

（5）盘点完毕后，由财务部将"盘点表"中的盈亏项目加计金额填列"盘点盈亏汇总表",并与仓库、生产等部门共同提出分析报告,经财务部经理审核报总经理。

4.7.5 盘盈盘亏处理。

(1)盘盈盘亏金额按公司审批权限规定审批。

(2)财务部门根据审批结果进行账务处理,仓管员根据审批结果调整库存数量和金额。

(3)公司经理办工会议根据盘盈盘亏分析报告和公司的相关规定对责任人员进行处罚。

4.8 存货记录和报告控制

4.8.1 存货实物记录。

(1)公司对存货取得验收、入库、保管、领用、发出及处置等各环节设置记录凭证,登记存货的类别、编号、名称、规模型号、计量单位数量、单价等内容。

(2)存货管理部门(仓库)必须设置实物明细账,详细登记收、发、存货的类别、编号、名称、规模、型号、计量单位、数量、单价等内容,并定期与财务部核对。

(3)对代管、代销、暂存、受托加工的存货,单独记录,避免与公司存货混淆。

4.8.2 存货会计记录。

(1)公司财务部门按照国家统一的会计制度的规定,对存货及时核算,正确反映存货的收、发、存的数量和金额。

(2)财务部定期与存货管理部门核对存货和存货账,若核对不符,应及时查明原因,并报告处理。

4.8.3 存货报告。

(1)仓管员每月末编制"存货动态表",详细反映存货的收、发、存情况。

(2)存货期已超3个月的存货,仓管员应在"存货动态表"中注明其采购或生产时间、生产厂家、库存原因等。

(3)发现存货盈亏、霉烂变质及6个月以上的呆滞物品等情况,及时填写报告单,逐级上报到总经理。

| 拟定 | | 审核 | | 审批 | |

9-04 固定资产内部控制制度

××公司标准文件		××有限公司 固定资产内部控制制度	文件编号××-××-××	
版次	A/0		页次	第×页

1.目的

为规范固定资产的管理行为,防范固定资产管理中的差错和舞弊,保护固定资产的安全、完整,提高固定资产使用效率,特制定本制度。

2.适用范围

适用于公司的固定资产管理。

3.权责部门

3.1 使用部门

提出固定资产的购置、大修理申请;固定资产的保管、日常维修、维护和保养;固定资产处置申请;建立本部门的固定资产台账。

3.2 采购部门

提出固定资产购置预算;下达固定资产购置计划;组织固定资产验收;办理固定资产处置和转移;建立固定资产台账和卡片;组织编制固定资产目录。

3.3 财务部门

建立固定资产台账;对固定资产进行会计核算;参与固定资产的验收、检查、处置和转移工作;每年年底组织固定资产盘点。

3.4 审计部门

对采购或建造合同进行审计;参与固定资产的验收、检查、处置和转移工作。

4.管理规定

4.1 固定资产的标准与分类

4.1.1 固定资产标准:为生产商品、提供劳务、出租或经营管理而持有的;使用寿命超过一个会计年度。

4.1.2 固定资产分类:房屋及建筑物;通用及专用设备;运输设备。

4.2 固定资产计价

按照取得时的成本进行初始计量。

4.3 固定资产核算

4.3.1 财务部负责公司固定资产的核算。

财务部在总分类账中设置"固定资产"一级科目,并相应建立固定资产明细分类账,设备部应设立明细账和卡片,做到账、卡、物相符。

4.3.2 固定资产的管理。

设备部负责通用及专用设备,办公室负责房屋及建筑物,采购部负责运输设备的论证、购置、安装、调试、验收、维修以及内部转移、封存、启封、旧设备的报废、清理、回收等工作。

4.3.3 固定资产增加的核算。

(1)投资人投入的固定资产。一方面要反映固定资产增加;另一方面要反映投资人投资额的增加。

(2)基建新增加固定资产,包括新建、改建工程移交使用的房屋建筑物。一般项目由施工单位、负责基建部门、财务部和接受使用部门负责人共同验收。验收合格才能交付使用,并由基建部门填制"固定资产投产使用单"作为财务入账依据。

（3）购入的固定资产，包括属于技改购入的设备以及本公司自制设备，安装完工后，由施工单位组织设备部、财务部及使用部门共同参加验收。经验收合格后的手续同上。

（4）自制、自建的固定资产。企业自制、自建的固定资产经通过"在建工程"科目核算，完工时，从该科目转入"固定资产"科目。

4.3.4 固定资产减少的核算。

（1）各种设备的报废由设备部办理有关手续，即由设备部提出申请，并对报废设备进行评价、使用单位证明、财务部签字，经总经理批准后执行。

（2）有偿调拨设备、变价出售，先由设备部提出处理意见，会同财务部、使用部门提出方案，一般设备经总经理批准后处理；关键设备、成套设备或重要建筑物须报董事会审批后进行处理，单项资产处置金额超过资产处置行为发生时公司净资产的30%时，应报股东大会批准，并进行相应会计处理。

（3）各种设备出厂，一律由设备部签发出厂证，并经财务部盖章、门卫方可放行。

4.4 固定资产折旧管理

4.4.1 折旧方法。

固定资产折旧采用直线法，并按固定资产预计使用年限和预计3%的残值率确定其分类和折旧率，如下表所示。

固定资产折旧表

类别	适用年限/年	年折旧率/%
房屋、建筑物	30	3.23
通用设备	10	9.7
专用设备	10	9.7
运输设备	8	12.12

4.4.2 折旧的核算。

财务部负责对固定资产提取折旧的核算，并在总分类账中设置"累计折旧"科目，通过编制"固定资产折旧计算表"来进行核算。

4.5 固定资产取得与验收控制

4.5.1 固定资产投资预算管理。

（1）公司固定资产投资预算的编制、调整、审批、执行等环节，按《公司预算管理实施办法》执行。

（2）公司根据发展战略和生产经营实际需要，并综合考虑固定资产投资方向、规模、资金占用成本、预计盈利水平和风险程度等因素编制预算。

（3）在对固定资产投资项目进行可行性研究和分析论证的基础上合理安排投资进度及资金投放。

4.5.2 固定资产外购业务流程及控制要点。

固定资产外购业务流程如下图所示。

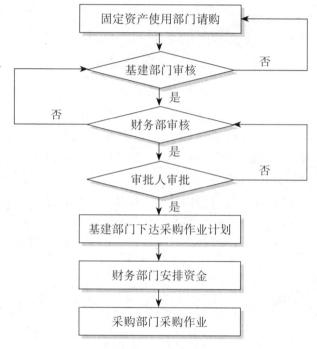

固定资产外购业务流程

（1）采购申请。由固定资产使用部门书面提出采购申请，请购申请的固定资产，年初列入年度预算；要求采购项目已经可行性论证并且可行；对请购的固定资产的性能、技术参数有明确要求。

（2）审核。审计部门负责核实采购申请是否列入年度预算，按相关制度进行合同审计。审计部门对采购合同（×××元以上）进行事前审计，未经审计，采购部门不得进行采购作业。

（3）审批。由相关审批人按照公司授权，在授权范围内审批；审批时应充分考虑审核部门的意见，未经审核的采购项目不予审批。

（4）采购作业计划。采购部门负责采购作业计划的制订与下达。

① 未经批准的项目和越权批准的项目不予下达采购作业计划。

② 采购计划一式三份，财务、采购、仓库各一份。

③ 采购作业计划须经授权批准人批准。

（5）资金安排。财务部根据采购作业计划准备资金，未经批准的采购项目不予安排资金。

（6）采购作业。采购作业由采购部门执行。

① 严格按采购作业计划书规定的规格、型号、技术参数采购。

② 除特殊采购项目外，必须有3家以上的预选供应商。

③ 比价采购或招标采购。

④ 必须签订采购协议，并经审计部门审计。

4.5.3 紧急采购。

（1）紧急采购必须由总经理批准或授权审批批准。

（2）紧急采购不属于须经股东大会或董事会批准的采购项目。

（3）未经总经理批准或授权审批人批准，采购部门不得采购。

4.6 固定资产验收和交付使用

4.6.1 固定资产验收。

（1）固定资产验收由基建部门会同采购部门、使用单位、财务部门、审计部门组成验收小组，区别固定资产的不同取得方式进行验收工作。

（2）对外购固定资产，验收小组应按照合同、技术交底文件规定的验收标准进行验收；对重要设备验收，必须有供应商派员在场时，方能开封验收；验收不合格时，及时通知供应商，并由基建部门组织相关人员与供应商协商退货、换货、索赔等事项。

（3）验收固定资产时，由基建部门出具验收报告，并与购货合同、供应商的发货单及投资方、捐赠方等提供的有关凭据、资料进行核对。

（4）在办理固定资产验收手续的同时，基建部门应完整地取得产品说明书及其他相关说明资料。

4.6.2 固定资产交付使用。

（1）经验收合格的固定资产，由基建部门填制固定资产交接单一式三份，基建部门、财务部门、使用部门各一份，作为登记固定资产台账和建立固定资产卡片的依据。

（2）对于经营性租入、借用、代管的固定资产，公司设立备查登记簿进行专门登记，避免与公司的固定资产相混淆。

4.7 固定资产购置付款

按公司《货币资金内部控制流程规范》的有关规定办理。

4.8 固定资产的日常管理控制

4.8.1 固定资产账卡设置。

（1）固定资产目录册。公司固定资产管理部门（基建部门）会同财务部门以及相关部门，编制固定资产目录册，在目录册中明确固定资产编号、名称、类别、规格、型号，以及折旧年限、折旧方法、预计残值等，目录册经董事会批准后，不得随意改变，并备置于公司本部。

（2）固定资产台账和卡片。

① 公司财务、管理部门、使用部门分别设置"固定资产登记簿"和"卡片"，反映固定资产编号、名称、类别、规格、型号、购置日期、原始价值等资料。

② 公司管理部门与使用部门、财务部门定期核对相关账簿、记录、文件和实物，发现问题，及时向上级报告和处理，以确保固定资产账账、账实、账卡相符。

4.8.2 对固定资产实行"定号、定人、定户、定卡"管理。

（1）定号管理。固定资产管理部门（基建部门）负责编制固定资产目录，对每个单项固定资产都分类、分项统一编号，并制作标牌固定在固定资产上。

（2）定人保管。根据"谁用、谁管、谁负责保管维护保养"的原则，把固定资产的保管责任落实到使用人，使每个固定资产都有专人保管。

（3）定户管理。以每个班组或部门为固定资产管理户，设兼职固定资产管理员，对班组、部门的全部固定资产的保管、使用和维护保养负全面责任。

（4）定卡管理。以部门班组为单位，为每个固定资产建立固定资产保管卡，记录固定资产的增减变动情况。调入增加时，开立卡片，登记固定资产的调入日期、调入前的单位、固定资产的统一编号、主机和附件名称、规格及型号、原始价值和预计使用年限，以及开始使用的日期和存放的地点。调出时，登记固定资产的调出日期、接受单位和调令编号，并注销卡片。

4.8.3 固定资产的维修保养。

（1）公司基建部门会同生产部门以及相关部门制定固定资产维修保养制度，保证固定资产正常运行，控制固定资产维修保养费用，提高固定资产使用效率。

（2）保管部门和操作人员定期对固定资产进行检查、维护和保养，公司基建部门会同生产部门定期对固定资产的使用、维修和保养情况进行检查，及时消除安全隐患，降低固定资产故障率和使用风险。

（3）固定资产需要大修，由使用部门提出申请，固定资产管理部门（基建部门）、生产技术工艺部门、使用部门、财务部门共同组织评估，提出修理方案，经授权审批人审批后，由固定资产管理部门组织实施。固定资产大修验收是指固定资产管理部门、使用部门、生产技术部门、财务部门共同组织验收。

（4）固定资产维修（包括大修）保养费用，纳入公司年度预算，并在经批准的预算额度内执行。

（5）公司定期组织对新设备的操作人员、设备的新操作人员进行培训以及对操作人员定期进行技术考核，以降低固定资产的操作使用风险。

4.8.4 固定资产投保。

（1）投保范围。

① 公司固定资产在取得之后尚未投保且具有损失危险的，应办理保险或附加保险；对于不易发生损失危险的，应在报请公司领导批准之后可不予投保。

② 已办理保险但其受益人变更时，须办理变更手续。

③ 当固定资产作抵押品时，认定不易发生损失危险因而未予投保的，如果债权

人要求投保，仍应该予以投保。

（2）投保办理单位。

① 申请部门：固定资产管理部门。

② 审核部门：财务部门。

③ 经办部门：固定资产管理部门、财务部门。

（3）投保手续。

① 固定资产管理部门根据领导批准的投保项目，提出投保申请。

② 财务部接受投保申请经审核后，填制"投保书"，向保险公司办理投保手续。

③ 财务部在订立保险合同之后，保单自存，保单副本两份连同收据送固定资产管理部门核对后，一份留存，另一份连同收据留财务部门据以付款。如果投保的固定资产因提供抵押，而必须办理受益人转移时，则保单正本交债权人收存。

4.8.5 固定资产清查盘点。

（1）盘点方式。

① 每年年终时由财务部门会同固定资产管理部门、固定资产使用部门组成清查盘点小组，对公司的所有固定资产进行一次全面盘点，根据盘点结果详细填写固定资产盘点报告表，并与固定资产账簿和卡片相核对，发现账实不符的，编制"固定资产盘盈盘亏表"并及时做出报告。

② 公司财务部、固定资产管理部门在年中应不定期对固定资产进行抽点检查。

（2）人员分工：使用部门为盘点人、财务部门为会点人、管理部门为复点人。

（3）盘点程序。

① 财务部依据固定资产目录拟定盘点计划。

② 使用部门与管理部门做好盘点前的准备。

③ 盘点人员现场实地盘点，编制"固定资产盘点报告表"一式三份，第一份交使用部门，第二份交管理部门，第三份由财务部呈报总经理核准后作为账务处理依据。

④ 财务部经账实核对后，编制"固定资产盘盈盘亏表"，计算盘盈、盘亏结果，并将结果反馈给使用部门和管理部门。

⑤ 使用部门对盈亏差异进行分析，找出原因，分清责任，形成书面报告，由管理部、财务部出具意见后，报授权审批人审批。

⑥ 财务部依据审批人的审批意见，进行相关账户调整。

4.8.6 固定资产使用状态变动。

（1）公司启封使用固定资产或将固定资产由使用状态转入转存状态，须履行审批手续。

（2）公司改变固定资产状态并变更固定资产保管地点的，固定资产管理部门、财务部门、保管部门应在固定资产登记簿上进行登记。

4.9 固定资产处置和转移控制

4.9.1 固定资产处置。

固定资产处置业务流程如下图所示。

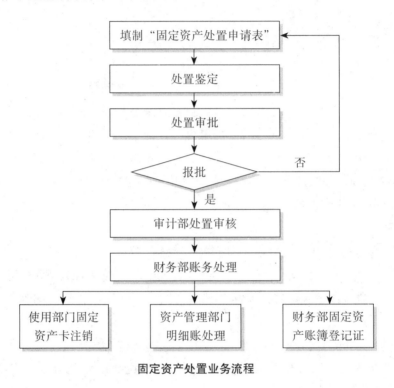

固定资产处置业务流程

（1）处置申请。公司根据固定资产的实际情况和不同类别，由相关部门提出建议或报告，固定资产管理部门填制"固定资产处置申请表"。

① 对使用期满后正常报废的固定资产，应由固定资产管理部门填制"固定资产报废单"，经授权部门或人员批准后进行报废清理。

② 对使用期未满，但不能满足生产要求，需要报废或提前处置的固定资产，由使用部门提出书面报告，管理部门组织鉴定，经授权部门或人员批准后进行报废或处置。

③ 对未使用、不需用的固定资产，应由固定资产管理部门提出处置申请，经授权部门或人员批准后进行处置。

④ 对拟出售或投资转出的固定资产，应由有关部门或人员填制"固定资产处置申请表"，经单位授权部门或人员批准后予以出售或转作投资。

（2）处置鉴定。由固定资产管理部门根据有关部门提出的固定资产处置申请报告，组织有关部门的技术专业人员对处置的固定资产进行经济技术鉴定，填制"固定资产处置申请表"，确保固定资产处置的合理性。

（3）处置审批。公司根据权限对固定资产管理部门上报的"固定资产处置申请表"进行审查，并签署意见。

（4）处置审核。

① 公司审计部在处置前会同相关部门或人员对固定资产的处置依据、处置方式、处置价格等进行审核，重点审核处置依据是否充分、处置方式是否适当、处置价格是否合理。

② 财务部在处置后根据审批人批准的呈批表，认真审核固定资产处置凭证，检查批准手续是否齐全，批准权限是否适当等，审核无误后据以编制记账凭证，进行账务处理。

（5）公司财务部、审计部应参与固定资产的处置过程并对其进行监督。

（6）公司财务部应当及时、足额地收取固定资产处置价款，并及时入账，其他部门不得经手固定资产处置现款。

4.9.2 固定资产出租、出借。

公司出租、出借固定资产，由固定资产管理部门会同财务部拟定方案，经授权人员批准后办理相关手续，签订出租、出借合同。合同应当明确固定资产出租、出借期间的修缮保养、税赋缴纳、租金及运杂费的收付、归还期限等事项。

4.9.3 固定资产内部调拨。

公司内部调拨固定资产，由固定资产管理部门填制"固定资产内部调拨单"，由调入部门、调出部门、固定资产管理部门和财务部门的负责人及有关负责人员签字后，方可办理固定资产交接手续。

拟定		审核		审批	

9-05 无形资产管理制度

××公司标准文件		××有限公司 无形资产管理制度	文件编号××-××-××	
版次	A/0		页次	第×页

1.目的

为规范无形资产的管理行为，避免因违反国家法律法规而遭受的财产损失风险；防范无形资产管理中的差错和舞弊；明确职责权限，降低经营决策、资产管理风险，特制定本制度。

2.适用范围

本制度适用于公司的无形资产管理。

3. 管理规定

3.1 岗位分工与授权批准

3.1.1 不相容岗位分离。

(1) 无形资产投资预算的编制与审批分离。

(2) 无形资产的采购、验收与款项支付分离。

(3) 无形资产处置的申请与审批、审批与执行分离。

(4) 无形资产业务的审批、执行与相关会计记录分离。

3.1.2 经办和核算无形资产业务人员的素质要求。

(1) 具备良好的职业道德、业务素质。

(2) 熟悉无形资产的用途、性能等基本知识。

(3) 符合公司规定的岗位规范要求。

3.1.3 部门具体职责。

(1) 总经理办公室：审核无形资产购置方案；审核无形资产相关法律文件。

(2) 经办部门：提出无形资产购置方案；组织实施无形资产业务取得过程；组织无形资产验收；办理无形资产处置；建立无形资产台账；定期对无形资产的安全、适用性进行检查。

(3) 财务部：建立无形资产台账；对无形资产进行会计核算；参与无形资产的验收、检查、处置工作；定期进行无形资产清查盘点；监督、指导管理部门对无形资产的管理。

3.2 无形资产取得与验收控制

3.2.1 无形资产投资预算管理。

(1) 公司无形资产投资预算的编制、调整、审批、执行等环节，按《预算控制制度》执行。

(2) 公司根据发展战略和生产经营实际需要，并综合考虑无形资产投资方向、规模、资金占用成本、预计盈利水平和风险程度等因素编制预算。

(3) 对无形资产投资项目进行可行性研究和分析论证的基础上合理安排投资进度和资金投放。

3.2.2 无形资产外购流程。

无形资产外购流程

业务操作	操作人	内控要求
采购申请	各经办部门	(1) 根据年度预算提出请购申请 (2) 采购项目已经可行性论证并且可行 (3) 对请购的无形资产的性能、技术参数有明确要求 (4) 编制"无形资产购置申请表"

续表

业务操作	操作人	内控要求
审核	财务部	（1）审核合同条款的合规性 （2）审核财务相关条款的适用性
审批	授权审批人	（1）按照公司授权，在授权范围内审批 （2）审批时应充分考虑审核部门的意见，未经审核的采购项目不予审批

3.2.3 无形资产验收。

（1）外购无形资产。

① 外购无形资产由管理部门组织，按照合同、技术交底文件规定的验收标准进行验收。

② 在办理无形资产验收手续的同时，管理部门应完整地取得产品说明书及其他相关说明资料。

③ 管理部门持发票和相关资料到财务部办理无形资产入账手续。

（2）自制无形资产。

① 自制无形资产制作完成后，由项目负责人向管理部门提出验收申请。

② 自制无形资产由管理部门负责组织验收。

③ 财务部依据制作部门提供的《项目验收报告》、相关验收单据进行相应的账务处理。

3.3 无形资产的管理

3.3.1 无形资产的日常管理要求

（1）无形资产的日常管理由财务部和管理部门共同进行。

（2）无形资产管理部门负责根据无形资产的使用状况，及时维护本部门无形资产台账。

（3）无形资产管理台账登记的内容包括：无形资产的名称，规格型号，单位价值，数量，生产厂家，启用时间，使用部门，摊销年限，使用状态。

（4）公司管理部门、财务部定期（至少一年一次）核对相关账簿、记录和文件，发现问题，及时向上级报告和处理，以确保无形资产账务处理和资产价值的真实性。

（5）无形资产管理台账的保管期限为5年。

（6）财务部根据购置合同明确的使用期限与估计使用年限孰低确定无形资产的摊销年限。

所有权归属公司的无形资产均属摊销范围。

3.3.2 无形资产的权利保持。

管理部门应保持公司无形资产在寿命时限内的占有权，具体参照《知识产权管理规定》执行。

3.4 无形资产处置和特许使用

3.4.1 无形资产处置。

（1）无形资产处置申请。无形资产不能继续使用时，由管理部门详细填写"无形资产处置申请表"。

（2）处置鉴定。由无形资产管理部门组织有关部门的技术专业人员对预处置的无形资产进行技术鉴定，确保无形资产处置的合理性。

（3）处置审批。根据权限对无形资产管理部门上报的"无形资产处置申请表"进行审查，并签署意见。

（4）处置审计。

① 审计部在处置前会同相关部门或人员对无形资产的处置依据、处置方式、处置价格等进行审核，重点审核处置依据是否充分，处置方式是否适当，处置价格是否合理。

② 财务部在处置后根据审批人批准的呈批表，认真审核无形资产处置凭证，检查批准手续是否齐全，批准权限是否适当等，审核无误后据以编制记账凭证，进行账务处理。

3.4.2 无形资产特许使用。

公司特许其他公司使用公司的无形资产，由无形资产管理部门会同财务部拟定方案，经授权人员批准后办理相关手续，签订合同。合同应当明确无形资产特许使用期间的权利义务。

3.5 监督检查

3.5.1 监督检查主体。

（1）监事会：依据公司章程对公司无形资产业务决策的审批进行监督。

（2）审计部：依据公司授权和部门职能描述，对公司无形资产购置、处置的执行合规性进行审计监督。

（3）财务部：依据公司授权，对公司无形资产管理进行监督。

3.5.2 监督检查内容。

（1）无形资产业务相关岗位人员的设置情况。重点检查是否存在不相容职务混岗的现象。

（2）无形资产业务授权批准制度的执行情况。重点检查在办理请购、审批、采购、验收、付款、处置等无形资产业务时是否有健全的授权批准手续，是否存在越权审批行为。

（3）无形资产投资预算制度的执行情况。重点检查购建无形资产是否纳入预算，预算的编制、调整与审批程序是否适当。

（4）无形资产处置制度的执行情况。重点检查处置无形资产是否履行审批手续，作价是否合理。

（5）检查入账依据是否合法、完整。

3.5.3 监督检查结果处理。

（1）不按照上述流程操作，造成无形资产增加、启用、变更、处置不能及时进行处理，按照损失程度相应承担责任。

（2）对监督检查过程中发现的无形资产内部控制中的薄弱环节，审计部应当提请有关部门采取措施加以纠正和完善。

拟定		审核		审批	

9-06　低值易耗品管理规定

××公司标准文件		××有限公司 低值易耗品管理规定	文件编号××-××-××	
版次	A/0		页次	第×页

1. 目的

为了提高企业资产管理水平，推进企业的资产管理规范化、制度化建设，不断挖掘资产管理的潜力，发挥资产的最大使用效益，根据会计准则等相关法律法规，结合企业实际情况，特制定本规定。

2. 适用范围

适用于本公司及下属分公司低值易耗品的管理。

3. 相关管理部门的职责

（1）物资管理部负责低值易耗品的计划管理、过程控制以及相关的物资管理制度的修正、完善与拟定。

（2）仓库保管员负责对低值易耗品的验收、保管与发放。

（3）核算员负责对在用低值易耗品的台账登记、核算管理与控制。

（4）使用部门负责本部门低值易耗品使用过程的具体管理。

（5）财务部门负责对低值易耗品的数量进行核算、控制与监督，以及相关财务制度的修正、完善与拟定。

（6）采购部门负责按计划对低值易耗品进行采购、按规定办理入库手续，并结合生产厂家或供应商提供低值易耗品的保修期限、预计使用期限等性能指标。

（7）监察部负责对低值易耗品的管理、过程控制以及执行情况等方面进行监督、检查。

（8）审计部负责对低值易耗品的使用情况和管理过程进行审计与监督。

4. 管理规定

4.1 低值易耗品的概念、特点及分类

4.1.1 低值易耗品是指单位价值在2000元以下，且使用年限相对较长，不足以作为固定资产的，重复使用且保持原实物形态的能独立发挥作用的物品。

4.1.2 低值易耗品的特点：价值低、品种多、数量大、易损耗、使用年限短，购置报废比较频繁、流动性强、风险性大、管理难度大、易产生管理漏洞等。

4.1.3 低值易耗品与固定资产的比较。

（1）相同点：可以重复使用而不改变实物形态，在使用过程中可能需要维修，报废时可能有残值。

（2）不同点：使用期限短，价值低，财务核算方法不一样。

4.1.4 低值易耗品的财务核算方法。

（1）五五摊销法：除劳动保护用品以外的低值易耗品，采用五五摊销法，即指在领用低值易耗品时，摊销其价值的一半，计入当期生产成本或管理费用；报废时再摊销其价值的另一半。为了反映在库、在用低值易耗品的价值和低值易耗品的摊余价值，财务部应在"低值易耗品"总账科目下分设"在库低值易耗品""在用低值易耗品"等二级科目。

（2）一次性摊销法：劳动保护用品类低值易耗品在领用时将其全部价值一次性计入成本或费用。

4.1.5 低值易耗品按用途分类。

（1）办公用具类：各种办公家具、用具，如保险柜、沙发、办公桌、办公椅、档案柜、工作台等。

（2）电器用品类：各种不足以固定资产进行核算的电器用品，如验钞机、电暖器、风扇、饮水机、音响设备、电话机、移动硬盘等。

（3）专用工具类：计算机维修人员、电工、机械维修等特殊工种所使用的专用工具、用具，如万用表、手电钻、剥线钳以及电流、电压测量专用表等。

（4）衡器量器类：价值低于2000元以下的磅秤、电子秤类衡器以及测量用的千分尺等。

（5）化验仪器类：质检、实验室为做试验、检验所使用的化验仪器。

（6）包装容器类：企业在生产经营过程中可以重复使用的周转箱等。

（7）餐厨具类：宾馆客房使用的配套用品以及餐厅配套厨具、餐具等。

（8）劳动保护用品类：因工作岗位需要而配备的工作服、手套、围裙、帽子、胶鞋等。

（9）其他类：除以上类别以外的属于低值易耗品的其他用具，如清洁器械、消防器械、季节性使用的公用器具等。

4.1.6 在实际管理中，界定不清是否属于低值易耗品的情况的处理办法如下。

由仓库保管员或核算员及时上报财务部、物资管理部，并结合使用单位或部门，三方共同依据物资的价值、性能和是否可重复使用等方面进行确认。

4.1.7 财务部不按低值易耗品核算，但从其特性、使用频率等管理所需应按低值易耗品的管理控制方法进行管理的物资，其管理方法另行规定。

4.2 低值易耗品的管理原则

4.2.1 低值易耗品的账务核算管理原则：账账、账卡、账实三相符，做到日清、月结、一季度一盘存。

（1）财务部的"在库低值易耗品"账必须与仓库保管员的账相符。

（2）财务部的"在用低值易耗品"账必须与核算员账、仓库保管员备查簿登记的领用数量保持一致。

（3）仓库保管员的账、卡、物必须三相符，并做到日清、月结。

（4）核算员台账（登记备查簿）上的数量必须与所负责的部门或产业单位在用的低值易耗品实物相同。

4.2.2 低值易耗品的管理原则。

采用计划与核算、控制与监督和主管与分管的管理原则，多方共同参与，相互配合、相互支持和相互控制与监督，各司其职、分工合作。

4.3 低值易耗品的计划管理办法

4.3.1 集团所有低值易耗品的计划管理职责，必须遵循事前预测、事中控制和事后检查的基本原则，由物资管理部负责统筹实施。

4.3.2 物资管理部根据集团各部门、各产业单位的各岗位性质、工作需要等方面，结合实际拟定低值易耗品配备种类、配备数量和配备计划，以及结合供应部、产业单位分品种、分工种拟定使用期限标准。仓库保管员、核算员根据计划进行出库、领用审核和过程控制，不得出现多发、提前领用的现象。

4.3.3 物资管理部对低值易耗品实施计划管理的流程如下。

（1）在本制度下发以前的低值易耗品计划管理实施流程。

①调查核实：深入基层，结合各部门、各产业单位的各工种、各岗位的工作性质、要求、配备目的以及配备低值易耗品的用途等进行实地调查核实，形成文字依据，写明配备理由并经产业单位负责人签字核实，作为实施计划管理的重要依据。

②分析总结：由物资管理部根据调查核实的依据进行认真分析、总结、统计和汇总，在不违背公司相关文件规定的基础上，分部门或产业单位、分岗位、分工种、分季节等固定低值易耗品配备计划。

③拟定落实：拟定配备计划表形成二级制度报分管副总经理签字后，交总裁办公室审批下发。

④执行与控制：各部门、各产业单位必须严格按照配备计划领用低值易耗品；各

仓库保管员必须严格按照配备计划进行领用审核，对符合条件或到期限的方可出库并建立备查簿；各核算员必须严格按照配备计划和标准开具低值易耗品领用单，并建立台账进行明细管理。

（2）新增岗位配备低值易耗品的计划管理实施流程。

①由于新增工种或岗位需要配备以前没有使用过的低值易耗品的计划管理实施流程：由所在部门或产业单位填制"低值易耗品使用计划申请审批表"，按表中规定的流程经审批后，交物资管理部备案，增加配备计划。

②在原有工作岗位上新增人员时的计划管理实施流程：由各部门、各单位核算员在填制"低值易耗品领用单"时，标注"新员工首次领用"的字样进行说明。

（3）非在编正式人员若因特殊情况需领用低值易耗品的，应由所负责部门或产业单位另行申请，经分管副总经理签字，物资管理部调查核实以及其分管副总经理签字后，报总裁特殊审批，并附于"领用单"后，作为领用依据。否则，任何人不得领用。

4.3.4 物资管理部、仓库保管员和核算员必须按照配备计划对低值易耗品的领用和使用过程进行严格的管理及控制。

4.3.5 物资管理部对低值易耗品应定期或不定期地对核算员、仓库保管员的账物进行盘存，按照规定程序审核低值易耗品的增加、减少或报废手续，并将盘存和审核情况上报分管副总经理，发现问题、及时处理、及时汇报和及时调整。

4.3.6 供应部门根据物资管理部的采购计划进行低值易耗品采购。

4.4 低值易耗品的仓储管理办法

4.4.1 低值易耗品的入库流程。

（1）低值易耗品购置的审核控制。使用部门报批新增购置计划，物资管理部依据配备标准、计划，首先结合整个公司低值易耗品的使用状态，看是否可从其他部门或产业单位闲置中的低值易耗品进行调配，或有无现成的替代品等，经调查落实后，方可确定是否购置。

（2）仓库保管员对低值易耗品严格执行验收入库制度，首先审查是否属于计划购置范围内的物品，不属于范围内的应附有"低值易耗品使用计划申请审批表"；对凭感观不能检验的物品需由专业人员或使用部门检验验收并签字确认后，准予办理入库；保管员以及验收检验人员对入库后的低值易耗品的质量负责。

（3）符合要求的低值易耗品，保管员要及时办理验收入库手续，并根据要求填写"低值易耗品新增验收单"一式两联，一联自存，据此登记在库低值易耗品明细账，一联由业务员随发票到财务报账。验收时可以由保管员，或者使用人及专业人员共同验收。

4.4.2 低值易耗品的出库流程。

（1）低值易耗品的出库。领用低值易耗品必须遵循集团公司制定的配备标准以及使用期限标准等，并且执行以旧换新制度（除服装等特殊物品外）；对有专门指定人员管理的低值易耗品，由指定人员按本规定办理出入库手续，并负责低值易耗品的记账、废品回收管理、报废等相关工作。

（2）由使用单位核算员填写"低值易耗品领用单"一式四联，经相关领导签字批准后，使用单位自存一份，物资管理部签字后，物资管理部留存一份，转仓库两份。领用低值易耗品，保管员留存一份，根据"领用单"按物资的类别、品名登记减少"在库低值易耗品台账"，月底转财务一份。各使用单位、部门核算员根据领用人或领用单位登记"在用低值易耗品"台账，以备检查。

（3）各使用单位或部门核算员负责在用低值易耗品台账的建立，其台账要按照领用单位、部门或按专用工具的使用人进行登记管理，低值易耗品的台账要写明其类别、品名、生产商或销售商、存放地点以及现状等。物资管理部、核算员要经常深入生产一线，盘点实物，凡是发现账账或账实不符的情况，要及时查找原因，及时进行账务调整。

（4）低值易耗品的领用分为两种情况进行处理：第一种为新增领用；第二种为以旧换新领用。由物资管理部根据配备标准、使用年限标准等规定，来判断和确认各单位新增低值易耗品的情况。属于新增的，只需持"低值易耗品领用单"经相关领导签字批准后直接到仓库领取；属于以旧换新领取低值易耗品的，既要持新低值易耗品的领用单，也要持旧低值易耗品以及旧低值易耗品的报废单，同时到仓库办理领取低值易耗品的手续。

（5）仓库保管员根据"以旧换新"制度收回的废旧低值易耗品。仓库保管员要建立辅助账登记管理，如果本企业其他地方可以再次利用的，不用再办理入库或领用的正式手续，但必须在保管处填写普通领用单，并由保管员建立备查簿。对确实没有使用价值或继续放置的必要，由仓库保管员或指定管理人员提出申请，经物资管理部、审计部、监察部共同确认后，可以按废旧物资销售或报废处理。

4.5 低值易耗品的使用过程管理办法

使用部门对"在用低值易耗品"的使用过程管理职责如下。

（1）按照低值易耗品管理办法对在用低值易耗品实施管理，使用部门发生变动、报废等情况，要及时办理相关手续，确保资产单位和物资管理部与财务部账账相符，账实相符。

（2）各单位或部门核算员建立"在用低值易耗品"管理台账，并将责任落实到具体的使用人，不定期限地进行盘点与抽查，实时监控，做到账实相符。

（3）"在用低值易耗品"管理责任人为使用部门的第一负责人；对部门的低值易耗品的购置计划的真实性负责；对部门"在用低值易耗品"的安全性、完整性负责。如在任期内发现低值易耗品的短缺、流失，除集团公司通报批评外，另按公司购进价值的100%进行赔偿，单位或部门第一负责人应负主要责任，其赔偿额由管理团队按公司财产损失赔偿的相关文件规定分解落实。

（4）在各产业单位或部门的第一负责人及核算员调岗或离任的时候，坚决且必须执行离任离职审计制度，由审计部、物资管理部、财务部、监察部、生产单位相关人员参加共同对低值易耗品进行盘点，确认没有问题后给予办理调岗或离职手续，否则，财务部不予结算工资。

（5）对集团公司各产业单位或部门配备的低值易耗品，无论是公用或是个人使用，都要爱惜，认真管理，延长使用寿命，发挥资产的最大使用效益。

4.6 低值易耗品的财务核算与控制管理办法

4.6.1 财务部根据发票及低值易耗品新增验收单登记"在库低值易耗品"明细账。根据低值易耗品领用单登记增加"在用低值易耗品"明细账，根据"低值易耗品报废单"登记低值易耗品的减少。

4.6.2 财务部对低值易耗品的管理实施控制和监督职能，负责并牵头组织相关部门进行一年一次的年终盘存，协助并配合物资管理部、审计部、监察部等相关部门，做好对各产业单位或部门的低值易耗品使用情况过程管理的定期或不定期的盘点、审计等工作，发现管理上的问题，及时查找原因，修正制度，调整管理措施和方案，根据管理办法，出具处理意见，上报集团公司领导。

4.7 低值易耗品的调拨、报废等管理办法

4.7.1 低值易耗品的调拨办理流程。

（1）各产业单位或部门在用低值易耗品建账盘点及新增必须由各产业单位、部门负责人及核算员的签字认可，各单位负责人及核算员对低值易耗品的安全完整性负责，在低值易耗品的使用单位或部门发生变动时，必须办理正式的调拨手续，首先由调出资产部门填写低值易耗品的基本情况，由调入资产单位核算员找相关领导签字批准后，准予办理内部调拨手续。

（2）"低值易耗品调拨单"一式四份，调出单位留存一份，核算员据此登记本单位"在用低值易耗品"台账的减少；调入单位一份，核算员据此登记本单位"在用低值易耗品"台账的增加，转物资管理部一份，据此登记相应单位的增加或减少。转财务部一份，财务人员根据情况做出处理。

（3）如果是一个法人核算单位之间的调拨，财务部不需做账务处理，由核算员和核算员之间进行内部调拨或登记台账；如果不是同一个法人核算单位之间的调拨，财务部需要进行账务调整。

4.7.2 低值易耗品的结账与报账。

（1）仓库保管员每月28日之前向财务和物资管理部报送低值易耗品出入情况汇总表。

（2）各单位核算员应在每月28日之前向财务和物资管理部报送低值易耗品的增

加、减少及在用变动分析表。

（3）保管员、核算员必须贯彻执行管理规定，对不坚持原则、工作马虎给企业造成损失的，按其原值赔偿，严重的调离岗位。

4.7.3 低值易耗品报废环节。

对在用低值易耗品发生报废或者不能继续使用的，各单位或部门使用人或责任人应主动提出报废申请，经物资管理部、监察部、审计部等部门确认予以报废的，由各产业单位或核算员填制"低值易耗品报废单"一式四份，经相关领导签字批准后，各单位核算员自存一份，作为减少本单位"在用低值易耗品"台账的依据，转物资管理部及财务各一份，物资管理部及财务部据此做低值易耗品报废的账务处理，减少相应单位的"在用低值易耗品"台账。转仓库保管员一份备查，作为领用新的低值易耗品的依据。

4.8 审计与监督

审计部、监察部对低值易耗品管理实施监督职能：监督检查物资管理部制定的各单位、各岗位低值易耗品的配置标准、使用年限标准，对购置审批计划以及实际使用、管理、控制情况进行监督检查，对不按规定执行的依据处罚条款出具处罚意见，上报集团公司批准处理。

4.9 罚则

4.9.1 各相关部门必须严格按照本规定执行，对未履行管理、控制和监督职责，造成低值易耗品账账不符、账实不符，给予相关责任人、本部门主管及以上人员分别处以当月工资"1% ~ 3%违反项"的罚款；造成损失的，除按以上规定进行处罚以外，按公司相关规定承担损失。

4.9.2 对由于爱护低值易耗品，超过使用年限的仍在继续使用且不影响工作的，时间达3个月以上的，经物资管理、审计、监察、高精办等相关部门共同落实确认并认可后，按所使用的"低值易耗品原价的50%/12"所得的金额每月给予奖励，直到更换新的低值易耗品为止，以激励员工爱护资产，形成良好的风气。

拟定		审核		审批	

9-07 资产清查实施细则

××公司标准文件		××有限公司 资产清查实施细则	文件编号××-××-××	
版次	A/0		页次	第×页

1. 目的

为保证公司资产清查工作的顺利进行，指导和规范资产清查工作的具体操作程序，提高公司资产清查工作的效率，特制定如下实施细则。

2.适用范围

本细则适用于本公司及下属各分公司的资产清查工作。

3.管理规定

3.1 财产清查的目的

3.1.1 全面摸清公司"家底"，如实暴露公司存在的矛盾和问题，真实、完整地反映公司资产状况、财务状况和经营成果。

3.1.2 通过公司资产清查工作，核实公司资产、权益等状况，规范会计核算和财务报告制度，促进真实反映公司的经营实力。

3.1.3 资产清查工作应全面彻底、不重不漏、不虚报、不瞒报、账实相符，切实摸清"家底"，保证资产清查工作结果真实、可靠。

3.2 资产清查日期

资产清查工作实施日为20××年9月1日，资产清查基准日为20××年8月31日。

3.3 公司实施资产清查工作的主要内容

一般必须包括：账务清理、资产清查、价值重估、损益认定、资本核实和完善管理制度等。

3.4 货币资金的清查

货币资金的清查包括现金、银行存款和其他货币资金。其清查损失是指公司清查出的现金短缺和各类银行存款发生的损失。

3.4.1 现金的清查，主要是确定货币资金是否存在，货币资金的收支记录是否完整。

（1）查看库存现金是否超过核定的限额，现金收支是否符合现金管理规定；核对库存现金实际金额与现金日记账户余额是否相符；编制库存现金盘点表。

（2）备用金余额加上各项支出凭证的金额应等于当初设置备用金数额。

（3）截止清查时间点，公司现金日记账的余额与库存现金的盘点金额是否相符，如有差异，说明原因。

3.4.2 银行存款的清查，主要清查公司在开户银行及其他金融机构各种存款账面余额与银行及其他金融机构中该公司的账面余额是否相符；对银行存款的清查，应根据银行存款对账单、存款种类及货币种类逐一查对、核实。检查银行存款余额调节表中未达账项的真实性。

3.5 各项应收和预付账款的清查

各项应收和预付账款的清查包括应收票据、应收账款、其他应收款、预付货款。

3.5.1 逐笔核对各类应收、预付的原始资料，确认其真实存在性。

3.5.2 归集应收款账龄，分析可回收性。

3.5.3 逐一函证应收和预付款项，取得债务单位确认函，对有争议的债权应认真清理、核实,重新明确债权关系;对长期拖欠,要查明原因,积极催收;对经确认难以收回的款项,要明确责任,做好有关取证工作。

3.5.4 认真清理公司职工个人借款并限期收回。

3.6 存货的清查

存货清查的内容包括修理用备件、包装物、低值易耗品、外购商品等。

存货的清查分为两部分。

3.6.1 核对账目,财务部负责核对总分类账余额与明细分类账余额;物资管理部门核对库存物资余额是否一致。

3.6.2 核对实物,盘点实物资产,公司要认真组织清查仓库,对所有存货全面清查盘点;推算财产清查基准日的实存数量(清查基准日已盘点的除外),并编制盘点表,若出现盘盈、盘亏及清查出的积压、已毁损或需报废的存货,应查明原因,并提出处理意见。

3.7 固定资产的清查

3.7.1 公司清查应准备的资料。

(1)资产盘点表及明细清单。

(2)租入资产(含经营租赁和融资租赁)的租赁协议、合同。

3.7.2 固定资产清查的方法。

公司应对所有固定资产包括房屋及建筑物、机器设备、运输设备、工具器具和土地等(包括账内和账外资产)进行全面清查。

(1)核对账目、卡片。

①财务部门负责核对总账与明细账及固定资产卡片合计金额是否一致。

②财务部门与归口管理部门(综合办公室)核对卡片,包括资产编号、名称、型号规格、原始金额等,并与相关产权归属资料进行核对。

③归口管理部门(综合管理部门)与使用部门核对卡片,包括资产编号、名称、型号规格、数量、原始金额等是否一致。

(2)核对实物,由归口管理部门负责组织使用部门进行固定资产清查、盘点,以卡查物,以物对卡,核对账实,检查是否相符,并编制资产盘点表。在清查中应特别关注以下几种特殊资产的核对。

①有卡无物的资产,要查明原因,属于出租、出借的应追查出租、出借合同。

②有物无卡的资产,要查明原因,一般有四种情况。

a.属于正常固定资产盘盈,填报"固定资产盘盈、盘亏申报表"。

b.属于接受捐赠未入账或作为成本费用支出的固定资产,应按照规定进行会计差错更正,补做账务处理,填制管理卡片。

c.租入、借入固定资产,需要追查有关文书,登记管理备查簿。

d.用账外资金购入的资产,应先补记入账、填制管理卡片,并查清购买资产的资金来源，避免更大的损失。

上述资产若存在需报废、报损、盘盈、盘亏的情况，应按损失处理方法确认资产损失。

（3）固定资产清查的内容。

①查清固定资产原值、净值、已提折旧额，清理出应提折旧与实提折旧差额。

②清理出已提足折旧、待报废和提前报废固定资产的数额及固定资产损失、待核销数额等。

③清理出单独核算长期挂账的固定资产装修费用。

④清理出盘亏、盘盈及以账外购置的固定资产，认真查明原因，分清责任，提出处理意见。

⑤借出的固定资产，要认真清理，将清理结果与对方核对，取得一致，完善相关手续。对于非经营借出和未按规定手续批准转让出去的资产，应尽量回收或补办手续，确实无法收回的，应按公司规定程序处理，并追究有关责任人的责任。

⑥对清查出的各项未使用、不需用的固定资产，要查明购建日期、使用时间、技术状况和主要参数等，按调拨（其价值转入受拨单位）、转生产用、出售、待报废等提出处理意见。

⑦经过清查后的各项固定资产，依据用途（指生产性或非生产性）和使用情况（指在用、未使用或不需用等）进行重新登记，建立健全实物账卡。

3.8 在建工程的清查

3.8.1 在建工程是指已经开工建设，完成了一定的工作量，尚未交付使用的建设项目，按其性质不同分类如下。

（1）正在施工的基本项目和技术改造项目。

（2）已完工未使用和已交付使用尚未验收入固定资产的工程。

在建工程要由建设单位负责按项目逐一进行清查，主要登记在建工程的项目性质、投资总额、实际支出、实际完工进度和管理状况。

3.8.2 具体清查内容。

（1）核对在建工程明细账、总账，并与相关批复文件进行核对，编制在建工程清单。

（2）依据上述清单与实物资产进行核对，包括对工程进度、工程质量的检查，取得工程管理部门的工程进度报告、质量验收报告或相关文书。

（3）依据在建工程合同、借款协议、工程进度、工程成本支出资料等检查工程资本化核算情况。

（4）对清查出资产价值不实的部分，应根据具体情况调整相关账目或申报资产损失。

（5）对于公司清查出的挂往来账的在建工程支出，应按规定进行调整，计入在建工程核算，完善相关手续；按照会计准则规定的会计差错更正方法由公司自行处理，调整相关账目，不作为损失处理。

3.9 其他资产科目的清查

其他资产科目的清查包括应收票据、应收股利、应收利息、长期资产、专项资产、其他长期资产的清查，应比照应收账款、预付账款等债权科目的清查方法进行。取得相关资料，确认资产价值及资产损失。

3.10 负债的清查

负债清查的范围和内容包括各项流动负债和长期负债。流动负债要清查各种短期借款、应付及预收款项、预提费用及应付福利费等；长期负债要清查各种长期借款、长期应付款等。对负债清查时公司要与债权单位逐一核对账目，达到双方账面余额一致。

3.11 长短期借款的清查

3.11.1 编制长期借款、短期借款清单。

3.11.2 检查借款合同，取得授权批准文件。

3.11.3 将明细账与借款合同核对，核实借款期限、金额、利率、借款条件、借款费用的核算。

3.11.4 向银行及有关债权单位进行函证，并与明细账核对，查明不符原因，并书面说明。

3.11.5 查明借款逾期的原因，未计利息的原因及其处理，并书面说明。

3.12 应付预收款的清查

3.12.1 核实各项应付款项的真实存在性，与相关的购货发票、入库单进行核对，查明不符的原因，取得不符的证据或说明。

3.12.2 编制各项应付预收科目清单。

3.12.3 选择重要账户进行函证，查明函证不符原因，并书面说明。

3.12.4 对未入账的款项，应查明原因，按规定程序入账核算。

3.12.5 对其中属于应收预付的款项，按照应收预付款项的清查要求进行。

| 拟定 | | 审核 | | 审批 | |

9-08 资产减值准备管理制度

××公司标准文件		××有限公司 资产减值准备管理制度	文件编号××-××-××	
版次	A/0		页次	第×页

1.目的

为了加强企业的财务监督，规范企业资产减值管理的行为并完善相应的制度，依据

《企业财务通则》等相关法律法规和集团有关制度的规定，特制定本制度。

2. 适用范围

（1）适用于本公司的资产减值准备管理。

（2）本制度所称资产减值准备是指企业按照集团有关财务会计制度规定，对预计可能发生损失的资产，经取得合法、有效证据证明确实发生事实损失，对该项资产进行处置，并对其账面余额和相应的资产减值准备进行的各项管理工作。

（3）资产减值准备具体包括企业按照集团有关财务会计制度规定计提的短期投资跌价准备、委托贷款减值准备、存货跌价准备、坏账准备、长期投资减值准备、在建工程减值准备、固定资产减值准备和无形资产减值准备等。

3. 管理规定

3.1 资产减值准备的核销依据

3.1.1 企业进行资产减值准备的财务核销，应当在对资产损失组织认真清理调查的基础上，取得合法证据，具体包括：具有法律效力的相关证据，社会中介机构的法律鉴证或公证证明以及特定事项的企业内部证据等。

3.1.2 短期投资跌价准备和长期投资跌价准备依据下列证据进行财务核销。

（1）上市流通的短期投资和长期债权投资发生事实损失的，应当取得企业内部业务授权投资和处置的相关文件，以及有关证券交易结算机构出具的合法交易资金结算单据。

（2）被投资单位被宣告破产的，应当取得法院破产清算的清偿文件及执行完毕证明。

（3）被投资单位被注销、吊销工商登记或被有关机构责令关闭的，应当取得当地工商部门注销、吊销公告，或有关机构的决议或行政决定文件，以及被投资单位清算报告及清算完毕证明。

（4）涉及诉讼的，应当取得司法机关的判决或裁定及执行完毕的证据；无法执行或被法院终止执行的，应当取得法院终止裁定等法律文件。

（5）涉及仲裁的，应当取得相应仲裁机构出具的仲裁裁决书，以及仲裁裁决执行完毕的相关证明。

（6）其他足以证明该短期投资或长期投资发生事实损失的合法、有效证据。

3.1.3 坏账准备依据下列证据进行财务核销。

（1）债务单位被宣告破产的，应当取得法院破产清算的清偿文件及执行完毕证明。

（2）债务单位被注销、吊销工商登记或被有关机构责令关闭的，应当取得当地工商部门注销、吊销公告，有关机构的决议或行政决定文件，以及被投资单位清算报告和清算完毕证明。

（3）债务人失踪、死亡（或被宣告失踪、死亡）的，应当取得有关方面出具的债务人已失踪、死亡的证明及其遗产（或代管财产）已经清偿完毕或确实无财产可以清偿，或没有承债人可以清偿的证明。

（4）涉及诉讼的，应当取得司法机关的判决或裁定及执行完毕的证据；无法执行或被法院终止执行的，应当取得法院终止裁定等法律文件。

（5）涉及仲裁的，应当取得相应仲裁机构出具的仲裁裁决书，以及仲裁裁决执行完毕的相关证明。

（6）与债务单位（人）进行债务重组的，应当取得债务重组协议及执行完毕证明。

（7）债权超过诉讼时效的，应当取得债权超过诉讼时效的相关资料。

（8）清欠收入不足以弥补清欠成本的，应当取得清欠部门的情况说明以及企业总经理（厂长）办公会议批准的会议纪要。

（9）其他足以证明应收款项确实发生损失的合法、有效证据。

3.1.4 委托贷款减值准备财务核销，根据委托贷款的性质，比照短期投资和长期投资减值准备的核销依据进行。

3.1.5 存货跌价准备、固定资产减值准备和在建工程减值准备依据下列证据进行财务核销。

（1）发生盘亏的，应当取得完整、有效的资产清查盘点表和有关责任部门审核决定。

（2）报废、毁损的，应当取得相关专业质量检测或技术部门出具的鉴定报告，以及清理完毕的证明；有残值的应当取得残值入账证明。

（3）因故停建或被强令拆除的，应当取得国家明令停建或政府市政规划等有关部门的拆除通知文件，以及拆除清理完毕证明。

（4）对外折价销售的，应当取得合法的折价销售合同和收回资金的证明。

（5）涉及诉讼的，应当取得司法机关的判决或裁定及执行完毕的证据；无法执行或被法院终止执行的，应当取得法院终止裁定等法律文件。

（6）应由责任人或保险公司赔偿的，应当取得责任人缴纳赔偿的收据或保险公司的理赔计算单及银行进账单。

（7）抵押资产发生事实损失的，应当取得抵押资产被拍卖或变卖证明。

（8）其他足以证明存货、固定资产和在建工程确实发生损失的合法、有效证据。

3.1.6 无形资产减值准备依据下列证据进行财务核销。

（1）已被其他新技术所替代，且已无使用价值和转让价值的，应当取得相关技术、管理部门专业人员提供的鉴定报告。

（2）已超过法律保护期限，且已不能给企业带来未来经济利益的，应当取得已超过法律保护的合法、有效证明。

（3）其他足以证明无形资产确实发生损失的合法、有效证据。

3.2 资产减值准备核销程序

3.2.1 公司应当加强对计提减值准备资产的管理工作，组织力量采取有效措施积极进行清理和追索，至少每年进行一次全面复查，按照集团有关财务会计制度和企业相关内控制度规定的工作程序，认真做好公司的资产减值准备财务核销管理、备案及核准工作。

3.2.2 企业资产减值准备财务核销，应当遵循以下基本工作程序。

（1）企业内部相关部门提出核销报告，说明资产损失原因和清理、追索及责任追究等工作情况，并逐笔逐项提供符合规定的证据。

（2）企业财务部门对核销报告和核销证据材料进行复核，并提出复核意见。

（3）财务核销的审批流程如下。

①存货、固定资产、在建工程及无形资产损失在100万元以下的，由企业管理层讨论通过后报集团资产财务部备案。

②存货、固定资产、在建工程及无形资产损失为100万（含）~500万元，短期投资、长期投资、委托贷款在500万元以下的，先由企业管理层讨论通过，然后报集团资产财务部初审，并经集团管理层会议审批通过。

③上述几类核销资产在500万元以上的，先由企业管理层讨论通过，然后报集团资产财务部预审，并经集团管理层会议初审，最后报集团董事会审批通过。

④以上所说的损失均指单次单笔账面损失，即扣除资产减值准备前的账面净值。

（4）公司向资产财务部备案时应提供如下资料。

①本半年度内发生财务核销的基本情况：包括核销资产减值准备的类别、核销资产的清理与追索情况、核销金额与原因等。

②企业总经理办公会议同意核销的决议。

③核销的合法依据。

④其他相关资料。

（5）公司向集团申报核销时应提供如下资料。

①公司的资产核销申请报告。

②企业总经理办公会议同意核销的文件及决议。

③核销的合法依据。

④其他认为对申报核销重要或必需的材料。

（6）根据企业会议纪要、集团批复及相关证据，由企业负责人、财务负责人确认后，进行相关资产的账务处理和资产减值准备财务核销。

3.2.3 对于应收账款坏账核销则遵循以下规定。

（1）单次单笔坏账损失在20万元（不含）以下的，须企业管理层讨论通过，并于每半年报集团资产财务部备案；单次单笔在20万元（含）以上的，首先须企业管理层讨论通过，然后报集团资产财务部预审，并经集团管理层会议审批通过。

（2）如单次单笔损失在50万元（含）以上的，在集团管理层会议通过后上报董事会审批，在审批通过后，集团将向相关企业签发批复，企业凭此批复核销相关账目余额。

（3）对于坏账核销所应提交的资料，参考3.3.2（4）、（5）两点的规定。

3.3 资产减值准备管理的监督

3.3.1 企业资产减值准备财务核销应当遵循客观性原则。当以计提资产减值准备的资产成为事实损失时，无论该项资产是否提足了资产减值准备，企业都应当按照规定对该项资产账面余额与已计提的资产减值准备进行财务核销。

3.3.2 企业主要负责人、财务负责人应当对企业资产减值准备财务核销负领导责任，企业财务部门应当对企业资产减值准备财务核销工作负具体管理责任。

3.3.3 企业应当对向集团或中介机构提供的资产减值准备财务核销相关资料的真实性、合法性和完整性承担责任。

3.3.4 企业在资产减值准备财务核销过程中，未履行相关内部审批程序和未取得有效、合法证据，弄虚作假，擅自处置的，集团将责令予以纠正，并对企业给予通报批评；违反国家有关法律法规，情节严重，造成资产流失的，追究企业负责人及相关责任人的责任；有犯罪嫌疑的，依法移交司法机关处理。

拟定		审核		审批	

第10章 成本费用管理制度

本章阅读索引：

- 成本管理基础工作制度
- 成本预测、计划、控制、分析制度
- 成本费用管理制度
- 成本费用核算制度

10-01 成本管理基础工作制度

××公司标准文件		××有限公司 成本管理基础工作制度	文件编号××-××-××	
版次	A/0		页次	第×页

1. 总则

（1）成本管理的基础工作是公司管理的基础工作，是组织现代化生产、做好成本管理工作的依据，是公司在生产经营活动中为实现公司的经营目标、成本目标和成本管理职能，提供资料依据、共同标准、基本手段和前提条件必不可少的工作。成本管理基础工作提供的信息，经过归纳、整理和分析，就能显示公司生产经营的情况，促使公司改善经营管理，以提高公司的经济效益。因此，必须重视加强和完善成本管理的基础工作。

（2）企业应在企业负责人和总会计师、总经济师、总工程师的领导下组织各职能部门，认真做好成本和费用管理的基础工作。

（3）成本管理的基础工作主要内容是定额管理、原始记录、计量验收、内部价格体系、内部经济核算制。

2. 适用范围

适用于本公司成本管理基础工作的管理。

3. 管理规定

3.1 定额管理

3.1.1 企业对各种原材料、工具、燃料动力的消耗，以及劳动工时、设备利用、物资储备、定额流动资金占用、费用开支等，都要制定先进、合理的定额，并定期进行检查、分析、考核和修订。

3.1.2 各项定额的制定，是一项复杂细致的工作，需要在统一领导下，由各职能部门密切配合进行。在定额制定过程中应遵循以下原则。

（1）要考虑企业生产发展、经营管理水平提高的要求，同时兼顾企业目前的生产能力和管理现状，使定额既先进又可行。

（2）要保持定额相对稳定，以利调动职工积极性，使分析和考核建立在可比基础上。但随着企业生产技术进步和管理水平的提高，对已不适应的定额应适时地进行补充和修订。

（3）要注意各种定额之间的内在联系，防止相互脱节，彼此矛盾的情况出现。

（4）要采取相应的组织措施，定期检查分析，保证定额的贯彻执行。

3.2 原始记录

3.2.1 企业应根据生产和管理的实际情况，建立、健全下列各项原始记录。

（1）材料物资方面的原始记录，应能反映材料的收、发、领、退等物流过程，包括：材料、物资验收入库单、领料单、限额领料单、委托加工材料单、委托加工入库单、超定额领料单、退料单、材料切割单、材料物资盘点报告单、工具请领单等，并做好工具借交登记簿和材料仓库台账的记账工作。

（2）劳动工资方面的原始记录，应能反映职工人数、调动、考勤、工资基金、工时利用、停工情况、有关津贴等项记录。

（3）设计及工艺改动方面的原始记录，应能反映产品设计改动、工艺路线变化、工时材料定额变动等项的记录，如产品设计修改通知单、工艺路线变动通知单，定额变动通知单等。

（4）生产方面的原始记录，应能反映产品从毛坯投入验收入库的过程，如工作命令单、加工路线单、毛坯投料单、半成品领用单、转工单、废品通知单、零件短缺报告单，以及零部件和产成品交库单等，并做好产品投入产出数量管理和工时统计工作。

（5）设备使用方面的原始记录，应能反映设备验收、交付使用、维修、封存、调拨、报废的情况，如固定资产验收单、固定资产调拨单、在建工程转固验收单等，并做好固定资产卡片和固定资产台账的登记工作。

（6）动力消耗方面的原始记录，应能反映根据各计量仪表所显示的水、电、气、风的实际耗用量，并做好能源消耗统计报表。

3.2.2 企业应指定专职管理原始记录的机构和人员，统一规定各类原始记录的格式、内容、填写、审核、签署、传递、存档等要求，保证原始记录管理的规范化和标准化。

3.3 计量验收

3.3.1 企业应建立健全各项财产、物资的计量验收制度，并保持计量工具的准确性，对材料、工具、在产品、半成品、产成品等的收发和转移，都必须进行计量、点数和质量验收。

3.3.2 对于购入材料的计量验收分下列两种方式。

（1）提货验收。在提货时进行现场验收，发现短缺、不足或破损等情况，要及时查明原因，其应由运输机构负责，要填写物资破损清单，由运输机构签证，明确交接双方的经济责任。

（2）入库验收。材料运达仓库后，由仓库管理人员根据发票所列的品名、规格和数量，分别采取点数、过磅、检尺、量方等适用的计量折算方法，准确计算数量，经检验部门质量检定后，按实际合格数量入库。属于材料的定额损耗，可在规定允许的损耗范围内点收入库。对于数量和质量不符以及破损等情况，要查明原因，分清责任，要求有关方面赔偿或扣付货款。

3.3.3 成品、半成品在车间之间或车间内部的转移，应根据工艺流程记录的凭证，经质量检验合格后进行点数、交接。若产品报废或短缺，应及时查清数量和原因，填制有关的原始凭证，以保证投入、产出数量记录的准确性和连贯性。

3.3.4 对外发加工的半成品，在拨出和完工入库时，都应进行合格数量的计量和交接，如发生外部责任的报废或短缺，应及时办理索赔。

3.3.5 对车间完工的零部件和产成品，应由车间填制入库单，经检验合格签证后，送交仓库点收入库。

3.4 价格体系和内部结算

3.4.1 在生产经营过程中，企业内部各单位之间，经常会发生互相提供产品、材料或劳务等经济事项，如生产部门之间转移半成品，辅助生产部门为基本生产部门提供劳务，管理部门为生产部门提供服务等。因此，为了正确评价各单位的工作业绩，分清各自的经济责任，企业必须建立适应市场经济的内部价格体系，实行以货币形式进行等价交换的内部结算。

3.4.2 内部结算价格的制定。

（1）内部转移的材料物资等，由物资供应部门以当时市场价格为基础，制定内部计划价格，编制价格目录，经财务部门审核后，作为内部结算价格。

（2）企业辅助部门劳务供应，可以市场价为基础，由企业主管职能部门根据实际成本情况审定结算价格。

（3）企业生产的零部件、半成品在内部转移时，可采用定额成本作为转移价格。企业应当编制全部产品的零部件及整机的定额成本。

3.4.3 鉴于产品零部件定额成本的制定是一项较大而浩繁的工作，牵涉各个方面，根据若干企业的经验，特制定以下规定。

（1）此项工作应由企业主要领导牵头，直接监督检查有关职能部门按要求提供下列资料。

① 产品机件明细表，包括组装件、借用件、随机备件、标准件、电气件等明细表。

②产品零部件加工及装配工艺路线表,加工工时定额明细表,材料定额明细表,包括原材料、辅助材料、包装材料、油漆材料等。

③产品零件外协加工费明细表。

④各种材料、外购件的以市场价为基础的计划价格。

⑤以实际成本结合预测成本为基础的工缴定额单位成本。

(2)有关职能部门,负责将数据及资料输入计算机,并指定专人负责日常信息维护及负责填发信息变动通知单。

3.4.4 其他内部结算价格,应本着公平合理、利益兼顾、有利于管理的原则,在企业领导下由各有关部门协作制定,经批准后施行。

3.4.5 内部结算的方式和组织。

(1)内部结算的方式,本着既满足往来结算的要求,又简化手续的原则,选择使用,一般以厂内支票较为适宜,也可由企业根据其具体情况自行决定。

(2)内部结算的组织,一般有两种形式:一是在财务部门设立结算中心,主要负责企业内部各部门之间的往来结算,核算工作较简单;另一种是厂内银行,具有结算、信贷、控制等职能,但核算工作较复杂,企业可根据管理需要选定适当的组织形式。

3.4.6 各种内部结算价格,以每年修订一次为宜,但如客观情况发生较大变动,影响成本的准确性,可在企业领导下,由有关部门协作研究修订,经批准后施行。各单位不得擅自改变价格标准。

3.5 内部经济核算制

3.5.1 企业必须建立健全内部经济核算制,在企业统一计划、统一核算的前提下,建立企业各单位(成本中心)分级归口管理的经济核算网络,形成纵向为厂部、车间(分厂)、小组(个人)核算;横向为产品设计、工艺技术、物资供应、生产计划、经营销售及财务等有关职能部门的全面经济核算制。

3.5.2 各核算单位都必须配备专职或兼职人员,明确分工职责,结合企业经济责任制和成本管理责任制考核,开展内部经济核算。

拟定		审核		审批	

10-02　成本预测、计划、控制、分析制度

××公司标准文件		××有限公司 成本预测、计划、分析制度	文件编号××-××-××	
版次	A/0		页次	第×页

1.目的

企业必须通过成本计划管理和控制经济活动,以实现有效的成本管理,包括预测、

决策、计划、控制、分析等管理工作，达到有效降低成本的目的。为了达到此目的，特制定本制度。

2. 适用范围

适用于本公司的成本预测、计划、控制、分析工作。

3. 管理规定

3.1 成本预测和目标成本

3.1.1 成本预测应在生产预测和选择最佳经济效益方案的基础上进行，并以目标成本控制产品设计、工艺技术和生产的耗费，实现产品的最低成本。

3.1.2 成本预测应包括制订计划阶段的成本预测和计划实施阶段的成本预测。

（1）制订计划阶段成本预测的基本内容是，根据生产经营目标确定成本预测对象，收集整理成本数据和历史资料，分析可能影响成本水平的社会因素，按照技术经济分析提出降低成本的方案，根据目标利润、生产发展及消耗水平，测算目标成本。

（2）计划实施阶段成本预测的基本内容是，分析上一阶段成本计划完成情况，制定下一阶段生产技术经济措施，调查市场物价等社会因素，预计计划期内生产发展水平和降低成本计划的实施效果，预测企业成本计划的完成程度。

3.1.3 预测目标成本的方法如下。

（1）根据市场调查制定销售价格，在预测销售收入、应交税费和目标利润的基础上，确定目标成本，计算公式如下。

①按全部产品进行目标成本预测。

$$目标成本 = 预计销售收入 - 预计应交税金 - 目标利润$$

对企业的目标利润，可根据企业计划销售利润率或资金利润率，结合期间费用水平计算确定，也可按企业的方针目标测算。

②按单项产品进行目标成本预测。

$$单位产品目标成本 = 预计单位产品销售价格 - 预计单位产品税金 - 单位产品目标利润$$

$$单位产品目标成本 = 预计单位产品销售价格 \times (1 - 产品税率) - 目标利润 \div 预计销售量$$

$$单位产品目标成本 = 具有竞争力的市场价格 \div 单位产品售价 \times 单位产品实际成本$$

（2）预测销售价格有困难的，可以参照企业类似产品或系列产品的成本，或本企业历史先进成本水平作为目标成本。也可按照平均先进定额制定的定额成本或本企业上年实际成本，按企业的成本降低计划测算目标成本。

（3）运用量本利分析法测算保本点，结合产量计划预测在一定生产量条件下的目标成本和一定销售量条件下的目标利润。

3.2 成本计划和费用预算

3.2.1 为了保证产品目标成本和企业经营目标的落实,企业必须在制定降低成本措施、综合编制企业各专业计划的前提下,编制成本计划,开展经济核算,组织企业内部的成本管理。

3.2.2 编制成本计划应进行反复试算、综合平衡,使其具有可行性、先进性与完整性,避免随意估计,产生保守或冒进偏差。

3.2.3 成本计划中成本项目的内容、费用的分摊、产品成本的计算,必须和计划期内实际成本核算的方法一致,以便检查计划的执行情况。

计划期成本项目内容如有变动,和上年实际成本不一致时,要调整上年实际成本的项目,以统一核算的口径和内容。

3.2.4 企业的成本计划和费用预算由下列内容组成。

（1）商品产品成本计划。

（2）主要商品产品单位成本计划。

（3）生产费用及期间费用预算。

（4）机械加工小时成本费计划。

（5）铸铁件成本计划。

上述成本计划和费用预算的格式,除财政或主管部门统一规定外,其余的由企业自行制定。

企业根据成本管理的需要,应编制车间（分厂）产品成本计划或生产费用预算。

3.2.5 成本计划应根据下列依据进行编制。

（1）成本降低指标。

（2）计划期内企业的生产、劳动工资、物资供应、技术组织措施等计划。

（3）计划期内原料及主要材料、工艺性辅料、燃料、工具等现行消耗定额和劳动工时定额。

（4）计划期内各生产部门的费用预算以及外包、外协加工费计划。

（5）内部计划价格目录以及价格差异水平的预计。

（6）上期成本水平和成本分析资料。

3.2.6 成本计划一般按下列步骤编制。

（1）做好准备工作。收集整理各项基础资料和历史资料,掌握计划期内原材料、工时定额、外包外协、工艺技术改进等方面的变化情况,研究降低成本的具体措施。

（2）进行试算平衡。编制成本计划要以提高经济效益为中心,进行生产、供应、销售、外包外协、资金、费用等方面计划的综合平衡,这些平衡关系如下。

①产品生产计划、劳动工时计划与成本之间的关系。

②物资供应计划与产品材料成本计划之间的关系。

③工资计划或核定工资总额基数与产品工资成本计划之间的关系。

④各项费用预算与成本计划之间的关系。

⑤外包外协计划与成本计划之间的关系。

⑥资金计划与成本计划之间的关系。

⑦成本计划与利润计划之间的关系。

（3）正式编制计划。根据综合平衡后确定的成本指标，如主要产品单位成本、可比产品成本降低率、百元产值生产费、机械加工小时成本费、铸锻件单位成本等，由财务部门报经企业领导审批后，正式编制成本计划。

3.2.7 企业编制成本计划应在总会计师或行使总会计师职权的企业领导人员的领导下，由财务部门牵头，组织各有关职能部门和各方面的有关人员共同参加。

3.3 成本控制和分级归口管理

3.3.1 企业应结合内部经济责任制，将成本计划和目标成本的各项指标细化，层层分解，实行成本分级归口管理，并对实际的生产耗费进行严格审核，保证有效地控制经济活动，实现成本控制，完成目标成本和成本计划。

3.3.2 企业实行成本分级归口管理和成本控制的基本内容和方法如下。

（1）设计成本控制，要从掌握市场信息入手，运用价值工程等方法，合理设计，合理选材，设计性能优良、成本具有竞争力的产品。

（2）材料成本的控制，要从材料采购、价格、计量、检验、入库、领退、下料、用料、委托外部加工、回收等方面加以控制。

①采购价格的控制。企业应成立专职的价格监控部门，作为企业物价管理和监督的常设机构，它的主要职责如下。

a.制定价格审批管理条例和奖惩办法。

b.对外购物资和外协加工进行价格监督。

c.搜集市场信息，掌握各种物资及外协加工的最低价格的客户资料。

d.审批各有关部门的物资采购和外协加工价格审批单。

e.监督检查审批后价格执行情况。

②材料耗用的控制。严格执行限额发料制度和维修用材料的计划发料制度，严格超限额领用和补料的审批制度，严格各项材料收发的手续，严格执行余料退库及假退库规定，实行钢材切割下料核算，提高钢材利用率，积极推广修旧利废、代用及综合利用等节约用料的方法，保证降低产品用料单耗。

③对铸冶材料的控制。要从炉料配比、浇冒口工艺设计、铁水供应量与计划浇铸

量之间的平衡，以及焦铁比与型砂消耗量的控制等方面着手，减少废品，提高成品率、优铸率，降低铸件材料单耗。

（3）劳动资料的控制，要控制各种工具、刃具、量具等低值易耗品的消耗，建立限额领用和结合生产量浮动的考核制度。严格执行设备的责任保养制度，加强机器设备、厂房的合理利用，从数量、时间、能力和综合利用等几方面提高设备利用率。

（4）劳动力耗费的控制，要控制定编、定员、保持一线生产工人的比例相对稳定，保证提高出勤率、工时利用率和劳动生产率，及时解决停工、窝工问题，要控制工资总额的增长幅度低于经济效益的增长幅度。

（5）费用开支的控制，要实行费用指标限额管理和考核制度，明确各项费用权责归属，严格费用支出审批手续，控制按计划和限额耗费。

（6）生产投入的控制，要控制生产量的投入，包括投产周期、投产数量、预加报废、库存扣除等，保证按计划投产，控制过量生产，确保均衡完成生产计划。

（7）外包外协加工费的控制，要严格执行货比三家、择优定点的原则，加工点及价格的确定，要实行审批制度。

（8）能源消耗的控制，所有能源消耗都应实行定额管理和考核。控制能源消耗首先要从线路、管道方面划清耗能责任归属，安装计量仪表，减少跑、冒、滴、漏和大功率负荷空载现象，保证能源单耗的降低。

（9）企业应结合各种耗费指标与费用支出，制定具有激励作用的奖惩制度，节约或超支与工资和奖金挂钩，以提高降低成本的积极性。

3.4 成本分析

3.4.1 为检查成本计划执行情况，查找影响目标成本升降的因素，揭示节约与浪费的原因，制定进一步降低成本的措施，企业必须在正确核算成本的基础上，开展成本分析工作。

3.4.2 企业必须建立各级成本分析制度，按月、季、半年、年度定期进行成本分析，对一些影响成本较大或对完成成本计划可能产生重大影响的问题，应及时组织专题分析，查明原因，提出整改措施。

半年和年度的成本分析报告，必须报集团财务部。

3.4.3 企业的成本分析应纳入企业经济活动分析的制度。企业成本分析工作，应在总会计师或行使总会计师职权的企业领导人领导下，以财会部门为主，组织全厂职能机构和车间（分厂）共同进行。各车间（分厂）的成本分析应在其单位负责人的主持下，以车间（分厂）的核算人员为主，会同有关职能人员共同进行。

3.4.4 企业成本分析应针对成本计划和目标成本与实际数的差异进行分析，包括以下内容。

（1）成本计划完成情况的总括分析，如生产费用计划完成情况，全部商品产品成本计划的完成情况和可比产品成本计划降低指标完成情况等。

（2）按成本项目进行分析，原材料项目要分析耗用数量的节约或超支情况和采购价格变动情况；工缴费用成本分析，要结合工缴费用总额与生产总量的变动情况；废品损失项目要检查废品率升降和大宗报废的主要原因。

对亏损产品和利润下降幅度过大的产品单位成本，要深入查明原因，以便进行成本责任分析。

（3）管理费用等相对固定费用，要按子目发生数结合归口管理部门责任进行分析，对完成全厂成本指标有较大影响的费用超支项目还必须责成有关部门进行重点分析。

（4）车间（分厂）成本分析的主要内容包括生产计划完成情况，原材料消耗定额完成情况，制造费用预算执行情况，小时工缴费用升降的原因等。

3.4.5 企业的成本分析可采用本期实际数与计划数对比，与上期数对比，与上年同期数对比，与同行业先进水平对比，以及因素分析法等。各级成本分析都要写出书面报告，要有数据资料和文字说明，达到重点突出、原因清楚、措施具体的要求。月度分析可适当简要。

对于成本分析中提出的主要问题，要有整改措施和实施责任人，并列入成本分析会议决议，实行跟踪检查考核。

拟定		审核		审批	

10-03 成本费用管理制度

××公司标准文件		××有限公司 成本费用管理制度	文件编号××-××-××	
版次	A/0		页次	第×页

1. 目的

为防范成本费用管理中的差错与舞弊，降低成本费用开支，提高资金使用效益，规范成本费用管理行为，特制定本制度。

2. 适用范围

适用于公司对成本费用进行管理的相关事宜。

3. 管理规定

3.1 成本费用管理基础工作

3.1.1 编制生产消耗定额和费用定额。

3.1.1.1 由生产、技术、财务、行政等相关部门会同制定材料消耗定额、工时定额、设备及能耗定额。

3.1.1.2 财务部会同行政部、相关部门制定各职能部门的费用开支定额和资金占用定额。

3.1.1.3 行政部会同财务、生产等部门制定人员定额。

3.1.1.4 财务部会同生产、技术等相关部门制定物质库存限额。

3.1.2 成本费用开支范围与标准。

3.1.2.1 划分原则。

（1）划清经营支出与非经营支出的界限。

（2）划清经营支出的制造成本和期间费用，即划清应计入产品成本与不应计入生产成本的费用界限。

（3）划清本期成本费用与非本期成本费用的界限。

（4）划清各种产品应负责的成本界限。

（5）划清在产产品与完工产品应负担的成本界限。

3.1.2.2 公司的下列费用开支可以计入成本。

（1）为产品生产而耗用的各种原材料、辅助材料、备品配件、外购半成品、燃料、动力、包装物、低值易耗品的运输、装卸、整理等费用。

（2）生产工人和生产部管理人员的工资及按规定比例提取的职工福利费。

（3）生产使用的固定资产按照规定比例提取的固定资产折旧，和固定资产租赁费及修理费。

（4）生产部为组织和管理生产所产生的费用支出。

（5）按规定应当计入成本的其他费用。

3.1.2.3 下列费用不得计入成本。

（1）属于期间费用（管理费用、销售费用、财务费用）的支出。

（2）不属于期间费用也不得列入成本的其他支出。

3.1.2.4 期间费用的支出范围（参见《公司会计核算手册规定》）。

3.1.2.5 不得列入期间费用也不得列入成本的支出包括以下内容。

（1）为购置和建造固定资产、购入无形资产和其他资产的支出。

（2）对外投资支出。

（3）被没收的财物。

（4）各项罚款、赞助、捐赠支出。

（5）在公积金和职工福利费中列支的支出。

（6）各种赔偿金、违约金、滞纳金。

（7）国家规定不得列入成本费用的其他支出。

3.1.2.6 成本、费用开支标准。公司财务部会同相关部门制定，具体主要包括以下标准。

（1）差旅费报销管理办法。

（2）公司电话通信费控制和补助办法。

（3）公司私车公用费用补助办法。

（4）公司薪酬管理制度。

3.1.3 制定公司产品标准成本。

公司财务部会同相关部门根据生产消耗定额、历史成本和内部计划价格制定标准成本，并编制公司产品标准成本手册。

3.1.4 健全原始记录。

对公司所有物质资源的领用、耗费、入库、出库都必须有准确的原始记录，并定期检查、及时传递。

3.1.5 健全公司计量管理。

对公司物资的购进、领用、转移、入库销售等各个环节进行准确计量。

3.1.6 实行定额领料制度。

严禁无定额领料和擅自超定额领料。

3.1.7 健全考勤和工时统计制度。

生产工序要按产品的工作令号及时报送工时和完工产量资料。

3.2 成本费用预算

公司每年编制成本费用预算，根据成本预算内容，分解成本费用指标，落实成本费用责任主体，考核成本费用指标的完成情况，制定奖惩措施，实行成本费用责任追究制度。具体按照公司《预算管理实施办法》执行。

3.3 成本控制

3.3.1 成本控制方法。

公司对成本控制主要采用标准成本控制法。标准成本控制是应用目标管理的原理对公司成本进行控制的一种方法。根据先进的消耗定额和计划期内能够实现的成本降低措施，确定公司的标准成本，并将其层层分解、落实到各成本责任主体，对标准成本实现的全过程进行控制。

3.3.2 标准成本控制业务流程和控制要求。

3.3.2.1 标准成本控制业务流程，如下页图所示。

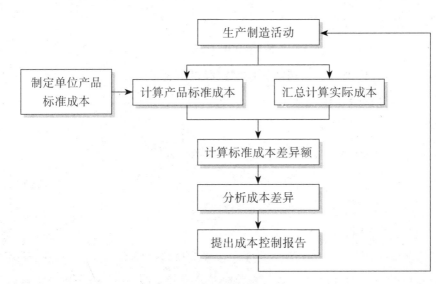

标准成本控制业务流程

3.3.2.2 标准成本控制要求。

（1）标准成本制定。财务部组织，采购、行政、生产技术等部门参加，要求如下。

① 依据公司的生产消耗定额、历史成本水平制定。

② 标准成本水平，在行业内先进水平的基础上，经过努力可以实现。

③ 标准成本尽量体现数量标准和价格标准，同时标准成本的计算符合成本核算规程要求。

相关计算公式如下。

单位产品标准成本＝直接材料标准成本＋直接人工标准成本＋制造费用标准成本

产品标准成本＝产品实际产量×单位产品标准成本

产品实际成本＝实际材料成本＋实际人工成本＋实际制造费用

标准成本差异额＝实际成本－标准成本

（2）成本核算。由财务部组织，具体要求如下。

① 按照公司的成本核算规程要求核算。

② 编制成本报表。

③ 将实际成本与标准成本比较，计算成本差异。

（3）成本分析。由财务总监主持，财务部组织相关部门参加，具体要求如下。

① 对差异进行分析，寻找产生差异原因。

② 根据差异原因，拟定改进措施。

③ 提出成本分析报告。

（4）成本管理改进。由财务总监组织相关部门实施，具体要求如下。

① 根据成本分析报告，公司经理层制定改进措施。

② 颁布改进措施和组织实施。

③ 跟踪改进措施的落实和成效。

（5）成本考核和奖惩。由财务总监组织实施，具体要求如下。

① 财务部根据成本核算情况报告标准成本的执行情况。

② 根据公司的奖惩规定，对责任主体进行奖惩。

3.3.3 材料成本控制。

3.3.3.1 根据《存货管理办法》的规定，确定材料供应商和采购价格，并采用经济批量等方法确定材料采购批量，控制材料的采购成本和储存成本。

3.3.3.2 按照生产耗用定额，确定耗用的品种与数量，控制材料耗用材料。

3.3.4 人工成本控制。

改善工艺流程、合理设置工作岗位；定岗定员，实行计件工资或以岗定酬；通过实施严格的绩效考评与激励机制控制人工成本。

3.4 成本费用核算

3.4.1 核算制度。

3.4.1.1 公司财务部按国家统一的会计制度的规定，制定成本核算办法。

3.4.1.2 公司不随意改变成本费用的确认标准和计量方法，不虚列、多列、不列或少列成本费用。

3.4.1.3 具体核算要求按《公司会计核算手册》执行。

3.4.2 核算报告。

3.4.2.1 公司财务部实时监控成本费用的预算执行情况和标准成本控制情况，按期（每月）编制成本费用内部报表，及时向公司领导层和各责任主体通报成本费用支出情况。

3.4.2.2 定期对成本费用报告进行分析，对实际发生的预算差异或标准成本差异，及时查明原因，并采取相应措施。

拟定		审核		审批	

10-04　成本费用核算制度

××公司标准文件		××有限公司 成本费用核算制度	文件编号××-××-××	
版次	A/0		页次	第×页

1.目的

为规范企业成本费用核算工作，保证成本信息真实、完整，加强企业成本管理，降低成本费用，提高企业经济效益，特制定本制度。

2.适用范围

适用于公司各项成本费用的核算与管理。

3.管理规定

3.1 成本费用核算对象、方法和项目

3.1.1 成本核算对象。

（1）生产成本。

（2）制造费用。

3.1.2 费用核算对象。

（1）期间费用，包括销售费用、管理费用、财务费用。

（2）其他费用。

3.1.3 成本费用核算方法。

3.1.3.1 对能直接归属某个成本核算对象的成本费用，直接列入相应成本对象的成本中。

3.1.3.2 对涉及两个和两个以上成本费用核算对象的成本费用，采用分配的办法进行归集，分别根据具体情况按人员比例、工作量比例予以分摊。

3.1.3.3 本企业采用品种法作为成本费用计算方法，品种法即以产品品种作为成本计算对象的一种成本计算方法，特点包括以下几个方面。

（1）以"品种"为对象开设生产成本明细账、成本计算单。

（2）成本计算期一般采用"会计期间"。

（3）以"品种"为对象归集和分配费用。

（4）以"品种"为主要对象进行成本分析。

3.1.3.4 成本费用计算方法的变更必须经财务总监审批方可进行。

3.2 生产成本核算

3.2.1 生产成本计算。

根据实际产量和实际消耗的材料、人工、费用计算产品的实际成本。

3.2.2 生产成本核算要求。

3.2.2.1 采用计划成本、定额成本进行日常核算，不得以计划成本、定额成本代替实际成本。

3.2.2.2 划定本期产品成本和下期产品成本的界限，不得任意待摊和预提费用。

3.2.2.3 划清在产产品成本、产成品成本和不可比产品成本的界限，不得虚报可比产品成本降低额。

3.2.2.4 凡是规定不准列入成本的开支，都不得计入产品成本。

3.2.2.5 按成本费用产生项目进行归集，归集过程中保持成本核算与实际生产经营进程的一致性。

3.2.3 生产成本核算程序。

3.2.3.1 根据各部门统计资料和原始记录，收集、确定各种产品的生产量、入库量、自制半成品、在产产品盘存量以及材料、工时、动力消耗等数据，确保数据的准确性、规范性和有效性。

3.2.3.2 根据基本生产车间、辅助生产车间和规定的成本费用项目对产生的一切生产费用进行归集。

3.2.3.3 将归集的费用予以结算和分配，能够确定由某一成本核算对象负担的，直接计入该成本核算对象；由几个成本核算对象共同负担的，按照产量等合理的分配标准，在有关成本核算对象之间进行分配。

3.2.3.4 期末有在制品产品，应将归集起来的生产成本按产值在完工产品和在制品之间分配，从而计算出完工产品的总成本和单位成本。

3.2.4 材料成本核算。

3.2.4.1 材料成本包括材料购买价格、运杂费、装卸费、定额内的合理损耗、入库前的加工、整理及挑选费用等。

3.2.4.2 材料采用实际成本核算，按加权平均法计算出库成本。

3.2.4.3 凡直接用于产品生产的材料和自制半成品，直接计入各产品成本。不能直接认定的，按产值进行分配。

3.2.5 燃料及动力成本核算。

3.2.5.1 燃料及动力按实际成本计入产品成本，能直接认定用于产品生产的燃料及动力的，直接计入各产品成本。

3.2.5.2 不能直接认定的，按产值进行分配。

3.2.6 直接职工薪酬成本核算。

直接从事产品生产人员的职工薪酬，直接计入各产品成本；不能直接认定的，按产值进行合理分配。

3.2.7 辅助生产成本的核算。

3.2.7.1 核算原则：企业的辅助生产车间（部门，下同）应单独核算成本并进行分配。

3.2.7.2 核算办法：辅助生产车间（部门）生产的水、电、气及提供的劳务等产生的各项间接费用（包括材料、燃料及动力、直接职工薪酬、制造费用），通过相对应的成本要素或成本中心归集。

3.2.8 在制品成本的核算。

3.2.8.1 对各月之间变动不大、在制品数量较少、生产周期较短的情况，不计算在制品成本。

3.2.8.2 对各月之间变动较大、在制品数量较多、生产周期较长的情况，计算在制品的原材料成本。

3.3 制造费用核算

3.3.1 企业因生产产品和提供劳务产生的各项间接生产费用通过"制造费用"科目归集。

3.3.1.1 凡能直接认定用于产品生产的制造费用，直接计入各产品成本。

3.3.1.2 不能直接认定的，按产值进行合理分配。

3.3.2 制造费用核算的具体内容。

包括折旧费、物料消耗、运输费、设计制图费、租赁费、财产保险费、低值易耗品摊销、水电费、取暖费、办公费、差旅费、职工薪酬、劳动保护费、印刷费、环保费用、车辆使用费以及生产部门不能列入以上各项目的其他间接生产费用。

3.4 期间费用核算

3.4.1 销售费用。

3.4.1.1 销售费用核算主要是核算对外销售商品和提供劳务等过程中产生的各项费用以及专设销售机构的各项经费。

3.4.1.2 销售费用的具体内容包括销售部门在开展业务过程中产生的职工薪酬、劳动保护费、固定资产折旧费、修理费、租赁费、财产保险费、低值易耗品摊销、物料消耗、水电费、取暖费、办公费、差旅费、会议费、通信费、印刷费、销货运杂费、其他运杂费、装卸费、包装费、商品损耗（减溢余）、展览费、广告费、业务宣传费、销售服务费、无形资产摊销、长期待摊费用摊销及其他费用支出。

3.4.2 管理费用。

3.4.2.1 管理费用核算。分、子公司为组织和管理生产经营所产生的行政管理费用及管理部门在经营管理中产生的，或者应由企业统一负担的企业经费等。

3.4.2.2 管理费用的具体内容包括企业管理部门的职工薪酬、劳动保护费、折旧费、修理费、租赁费、财产保险费、低值易耗品摊销、物料消耗、水电费、取暖费、办公费、差旅费、会议费、通信费、印刷费、图书资料费、业务招待费、外宾招待费、车辆使用费、运输费、土地租金、文化教育费、医疗卫生费、社区服务费、无形资产摊销、长期待摊费用摊销、技术使用费、土地（海域）使用及损失补偿费、房产税、车船税、土地使用税、印花税、出国人员经费、咨询费、诉讼费、董事会会费、信息系统运行维护费、招投标费、环境卫生费、外部加工费及其他不能列入以上各项目的其他各种管理费用。

3.4.3 财务费用。

3.4.3.1 财务费用是指企业为筹集生产经营所需资金等而产生的费用。

3.4.3.2 财务费用核算的内容包括利息支出（减利息收入）、汇兑损失（减汇兑收益）、金融机构手续费、筹集生产经营资金产生的其他手续费等，不包括应当资本化的一般借款费用。财务费用核算的具体内容如下。

（1）利息支出。

① 利息支出的范围，包括企业向国内外银行及其他金融机构支付的借款利息（包括长期借款利息和短期借款利息）、应付债券利息、汇票贴现利息、应付票据利息、融资性应付款利息支出及逾期贷款银行加息（不含滞纳金、罚息）。

② 为购建资产发生的借款利息支出，符合资本化条件的，应计入有关资产的价值，不在本项目核算。

③ 利息支出设"国内长期借款利息支出""外资长期借款利息支出""应付债券利息""短期借款利息支出""融资性应付款利息支出""预计弃置费用利息"及其他利息支出项目进行明细核算。

（2）利息收入。企业存款利息收入，包括银行存款利息、应收票据到期贴息收入等。企业购买国债、其他债券取得的利息收入列入"投资收益"项目核算。

（3）汇兑净损失。因汇率变动而产生的外币兑换差额。本项目设"汇兑损失"和"汇兑收益"两个细目，分别核算经营活动中产生的外币兑换损失及收益。

| 拟定 | | 审核 | | 审批 | |

第11章 会计核算管理制度

本章阅读索引:

- 会计核算管理办法
- 会计电算化管理制度
- 出纳作业管理准则
- 财务报表管理办法
- 会计档案管理制度

11-01 会计核算管理办法

××公司标准文件		××有限公司 会计核算管理办法	文件编号 ××-××-××	
版次	A/0		页次	第×页

1. 目的

为加强公司会计核算和财务管理工作,根据《中华人民共和国会计法》《企业财务通则》和《企业会计准则》,结合公司具体情况,特制定本办法。

2. 适用范围

适用于本公司的会计核算工作。

3. 管理规定

3.1 会计核算原则

3.1.1 会计核算以人民币为记账本位币,采用借贷复式记账法。按会计期间分期结算账目和编制会计报表,会计年度为公历1月1日起至12月31日止。

3.1.2 会计核算以权责发生制为基础,收入与其相关的成本、费用应当相互配比。应当合理划分收益性支出与资本性支出的界限,以正确地计算企业当期损益。应当遵循谨慎性要求,合理核算可能产生的损失和费用。

3.1.3 会计核算以实际发生的会计事项为依据,准确、及时、真实、全面地核算收入、成本、费用及其他经营业务事项,反映资产、负债及股东权益。

3.1.4 各项财产物资应当按取得时的实际成本或有关协议(投资投入)计价,除另有规定者外,不得调整其账面价值。

3.1.5 会计处理方法前后各期应当一致,除另有规定外,不得随意变更。

3.2 机构设置与人员配备

3.2.1 公司设财务部,财务人员根据公司业务进行配置;财务部经理完成会计核算和财务管理工作。

3.2.2 财务人员应认真执行岗位责任制,各司其职,互相配合,如实反映和严格监督各项经济活动。记账、算账、报账必须做到手续完备、内容真实、数字准确、账目清楚、日清月结、及时报账。

3.2.3 财务人员在办理会计事项中,必须坚持原则、照章办事。对于违反财经纪律和财务制度的事项,应当说明理由并拒绝办理,及时向总经理报告。

3.3 资金核算管理

3.3.1 财务部要加强对资产、资金、现金及费用开支的管理。防止损失、杜绝浪费,良好运用、提高效益。

3.3.2 必须遵守银行的规定开设和使用银行账户。银行账户只供本部门经营业务收支结算使用,严禁借本部门账户供外部门或个人使用,严禁为外部门或个人代收代支、转账套现。

银行账户印鉴的使用实行分管并用制,即财务章由财务部经理保管,法人章由法人代表保管,不准由一人统一保管使用。印鉴保管人临时出差由其委托他人代管。银行账户往来应逐笔登记入账,不准多笔汇总,也不准以收抵支记账。按月、按时(月末最后工作日)与银行对账单核对,对未达收支,应逐笔调节平衡并编制银行存款余额调节表。

3.3.3 库存现金不得超过限额,不得以白条抵作现金。现金收支做到日清月结,确保库存现金的账面余款与实际库存额相符,银行存款余款与银行对账单相符,现金、银行日记账数额分别与现金、银行存款总账数额相符。

3.3.4 严格现金收支管理,不准坐支现金。

3.3.5 严格资金使用审批手续。会计人员对一切审批手续不完备的资金使用事项,都有权且必须拒绝办理。

3.4 固定资产核算

3.4.1 具备下列条件之一的有形资产应纳入固定资产核算。

(1)使用期限在1年以上的房屋、建筑物、机器、机械、运输工具和其他与经营有关的设备、器具、工具等。

(2)不属于经营主要设备的物品,单位价值在____元以上,并且使用期限超过1年的,分为三大类。

① 房屋、建筑物。

② 办公设备(如计算机、复印机、传真机等)。

③ 交通运输工具。

3.4.2 各类固定资产折旧年限。

（1）房屋、建筑物，20～30年。
（2）交通运输工具，5～8年。
（3）其余，2～5年。

3.4.3 购入的固定资产计价原则。

以进价加运输、装卸、包装、保险等费用作为原则。需安装的固定资产，还应包括安装费用。作为投资的固定资产应以投资协议约定的价格为原价。

3.4.4 固定资产要做到有账、有卡、账实相符。

财务部门负责固定资产的价值核算与管理。财务部门应建立固定资产明细账。固定资产必须由财务部会同办公室每年进行一次盘点，对盘盈、盘亏、报废及固定资产的计价，必须严格审查，按规定经批准后，于年度决算时处理完毕。

3.4.5 折旧方法。

公司对固定资产折旧采用平均年限法按月计提折旧进入成本费用科目。

3.5 项目决算

3.5.1 财务部应根据批复的立项文件，设置会计明细科目和项目资金支付台账。

3.5.2 根据合同约定，公司将支付的工程款、建设费用、设备款等先行作为预付账款核算，并协同工程管理、计划合同部门对资金支付进度进行控制，保证资金支付匹配工程进度。

3.5.3 项目竣工后，应经由政府相关部门审计，按审计（结算）后的金额结转项目成本，并进行财务决算。

3.6 财务收支审批

3.6.1 公司财务收支以资金使用效益为根本，量入为出，实行预算管理。

3.6.2 公司各项费用实行层层审批制度，即各部门负责人提出资金支付的合理性意见，经公司分管领导审核、总经理审批。个别重大事项需经经理办公会或董事会讨论通过，财务部经理根据财务管理制度对已审批的支付款项从合法性、准确性方面加以核准。

3.6.3 财务部每月必须对公司的财务收支情况和预算的执行情况向总经理报告。

3.7 财务报告与财务分析

3.7.1 财务报告类型。

财务报告分为月报告和年报告。月报告包括：财务快报、资产负债表、利润表、资金报表、经费使用报表、资金拨付计划、政府性资金使用报表、项目建设进度资金拨付台账。年报告包括：资产负债表、利润表、现金流量等财政部、国资委规定的财务决算报表。

3.7.2 财务情况说明书的主要内容。

（1）业务经营情况、资金增减及周转情况、财务收支情况等。

（2）财务会计核算方法变动情况及原因，对本期或下期财务状况变动有重大影响的事项；资产负债表日后事项以及为正确理解财务报表需要说明的事项。

3.7.3 财务分析。

财务分析是公司财务管理的重要组成部分，财务部应对公司经营状况和经营成果进行总结、评价和考核，通过对财务活动分析，促进增收节支，充分发挥资金效能。通过对财务活动不同方案和经济效益的比较，为领导或有关部门的决策提供依据。

3.7.4 财务报告编制完成时间。

月度财务报告应在下月10日前编制完成，年度财务报告根据财政部、国资委要求编制完成。

3.8 会计档案管理

3.8.1 财务部应设置专人对会计档案、工程合同、融资资料等会计资料进行管理。

3.8.2 会计凭证应按月、按编号逐月装订成册，标明月份、季度、年起止、号数、单据张数，由有关人员签名盖章（包括制证、审核、记账、主管），装订后移送专人保管，分类填制目录。

3.8.3 会计档案不得携带外出，凡查阅、复制、摘录档案，须经财务部经理批准。

3.8.4 会计档案的销毁按照有关会计档案管理办法执行。

拟定		审核		审批	

11-02　会计电算化管理制度

××公司标准文件		××有限公司 会计电算化管理制度	文件编号××-××-××	
版次	A/0		页次	第×页

1. 目的

为了指导和规范公司会计电算化工作，保证会计电算化工作的顺利开展，根据财政部《会计电算化管理办法》和《会计电算化工作规范》，结合公司财务管理和会计核算的有关规定，特制定本制度。

2. 适用范围

适用于公司各财务核算部门。

3. 管理规定

3.1 会计电算化岗位责任制

3.1.1 公司各财务核算部门必须使用公司指定的财务软件进行本部门的财务核算，并建立本部门的会计电算化岗位责任制，明确各电算化岗位的职责范围。

3.1.2 电算化会计岗位和工作职责划分如下。

（1）电算主管岗。由财务部设立，负责公司会计电算化的规划和管理，协调公司财务用计算机的使用及财务软件的运行;对电算化操作人员的权限进行分配及管理;协调、督促财会人员的电算化工作,完善公司的电算化制度。

(2)电算维护岗。由信息技术中心指派专人兼任,负责计算机硬件、软件系统管理及维护;负责开、关服务器,维护财务网络的安全、正常运行;管理服务器数据库及数据备份工作;协助电算主管规划和推进公司会计电算化工作;负责对VPN(虚拟专用网络)证书及密钥的管理、授权工作;会同电算主管负责电算化系统的升级工作等。

(3)软件操作岗。由各财务核算单位设立,负责对本部门的会计事项进行会计处理并及时输入记账凭证等会计数据,输出记账凭证、会计账簿、报表,进行部分会计数据处理工作;负责会计资料的整理、登记、保管、保密工作;负责建立健全会计档案借阅、使用登记制度。

(4)审核记账岗。负责对输入计算机的会计数据(记账凭证和原始凭证)的真实性、合法性、完整性进行审核;操作会计软件登记机内账簿,没有审核的凭证不能记账;对打印输出的账簿、报表进行确认审核。

此岗位人员应具备会计和计算机知识。各财务核算部门均应设立专职或兼职岗。

3.1.3 会计电算化岗位责任的考核。

实行电算化后,定期对会计电算化各岗位人员进行考核,考核结果纳入个人的年度考评内容。对不按照本制度履行岗位职责,给公司造成严重后果的,按照公司有关规定追究相关责任人的责任。

3.2 会计电算化操作管理制度

3.2.1 此处所称会计电算化操作人员,是指按照会计电算化岗位设置,行使岗位职责的会计电算化人员或经财务部经理批准赋予临时操作、查询权的其他人员。

3.2.2 操作人员必须以"命名用户方式"登录财务软件系统,操作人员的密码由操作人员自己拟定。操作人员对自己的密码必须严格保密,泄漏密码产生严重后果的应追究相关责任人的责任。

财务软件系统登录密码先由电算主管在后台管理中统一设定初始密码,并通知会计电算化操作人员,再由会计电算化操作人员在客户端自行更改。

3.2.3 会计电算化人员在财务软件系统中均应以实名进行用户登记,并由电算主管根据内部控制制度规定的原则赋予相应操作权限。

3.2.4 财务软件系统中的服务器操作系统、数据库系统及系统管理的超级管理员密码由电算主管和电算维护员共同管理,双方各执一半密码,每人掌握密码的长度不得少于6位,密码更换的间隔时间不得超过三个月,在密码输入时应予以回避。超级管理员密码必须密封存放于保险箱中,并登记备案。

财务软件系统的集团用户由电算主管及财务部指定人员管理与使用，其他人员未经授权不得擅自使用。

3.2.5 出纳人员只有现金管理系统的管理权限。

3.2.6 日常操作程序。

（1）电算维护员每天到岗后，首先检查服务器是否正常开启，检查计算机硬件、软件、网络是否正常运行，为其他工作做好准备。

（2）会计人员根据原始凭证运用正确的会计科目填制记账凭证，并打印机制记账凭证，同时签名或盖章确认。

（3）审核人员审核记账凭证及所附原始凭证，审核无误后在打印出的记账凭证上签名或盖章确认，并立即对机内对应记账凭证执行"审核"操作。如未即时核机内记账凭证，应将原打印出的记账凭证与机内记账凭证核对无误后，才能对机内记账凭证执行"审核"操作，严禁未经核对就执行"成批审核"操作。

审核人员应对自己审核过的原始凭证、记账凭证负责，如出现问题应按相关财务制度规定承担相应责任。

（4）审核人员将已审收（付）款凭证交给出纳。

（5）每天工作结束后，电算维护员可依据工作情况选择是否关闭服务器，如要关闭服务器应提前通知电算主管，由电算主管通知各在线操作人员，各在线操作人员退出后方能关闭服务器。

（6）操作人员离开操作使用计算机的工作现场，应立即退出财务软件系统，否则应承担被人利用本人登录名进行操作的全部责任。

3.3 会计电算化核算

3.3.1 记账凭证的处理。

记账凭证的处理包括三个部分。

（1）凭证的填制。为加强会计核算，记账凭证的类别与手工核算相同，共分为五类，每种凭证都有各自的代码："01"代表现金收款凭证；"02"代表现金付款凭证；"03"代表银行收款凭证；"04"代表银行付款凭证；"转"代表转账凭证。凭证录入员在填制记账凭证时，首先要输入凭证的类别代码，然后依次输入填制日期、所附原始单据的张数、经济业务的内容、会计科目代码、金额等，与手工核算的要求基本一致。需要或特别说明的是，填制涉及往来核算的记账凭证，机制记账凭证要输入明细科目，科目代码是根据《企业会计制度》"科目编号"编制的。

（2）凭证的审核。填制完毕的记账凭证，需要经过稽核人员两次审核。首先是屏幕审核，稽核人员按照财务制度，对凭证录入人员的会计凭证进行检查核对；其次是手工审核，审核人员按照财务制度，对经过屏幕审核并打印出来的记账凭证进行复核。

（3）凭证的汇总。手工审核无误后的凭证由专人整理并在销号单上销号，通过计算机进行科目汇总，然后打印出凭证汇总表，为方便查询记账凭证，专门编制"凭证阅览表"，会计人员只需要查阅此表，即能查询需要的记账凭证。

3.3.2 登记账簿。

会计账簿主要包括：总账、现金日记账、银行存款日记账、事业支出明细账、往来等明细账。记账凭证审核、汇总处理完毕后，由系统管理员及时在计算机内执行记账功能，将各会计科目本期发生额平行登记到有关账簿中，便于查询和提供有关的会计信息。

3.3.3 对账和结账。

（1）对账。系统管理员在记账后必须进行复核，查看各账簿的记录是否准确，往来账户是否唯一。然后在计算机内执行对账功能，由计算机自动进行总账与各明细账之间的对账，以保证账证相符，账账相符。

（2）结账。月末会计业务结束后，由系统管理员执行结账功能，将本期各会计科目的余额结转下期。

3.3.4 编报会计报表。

月度终了时，按照财务制度规定的期限，需要编制各种会计报表，如资产负债表、收入支出表、事业支出明细表等。编制会计报表时首先要进行初始设置，将本单位所需要的报表格式录入报表处理系统中。其次，根据报表项目的坐标位置一次性编制计算公式。上述工作完成后，输入报表的年月，报表处理系统自动从账务中提取有关共享数据、生成所需要年月的会计报表。

3.4 计算机硬件、软件和会计数据管理制度

3.4.1 各核算部门应为开展会计电算化配备必要的计算机、硬件设备和软件。

3.4.2 计算机硬件设备的维护主要包括以下内容。

（1）电算维护员应经常对有关设备进行保养，保持机房和设备的整洁，防止意外事故的发生。

（2）电算维护员应定期对计算机存放场所的安全措施进行检查，包括对消防和报警设备、地线和接地、防静电、防雷击、防鼠害、防电磁波等设备和措施进行检查，保证这些措施的有效性。

（3）电算维护员应对硬件运行过程中出现的故障及时排除，由于本身条件原因没有能力解决的或不能解决的应及时与硬件生产或销售商联系解决，并对故障情况和处理措施及结果等予以记录。

（4）需要对硬件设备进行更新、扩充、更换，应及时提出建议，经公司领导审批后及时实施，并及时做好数据备份工作，保证机内会计数据的连续和安全，同时做好

相应记录。

3.4.3 计算机软件的维护分为系统软件维护和财务软件维护，包括以下内容。

（1）系统软件维护包括检查系统文件的完整性，系统文件是否被非法删除和修改，以保证系统软件的正常运行。

（2）财务软件维护包括操作维护与程序维护。

① 对财务软件日常操作维护工作过程中发现的问题，电算维护员应及时解决。如不能排除，应立即报告电算主管并联系财务软件供应商予以指导或现场处理。

② 对财务软件的修改、版本升级等程序维护由财务软件供应商负责，电算主管及电算维护员应与软件供应商进行联系，及时得到新版财务软件。

③ 对正在使用的财务软件进行升级，应报经财务部和信息技术中心负责人审批后进行，并记录升级时间及模块。

3.4.4 未经电算主管和电算维护员同意，任何人不得擅自更改计算机及其附属设备的连接与设置，不得更改系统软件、财务软件系统的设置，不得更改网络连接设置、网络用户名及网络用户IP地址。

公司财务软件使用的系统服务器、数据库服务器、网络连接方式及防火墙设置的更改，均需经电算维护员同意方可进行。

营业部财务用计算机禁止与营业部交易内网相连接。

财务软件系统客户端以VPN方式通过防火墙与公司服务器进行连接，不得以任何形式、任何方式绕过防火墙直接进行入系统。客户端的防火墙证书及密钥由信息技术中心统一发放，防火墙证书每年进行一次更新。各部门电算维护员必须妥善保管信息技术中心下发的各类证书和密钥。如因保管不善，导致泄密并产生严重后果的，应追究相关责任人的责任。

3.4.5 会计数据的备份。

（1）会计数据的备份由电算维护员负责，包括至少每天进行一次硬盘备份或启用自动备份系统，对重要会计数据更新或修改后应及时进行备份，会计年度结束后及时进行刻录备份。

（2）电算维护员应对每次备份情况做详细记录，记录的内容应包括：本次备份的时间、所备份的会计数据状态（是否过账、结账等）和所涵盖的会计期间等。

（3）电算维护员或档案管理员应根据存储介质的不同情况定期对备份存储介质进行可用性检查，发现缺损或备份数据丢失的，应立即补充备份。

（4）计算机内的会计数据遭到非法操作和毁损等需要恢复时，在经电算主管及电算维护员同意后，必须使用最新的正式备份。

3.4.6 各核算部门应健全必要的防治计算机病毒的措施，确保财务系统的正常运行。

各部门财务用计算机应配备优良的正版杀毒软件,以预防、检测、清除计算机病毒,并定期进行病毒库的升级及版本的更新。

禁止在财务用计算机上使用、打开来历不明的软件及邮件,对外来的存储介质必须先杀毒后才能使用。禁止在财务用计算机上玩游戏,会计电算化系统的服务器不能直接接入互联网,不具备防范条件的会计电算化系统的终端机不允许接入互联网。

3.5 电算化会计档案管理制度

3.5.1 电算化会计档案管理是公司重要的会计基础工作,要严格按照财政部《会计档案管理办法》及相关要求,对电算化会计档案进行管理。

3.5.2 电算化会计档案管理的内容和范围。

电算化会计档案包括存储在磁盘、光盘等介质上的会计数据和计算机打印的书面等形式的会计数据。

会计数据是指记账凭证、会计账簿、会计报表(包括报表格式和计算公式)等数据,以及财务软件系统开发运行中编制的各种文档以及其他会计资料。

财务软件设计书、软件程序、用户操作手册、本单位电算化系统构成说明和财务软件工作日志等,视同会计档案保管。

3.5.3 电算化会计档案的日常管理。

(1)各核算部门使用计算机打印的书面形式的会计凭证、会计账簿、会计报表,由本部门财务负责人或会计主管负责保管。

(2)会计电算化记账凭证制单完成后应立即打印输出,打印的记账凭证上应有制单人员的签名或盖章、审核人员签名或盖章、财务负责人签名或盖章。收付款记账凭证还应有出纳人员签名或盖账。

(3)现金日记账和银行存款日记账可采用计算机打印的活页账页装订成册,应每天登记并打印,做到日清月结。对每天业务较少、不能满页打印的,也可按旬打印。一般账簿按年打印,遇税务、审计等管理部门检查时,应按其要求,及时打印有关账簿、报表等。

(4)各类账簿在每一会计年度结束后一个月内必须完整打印,装订成册存档。发现已打印的纸质会计档案有缺损时,必须补充打印。

在所有记账凭证数据和明细分类数据都存储在计算机内的情况下,总分类账可用"总分类账本期发生额及余额对照表"替代。

(5)每月结束后10日内、年度结束后30日内,财务人员应将打印的记账凭证分月、按凭证序号整齐装订成册,由财务负责人或财务主管、审核人员和装订人员签名或盖章,存档妥善保管。

(6)每月结束后15日内、年度结束后45日内,财务人员应将打印的会计报表和有关会计资料整齐装订成册,并加盖公司公章;由公司负责人、财务负责人或财务主管签名或盖章并加盖部门公章，存档妥善保管。

（7）存储在磁盘、光盘等存储介质上的会计电子文档由电算维护员保管。

（8）电算维护员每月至少将工作日志备份一次，经电算主管审核确认，交会计档案管理员保存。未做备份的工作日志不得删除。

（9）保存的会计档案应为本单位积极提供利用，档案必须进行科学管理，做到妥善保管、存放有序、查找方便。

3.5.4 电算化会计档案的保管要求。

（1）电算化会计档案存放地点应达到防磁、防火、防潮、防尘、防盗、防虫蛀、防霉烂和防鼠咬等要求，重要会计档案应准备双份，并尽可能存放在两个不同建筑物内。

（2）对纸质会计档案和存储介质保存的会计档案应分类保存。

（3）会计电算化档案的保管时间。

① 计算机打印的会计凭证、会计账簿、会计报表的保管期限及电子会计档案的保管期限与手工账保管期限一致。

② 购买会计电算化专用的计算机、打印机的报价单、保修单、使用说明书、购机清单等资料作为会计电算化硬件档案保管，保管期限至相应硬件被出售、报废等处置完毕。

③ 电算化系统软件的程序盘、使用说明、合同等全套软件档案应妥善永久保存。

（4）日常备份存储介质由电算维护员妥善保管、统一编号，应装在保护封套或包装盒中，并置于保存柜中。年底以存储介质保存的会计数据备份盘交由纸质档案管理员统一归档保存。

3.5.5 电算化会计档案必须严格执行安全和保密制度，会计档案不得随意堆放，严防毁损、散失和泄密。

各种会计资料（包括纸质和用存储介质保存的会计数据），未经部门领导同意，不得外借和带出部门。经部门领导同意借阅会计资料，应该履行相应的借阅手续。存放在存储介质上的会计资料借阅归还时，还应该认真检查其安全性和完整性，防止感染病毒和数据丢失。

3.5.6 电算化会计档案保管期满后，按财政部《会计档案管理办法》的要求进行销毁。

| 拟定 | | 审核 | | 审批 | |

11-03　出纳作业管理准则

××公司标准文件		××有限公司 出纳作业管理准则	文件编号××-××-××	
版次	A/0		页次	第×页

1. 目的

为提升出纳管理效能及服务品质，加速公款支付，确保公款的安全，特制定本制度。

2. 适用范围

适用于现金、票据、有价证券、保管品等的收付、移转、存管及账表的登记、制作等活动。

3. 管理规定

3.1　总要求

所谓出纳管理，是指依对出纳事务依法进行管理。所谓出纳员，是指实际经营管理现金、票据、有价证券、保管品等的收付、移转、存管及账表登记、编制的人员。出纳作业的总要求如下。

3.1.1　出纳员每6年至少进行职务或工作轮换一次，并贯彻休假代理制度。

3.1.2　出纳管理部门应根据会计凭证，办理关于现金、票据、有价证券、保管品等的收付、移转、登记及财产的存管等事项。

3.1.3　出纳管理部门对公司收支款项、收入部分，应在时效内当日或次日解缴银行，支出部分除零用金外以直接划拨或开立支票方式为原则。

3.1.4　出纳管理部门应参酌实际情形，依据国家现金管理办法的规定，在公司总经理或其授权人核准后，提取定额现金备做零星事项的支用。

3.1.5　出纳管理部门保管的现金、票据、有价证券、保管品、契据等不得挪用或做借支。

3.1.6　出纳管理部门收纳各种收入，除法规另有规定者外，应一律使用收纳款项发票，并设置收纳款项发票记录卡，实时通知会计部门编制会计凭证入账。上述收纳款项发票，除经手人签章外，还应由主办出纳、主办会计及公司总经理签章。

3.1.7　符合额定零用金动支事项及款额的支出，由出纳管理部门根据核准文件凭证在额定零用金内支付。

3.1.8　出纳管理部门接到应待付款单据后，应遵守公款支付时限及处理应该注意事项规定的时限办理，不得拖延。

3.1.9　出纳管理部门除依法可自行保管的经费款项外，收纳的各种款项、票据、有价证券、保管品等，应依规定于当日或次日解缴银行，最长不得超过5日。但法令另有规定者不在此限。

3.1.10　专户管款项存款的支票应由公司总经理、主办会计暨主办出纳签章。

3.2 安全措施

3.2.1 为确保出纳管理部门经管的现金、票据、有价证券、保管品等的安全，应于出纳办公处所设置闭路电视监视系统，每个摄影机及录像机应将出纳管理部门进出口及走廊全部涵盖于监视的范围内。但确实无法装设者，在能确保其安全前提下，可以不设置前述的监视系统。出纳管理部门如与其他部门在同一办公室，其位置应设在办公室最内角。

3.2.2 出纳管理部门对有关单据应妥慎管理。

3.2.3 出纳员解领款项，根据需要安排人员协助办理。

3.2.4 出纳管理部门应采用柜台化或小柜员制方式收付，并力求程序简化，以便利、正确为原则。

3.3 收款

3.3.1 收款作业。

（1）收受时，出纳管理部门人员对收入款项，须当面清点，并实时登记备查簿。如该款项依规定应送存银行的，应填具缴款书，如数解库，并将发票移送会计部门登账。

（2）出纳员对依法令规定应收纳的款项，应先行收纳开立发票，于当日或第二天上午前送会计部门补开收入传票入账。

（3）收入现金、票据、有价证券、保管品等，需当面清点。

（4）收入票据，应审阅发票人或银行名称、地点、种类、抬头、金额、日期、背书等是否与规定相符。

（5）委托银行代收票据，应先登录备忘簿，等银行通知后，再行列收。如有延误，应即洽询。

（6）款项收妥后，及时在传票或缴款单上加盖收讫日期戳记及经收人私章。

（7）出纳员对收入款项，应随时按顺序登账。

3.3.2 其他规定。

收纳各种收入，除法律另有规定外，应一律使用发票。由各业务部门向保管部门领取自行出纳款项统一发票，按编号顺序领用，另设收纳款项发票记录卡，并依照各联别规定按收入项目名称分别办理，如因填写错误，应即办理销号手续。已使用的发票及收款书存根联，应存在各业务部门，依类别加装封面，按号次装订成册妥慎保留，以备抽查。

3.4 付款作业

3.4.1 可直接以票据、汇拨或划拨方式支付受款人者，除零用金外，应以不由出纳管理部门支付现金为原则。

3.4.2 收到会计编制的付款凭单，应立即递送银行办理支付。其属于受款人自领方式附有现金支票或转账支票，则通知受款人领取。

3.4.3 款项付讫后,即在传票上加盖付讫日期戳记及经付人员章。

3.4.4 办理付款时,应检核所附凭证是否与支出传票的印鉴相符。

(1)出纳员收到会计开具的支出传票,其款项属于在专户存管款项支付者,应立即签发,通知受款人领取。

(2)在专户存款内的支付款项,应一律签发抬头支票,并依规定划线或禁止背书转让。

3.5 零用金

3.5.1 零用金的申请。

年度开始零用金管理部门因应对紧急零星支用,经公司总经理或其授权人核准后,提取定额现金,指定专人经营,备做零星支用。

3.5.2 零用金的保管支付。

零用金由出纳管理部门指定出纳员统一保管支付。

3.5.3 零用金的使用。

零用金支付后,管理零用金的管理人员应将支出凭证予以编号并加盖收讫日期章,随时逐笔登录零用金备查簿,于支付相当数额时,按类别整理归类,填具零用金支用清单,连同支出凭证,在其授权人核章后,送会计部门审核,依规定程序拨还。

3.5.4 年终零用金的处理规定。

会计年度终了时,额定零用金的处理,依集中支付作业程序的规定办理。

3.6 票据、有价证券及保管品的收付与管理

3.6.1 收付。

票据、有价证券及保管品的收付,出纳管理部门应根据传票执行,执行后,主办出纳人员应于传票上签章以示完成收付手续。

3.6.2 管理。

出纳管理部门收到各项票据、有价证券及保管品,应依照银行保管品有关规定送存银行或代理银行公司保管。库存的保管品应分类登记于库存保管品备查簿,并按月编造保管品报告表送会计部门以备查考管制。

3.7 收纳款项发票的管理

3.7.1 出纳款项发票套印各公司印章、公司总经理、主办会计及相关业务主管签章时,应由会计部门、总务部门及各相关业务部门派员会同监印,印妥后由保管部门指派专人负责保管。

3.7.2 收纳款项发票的领用,应由使用部门填写领用单一式两联,经使用部门主管签核后,向保管部门领用。领用第一联由保管部门留存,第二联由出纳管理部门保管存查,并应设置收纳款项发票记录卡,随时记录使用情形,备供查核,以达钩稽作用。

3.7.3 未使用或已使用拟作废的发票,截角作废,并妥慎保管备查,保管期限至

少2年，届满2年后，经上级公司同意可以销毁。

3.7.4 收纳款项的收入发票，应由出纳管理部门或使用部门按编号顺序开立，不得跳号，并以类别分类。当日收入，原则上应于次日前结算，缴款清单连同发票第二联于次日上午送会计部门列账。

3.7.5 汇解各项收入款时，应将收款的发票字轨号码填入该缴款书"其他应说明事项栏"内。

3.7.6 为加强收纳款项发票的管制，保管部门应设置收纳款项发票领用记录卡，并不定期抽查，做成记录备查。

3.8 出纳账表

3.8.1 现金出纳备查簿：备登收纳款项，必要时的分立收入、支出或收支结存各项簿籍。

3.8.2 存库保管品备查簿：备登存库保管各类有价证券、票据、保管品等项。

3.8.3 保管品记录簿：作为保管品的明细备查簿，以记载保管品收存及发还的原始记录。

3.9 出纳业务的检核

3.9.1 出纳手续是否符合规定。

3.9.2 传票送达后，办理收付款项是否迅速。

3.9.3 保管的票据、有价证券、保管品等是否与账目相符，有无超过有效期间；收付款项是否随时登账及依规定办理缴库。

3.9.4 收纳的各项收入，有无依照规定使用收纳缴款发票。

3.9.5 收纳款项发票的管理控制是否完善。

3.9.6 现金、票据、有价证券、保管品等的出纳有无依照规定程序处理，有无随时登记，其实际结存金额与账面结存是否相符。

3.9.7 银行所送存款的对账单有无与存款账户结存数核对。如有差额，出纳管理部门应编制"存款差额分析表"，并查明其发生原因是否正当。

拟定		审核		审批	

11-04 财务报表管理办法

××公司标准文件		××有限公司 财务报表管理办法	文件编号××-××-××	
版次	A/0		页次	第×页

1.目的

为规范公司的财务报表管理工作，特制定本管理办法。

2. 适用范围

本管理办法适用于××股份有限公司总部及各一线公司。

公司指××股份有限公司，一线公司指公司总部控股、实际控制或纳入全面预算管理的所有公司。

3. 术语

3.1 财务报表

财务报表是指公司对外提供的反映公司某一特定日期财务状况和某一会计期间经营成果、现金流量等会计信息的文件，包括资产负债表、利润表、现金流量表、股东权益变动表等报表及报表附注。

3.2 合并财务报表

合并财务报表是指由母公司编制的，以母公司及其下属子公司形成的企业集团作为会计主体，综合反映企业集团整体财务状况、经营成果和现金流量的报表。

3.3 报表附注

报表附注是指对资产负债表、利润表、现金流量表和股东权益变动表等报表中列示项目的文字描述或明细资料。

4. 管理规定

4.1 财务报表编制要求

4.1.1 公司总部和一线公司均应根据《企业会计准则》和《××股份有限公司会计政策》编制财务报表。

4.1.2 财务报表编制完成后对已经结账的数据不能自行进行调整，如果确实需要调整的，应报总部财务管理中心审批，并将调整分录及调整结果报总部备案。

4.1.3 财务报表的内容和格式按照总部财务管理中心统一下发的内容和格式填报并报送，不能对已有的报表格式进行修改。

4.2 财务报表报送要求

4.2.1 公司总部和一线公司报表编制人员完成财务报表的编制后，须经总部核算组负责人或一线公司财务负责人审核后，于每月第6个自然日交予总部财务管理中心财务分析组，如遇节假日等特殊情况，则须在总部财务管理中心通知时间内及时报送。

4.2.2 各公司在每个会计期间以电子邮件方式向总部财务管理中心报送财务报表，同时提交由公司负责人及财务负责人签字的书面文件。

4.2.3 财务报表编制报送程序。

步骤	负责部门	岗位	流程描述
1	财务管理中心 一线公司财务部	总账会计	每月结账后,按财务管理中心统一下发的内容和格式从系统打印财务报表。根据明细账,按总部财务管理中心统一下发的内容和格式填报财务报表附注。编制后,将财务报表连同报表附注交财务负责人审核
2	一线公司	财务负责人	审核财务报表及报表附注编制是否正确完整。审核无误后,将财务报告上报总经理审批。经总经理审批后,按规定时间上报总部财务管理中心合并报表
	财务管理中心	总部核算组负责人	审核财务报表及报表附注编制是否正确完整。审核无误后,将财务报告上报财务管理中心总经理审批。经财务管理中心总经理审批后,按规定时间上报总部财务管理中心合并报表
3	财务管理中心	总部合并报表会计	收集各一线公司财务报表,汇总编制合并报表

4.3 合并财务报表编制要求

4.3.1 总部财务管理中心财务分析组负责公司合并财务报表的编制工作。合并财务报表时必须遵循《企业会计准则》和《××股份有限公司会计政策》。

4.3.2 总部核算组和一线公司财务部应积极配合总部财务分析组进行工作。

(1)财务负责人在提交财务报表及报表附注前,必须认真检查,并进行分析性复核,对内容的正确性和完整性负责。

(2)对于总部财务分析组提出的问题,财务负责人应及时给予答复对于他们需要的信息资料,财务负责人应及时地提供。

(3)总部合并会计报表期间,总部核算组和各一线公司不得随意改动日常账务数据,如需改动,需申请总部财务管理中心财务分析组负责人审批通过。

4.3.3 合并财务报表的编制流程如下。

步骤	负责部门	岗位	流程描述
1	财务管理中心	总部核算组负责人	在规定时间内上交会计报表及附注
	一线公司	财务负责人	
2	财务管理中心	财务分析组合并报表会计	(1)在规定时间内收集汇总总部核算组/各一线公司财务部上交的会计报表 (2)将总部核算组/各一线公司会计报表进行合并和抵销,得出合并会计报表初稿;根据总部核算组/各一线公司上报的报表附注,进行合并抵销后得出合并报表附注初稿 (3)将合并报表及附注提交财务分析组负责人审核

续表

步骤	负责部门	岗位	流程描述
3	财务管理中心	财务分析组负责人	审核合并报表，执行分析复核工作
4	财务管理中心	总经理	审核合并报表及附注，并签署意见
5	首创置业	财务总监或主管副总裁	审核合并报表及附注，并签署意见

4.4 审计调整的账务处理流程

4.4.1 审计调整是指注册会计师经审计认为被审计单位财务报表项目存在错报、漏报情况，要求被审计单位在审计报告前进行账务调整。

4.4.2 审计调整的目的是为了使财务报表经过调整后符合国家颁布的企业会计准则和相关会计制度的规定，在所有重大方面公允地反映企业的财务状况、经营成果和现金流量。

（1）财务管理中心财务分析组负责人/总部核算组负责人/一线公司财务负责人应对注册会计师审计调整事项的会计处理进行复核，确认无误后进行调整。

（2）一线公司所有审计调整必须报总部财务管理中心财务分析组备案。

（3）审计调整账务处理流程如下。

步骤	负责部门	岗位	流程描述
1	一线公司财务部	核算会计	复核外部审计师提出的审计调整意见，报财务负责人审核
	财务管理中心	核算会计	
2	一线公司	财务负责人	审核审计调整意见，对是否接受审计调整意见进行判断。如调整金额影响重大，需整理调整事项材料，填制《审计调整审批单》，报公司总部财务管理中心审批
	财务管理中心	总部核算组负责人	
3	财务管理中心	财务分析组负责人	审核各一线公司财务部及总部核算组上报的《审计调整审批单》，签署意见，报财务管理中心总经理审核
4	财务管理中心	总经理	审核《审计调整审批单》并签署意见
5	××公司	财务总监或主管副总裁	审批《审计调整审批单》并签署意见
6	财务管理中心	核算会计	对经批准的审计调整进行账务处理
	一线公司财务部	核算会计	

4.5 财务资料对外报送管理

4.5.1 财务资料报送的内容、报送对象与时间。

财务资料名称	报送对象	报送时间
合并国资委财务快报	××集团	每月月度结束之日起4日,如遇节假日提前
合并财政局财务快报	××集团	每月月度结束之日起4日,如遇节假日提前
合并资产负债表 合并利润表 合并所有者权益变动表 合并现金流量表	××公司 管理层	每月月度结束之日起12日,与其他财务信息一起报送,如遇节假日提前
年度国资委财务决算报表	××集团	根据集团及国资委的统一要求,在规定时间内报送
年度国资委财务预算报表	××集团	根据集团及国资委的统一要求,在规定时间内报送

4.5.2 财务资料报送的程序。

步骤	负责部门	岗位	流程描述
1	财务管理中心	合并报表会计	根据要求,汇总统计各类需报送的资料,交财务分析组负责人审核
2	财务管理中心	财务分析组负责人	对需报送的财务资料进行初步审核,报财务管理中心总经理审批
3	财务管理中心	总经理	审核需报送的资料,并签字
4	××公司	财务总监/主管副总裁	审批需报送的资料,并签字
5	财务管理中心	财务分析组负责人	将经审批的财务资料对外报送

4.6 财务信息披露管理

4.6.1 财务信息披露的定义与要求。

(1)财务信息披露是指将对股东和其他利益相关者的决策可能产生实质性影响的财务信息,在规定时间内、在规定的媒体上、以规定的方式向社会公众公布,并送达证券监管部门。

(2)公司相关部门或人员应严格按照公司财务信息公开披露程序进行工作,确保对外披露的财务信息的真实性、准确性、完整性和及时性。

4.6.2 财务信息披露的组织部门与各方职责。

组织或人员	责任
财务管理中心	负责编制需披露的财务信息
董事会	负责审核并确保信息披露内容的真实、准确、完整以及对外信息披露的最终批准

续表

组织或人员	责任
董事会秘书	负责协调实施信息披露事务管理制度，组织并具体承担公司信息披露工作
资本管理中心	

4.6.3 财务信息披露的内容与时间。

应披露的财务信息	信息披露时间要求
年度报告	在每个会计年度结束之日起3个月内编制完成并披露
半年度报告	在每个会计年度的上半年结束之日起2个月内编制完成并披露
其他临时报告	根据有关部门的规定时间报送和披露

拟定		审核		审批	

11-05　会计档案管理制度

××公司标准文件		××有限公司 会计档案管理制度	文件编号××-××-××	
版次	A/0		页次	第×页

1. 目的

为了加强公司财务档案的科学管理，建立、健全会计档案的管理制度，完善财务档案管理工作，使其规范化、系统化，特制定本制度。

2. 适用范围

适用于财务部档案的管理。

3. 权责

财务部负责档案的整理、编号、调阅、借阅等，对财务会计档案的安全、完整、保密负责，对于应当入库保管的资料应及时入库纳入管理。

4. 定义

会计档案是指会计凭证、会计账簿和会计报表以及其他会计核算的资料，它是记录和反映经济业务的重要历史资料和证据。

5. 管理规定

5.1 会计档案范围

包含会计凭证、会计账簿、会计报表以及其他会计核算资料等四个部分。

5.1.1 会计凭证。

会计凭证是记录经济业务，明确经济责任的书面证明。它包括自制原始凭证、外来原始凭证、原始凭证汇总表、记账凭证、记账凭证汇总表、银行存款（借款）对账单、银行存款余额调节表等。

5.1.2 会计账簿。

会计账簿是由一定格式、相互联结的账页组成，以会计凭证为依据，全面、连续、系统地记录各项经济业务的簿籍。它包括按会计科目设置的总分类账、各类明细分类账、现金日记账、银行存款日记账以及辅助记账备查簿等。

5.1.3 会计报表。

会计报表是反映企业财务状况和经营成果的总结性书面文件，有主要财务反映指标快报，月、季度会计报表，中期会计报表，年度会计报表。包括资产负债表、损益表、现金流量表、会计报表附表、附注、财务情况说明书等。

5.1.4 其他会计核算资料。

其他会计核算资料属于经济业务范畴，包括与会计核算、会计监督紧密相关的，由财务部门负责办理的有关数据资料。如经济合同、财务数据统计资料、财务清查汇总资料、核定资金定额的数据资料、会计档案移交清册、会计档案保管清册、会计档案销毁清册等。会计电算化存储在磁盘上的会计数据、程序文件及其他会计资料均应视同会计档案管理。

5.2 会计档案的装订和保管

会计档案的装订主要包括会计凭证、会计账簿、会计报表及其他文字资料的装订。会计凭证的装订，一般每月装订一次。装订好的凭证按年分月妥善保管。

5.2.1 会计凭证装订前的准备工作。

（1）分类整理，按顺序排列，检查日数、编号是否齐全。

（2）摘除凭证内的金属物（如订书钉、大头针、回形针），对大的张页或附件要折叠成同记账凭证大小，且要避开装订线，以便翻阅时保持数字完整。

（3）整理检查凭证顺序号，如有颠倒则要重新排列，发现缺号要查明原因。再检查附件有否漏缺，领料单、入库单、工资、奖金发放单是否随附齐全。

5.2.2 会计凭证装订时的要求。

（1）装订时尽可能缩小所占部位，使记账凭证及其附件保持尽可能大的显露面，以便于事后查阅。

（2）凭证外面要加封面，封面纸用上好的牛皮纸印制，封面规格略大于所附记账凭证。

（3）装订凭证厚度一般为3厘米，装订牢固，美观大方。

5.2.3 会计凭证装订后的注意事项。

(1)每本封面上都填写好凭证种类、起止号码、凭证张数。

(2)在封面上编好卷号,会计凭证装订成册后,装入会计凭证档案盒以便妥善保护。按编号顺序入柜,并要在显露处标明凭证的种类编号,以便于调阅。

5.2.4 会计档案的保管要求。

(1)会计档案室应选择在干燥防水的地方,并远离易燃品堆放地,周围应备有防火器材。

(2)会计档案应放在专用的铁皮档案柜里,按顺序码放整齐,以便查找。

(3)会计档案室内应经常保持清洁卫生,以防虫蛀、防鼠咬。

(4)会计档案室应保持通风透光,并有适当的空间、通道和查阅的地方,以利查阅,并防止潮湿。

(5)设置归档登记簿、档案目录登记簿、档案借阅登记簿,严防毁坏损失、散失和泄密。

(6)会计电算化档案保管要注意防盗、防磁等安全措施。

5.2.5 档案保管期限。

(1)原始凭证、记账凭证、汇总凭证15年。

(2)银行存款余额调节表和银行对账单5年。

(3)日记账15年,其中:现金和银行存款日记账25年。

(4)明细账、总账、辅助账15年。

(5)固定资产报废清理后固定资产卡片及清单5年。

(6)主要财务指标报表(包括文字分析)3年。

(7)月、季度会计报表(包括文字分析)5年。

(8)年度会计报表(包括文字分析)永久。

(9)会计档案保管清册及销毁清册永久。

(10)主要财务会计文件、合同、协议永久。

5.3 会计档案的借阅

5.3.1 会计档案供本部门使用,原则上不得借出,有特殊需要须经部门领导、财务负责人员批准。

5.3.2 外部借阅会计档案时,应持有公司正式介绍信,经会计主管人员或部门领导人批准后,方可办理借阅手续。部门内部人员借阅手续:借阅人应认真填写档案借阅登记簿,将借阅人姓名、日期、数量、内容、归期等情况登记清楚。

5.3.3 本部门人员需要档案资料,在登记报批后由档案管理人员陪同翻阅或者复印。

5.3.4 借阅会计档案人员不得在案卷中乱画、标记、拆散原卷册,也不得涂改抽换、携带外出或复制原件(如有特殊情况,须经领导批准后方能携带外出或复制原件)。

5.4 会计档案的销毁

5.4.1 会计档案保管期满,需要销毁时由档案部门提出销毁意见,会同财务部门共同鉴定、编造会计档案销毁清册,经公司领导审查,报请上级主管部门批准后方可予以销毁。

5.4.2 会计档案保管期满,但其中未了结的债权债务的原始凭证,应单独抽出,另行立卷,由档案部门保管到结清债权债务时为止;建设单位在建设期间的会计档案,不得销毁。

5.4.3 销毁档案前,应按会计档案销毁清册所列的项目逐一清查核对;各单位销毁会计档案时应由档案部门和财会部门共同派员监销,会计档案销毁后经办人在"销毁清册"上签章,注明"已销毁"字样和销毁日期,以示负责,同时将监销情况写出书面报告一式两份,一份报本单位领导,一份归入档案备查。

| 拟定 | | 审核 | | 审批 | |

第12章 往来账款管理制度

本章阅读索引：

- 企业采购及应付账款管理制度
- 应收账款管理制度
- 坏账损失审批流程规范
- 货款回收管理制度
- 供应商货款管理规定（制造业）
- 供应商货款结算流程规范（零售业）

12-01 企业采购及应付账款管理制度

××公司标准文件		××有限公司 企业采购及应付账款管理制度	文件编号××-××-××	
版次	A/0		页次	第×页

1. 目的

为规范采购操作步骤和方法，以及应付账款入账、调账等方面的管理要求，规范应付账款管理工作，防范公司处理应付账款业务过程中的经营风险，特制定本制度。

2. 适用范围

适用于公司的设备、工具、成型软件和固定资产（不含公司长期代理产品）等采购的控制。

3. 定义

3.1 供应商

供应商是指能向采购者提供货物、工程和服务的法人或其他组织。

3.2 抽货检验标准

抽货检验标准是指对采购物品进行检验的参照标准，由技术部门或其他相关权责部门编写交采购中心汇总成册。

3.3 货物检验报告

货物检验报告是指货物验收部门和人员对货物进行验收后对所采购货物给出验收报告和处理意见。

3.4 无票应付款

无票应付款是指采购货物的所有权已经转移至本公司，但是供应商的正式发票尚未到达财务部的应付款项。当供应商的发票送达财务部时，应将无票应付款转入应付账款。公司的无票应付款和应付账款构成了公司资产负债表上的应付账款。

4. 管理规定

4.1 材料采购报销流程

4.1.1 材料采购前要由用料申请人先填写采购计划,"采购计划表"经部门领导签字同意后,交于采购人员,采购人员制作"采购订单"并进行采购。

4.1.2 凡购进物料、工具、用具,尤其是定制品,采购者应坚持先取样品,征得使用部门及领导同意后,方可进行采购或定制。

4.1.3 材料采购返回单位,须经物资使用部门(仓管员)核实、验收后签字,出具"入库单"。

4.1.4 材料采购报销必须以发票为据,不准出现白条报销。

4.1.5 材料采购前预借物资款,必须经财务部经理签字批准方可借款,执行借款流程;物资采购完毕,需及时报销。

4.1.6 材料采购报销时须填写报销单,执行费用报销流程。

4.1.7 凡不按上述规定采购者,财务部以及各业务部门的财务人员,应一律拒绝支付。

4.2 应付账款入账程序

4.2.1 有票应付款。

(1)财务部业务会计对采购订单、供应商发票、检验入库单进行审核,即"三单符合审核"。

(2)三单中的第一单"采购订单"是指由采购合同、采购订单、委托加工单等组成的合同单据;第二单"供应商发票"是指由发票、收款收据组成的发票单据;第三单"入库单"是指由入库单、质检单、运输提货单等组成的收货单据。

(3)财务部在"三单符合"审核后,制作记账凭证并按照会计复核、批准程序入账。

(4)有关部门对合同、订单的修改原件,应及时传递到财务部。

4.2.2 无票应付款。

(1)仓库员在收到供应商的合格来货(经检验合格)后,填写入库单并将入库信息传递给财务部门。未经质量检验合格的货物不得入库。

(2)财务部核对每一张入库单,确保信息准确无误。将无票入库货物作为暂估入库进行核算。

(3)对货物入库后超过 1 个月发票未达的无票应付款,财务部应及时与采购部联系并跟踪。

4.2.3 应付账款。

(1)供应商开来发票,从无票应付款转入应付账款时,必须经过"三单符合审核"。财务部业务会计应当在"三单符合审核"后,方可将无票应付款转入应付账款。将暂估入库的项目转入库存项目。

(2)财务部在"三单符合审核"中发现不符或不完全相符时,应立即通知采购部和物流部门。采购部应及时与供应商联系处理,并在1周内将问题调查清楚并合理解决。

财务部应同时将所有三单不符的情况记录下来，并定期跟踪和向财务部经理汇报。

（3）对在"三单符合审核"中多开票、重开票的供应商应提出警告，情节严重的，要考虑给予处罚或更换。

（4）生产部门应在每月28日前将供应商的质量退货及向供应商索赔的资料传递到财务部，财务部应于当月据之调整应付账款。

（5）任何供应商应付账款的调整必须有充分的依据并经财务部经理及相关人员的书面批准，这些依据应附在相应的调整凭证后。

（6）更改供应商名称必须得到供应商提供的合法资料，并经过财务部经理的批准，这些资料应附在相应的调整凭证后。

4.3 应付账款账龄分析

4.3.1 财务部每季度进行一次应付账款的账龄分析，并分析资金安排和使用的合理性。

4.3.2 财务部每月打印出有借方余额的应付账款，并通知采购部及有关部门。采购部及有关部门应及时与供应商联系解决，并将结果在1周内告知财务部。对超过2个月的有借方余额的应付账款，财务部应向财务部经理和总经理做书面汇报。

4.4 对账

4.4.1 财务部每月应核对应付账款总账与明细账，对存在的差异及明细账中的异常项目和长期未达项目，应会同采购人员进行调查，并经财务部经理书面批准后及时处理。

4.4.2 财务部每年至少获得一次供应商对账单，对发现的差异应及时与供应商联系解决。

拟定		审核		审批	

12-02 应收账款管理制度

××公司标准文件		××有限公司 应收账款管理制度	文件编号××-××-××	
版次	A/0		页次	第×页

1.目的

为保证公司能最大限度地利用客户信用，拓展市场以利于销售公司的产品，同时又要以最小的坏账损失代价来保证公司资金安全，防范经营风险；并尽可能地缩短应收账款占用资金的时间，加快企业资金周转，提高企业资金的使用效率，特制定本制度。

2. 适用范围

适用于本公司发出产品赊销所产生的应收账款和公司经营中发生的各类债权。具体有应收销货款、预付账款和其他应收款三个方面的内容。

3. 管理部门

应收账款的管理部门为公司的财务部和业务部。财务部负责数据传递和信息反馈；业务部负责客户的联系和款项催收。财务部和业务部共同负责客户信用额度的确定。

4. 管理规定

4.1 客户资信管理制度

4.1.1 信息管理基础工作的建立。

（1）由业务部门完成，公司业务部应在收集整理的基础上建立以下几个方面的客户信息档案，一式两份，由业务经理复核签字后一份保存于公司总经理办公室；另一份保存于公司业务部，业务部经理为该档案的最终责任人。

（2）客户信息档案包括以下内容。

①客户基础资料：即有关客户最基本的原始资料，包括客户的名称、地址、电话、所有者、经营管理者、法人代表及他们的个人性格、兴趣、爱好、家庭、学历、年龄、能力、经历背景，与本公司交往的时间、业务种类等。这些资料是客户管理的起点和基础，由负责市场产品销售的业务人员对客户的访问收集而来。

②客户特征：主要包括市场区域、销售能力、发展潜力、经营观念、经营方向、经营政策和经营特点等。

③业务状况：包括客户的销售实绩、市场份额、市场竞争力和市场地位、与竞争者的关系及与本公司的业务关系和合作情况。

④交易现状：主要包括客户的销售活动现状、存在的问题、客户公司的战略、未来的展望及客户公司的市场形象、声誉、财务状况、信用状况等。

4.1.2 客户的基础信息资料。

由负责各区域、片的业务员负责收集。凡与本公司交易次数在2次以上，且单次交易额达到____元人民币以上的均为资料收集的范围，时间期限为达到上述交易额第二次交易后的1个月内完成并交业务经理汇总建档。

4.1.3 信息的保管。

客户的信息资料为公司的重要档案，所有经管人员须妥慎保管，确保不得遗失。如因公司部分岗位人员的调整和离职，该资料的移交作为工作交接的主要部分。凡资料交接不清的，不予办理离岗、离职手续。

4.1.4 信息的更新或补充。

客户的信息资料应根据业务员与相关客户的交往中所了解的情况，随时汇总整理后交业务经理，定期予以更新或补充。

4.1.5 客户资信额度。

（1）实行对客户资信额度的定期确定制，成立由总经理、负责各市场区域的业务部主管、业务部经理、财务部经理组成的"市场管理委员会"，按季度对客户的资信额度、信用期限进行一次确定。

（2）"市场管理委员会"对市场客户的资信状况和销售能力在业务人员跟踪调查、记录相关信息资料的基础上进行分析、研究，确定每个客户可以享有的信用额度和信用期限，建立"信用额度、期限表"，由业务部和财务部各备存一份。

（3）初期信用额度的确定应遵循保守原则，根据过去与该客户的交往情况（是否按期回款），其净资产情况（经济实力如何），以及其有没有对外提供担保或者与其他企业之间有没有法律上的债务关系（潜在或有负债）等因素。凡初次赊销信用的新客户信用度通常确定在正常信用额度和信用期限的50%。如新客户确实资信状况良好，须提高信用额度和延长信用期限的，必须经"市场管理委员会"形成一致意见，报请总经理批准后方可。

（4）客户的信用额度和信用期限原则上每季度进行一次复核和调整。公司"市场管理委员会"应根据反馈的有关客户的经营状况、付款情况随时予以跟踪调整。

4.2 产品赊销的管理

4.2.1 在市场开拓和产品销售中，凡利用信用额度赊销的，必须由经办业务员先填写赊销"请批单"，由业务部经理严格按照预先每个客户评定的信用限额内签批后，仓库管理部门方可凭单办理发货手续。

4.2.2 财务部主管应收账款的会计每10天对照"信用额度期限表"核对一次债权性应收账款的回款和结算情况，严格监督每笔账款的回收和结算。超过信用期限10日仍未回款的，应及时通知财务部经理，由其汇总并及时通知业务部立即联系客户清收。

4.2.3 凡前次赊销未在约定时间内结算的，除在特殊情况下客户能提供可靠的资金担保外，一律不再发货和赊销。

4.2.4 业务员在签订合同和组织发货时，都必须参考信用等级和授信额度来决定销售方式。所有签发赊销的销售合同都必须经主管业务经理签字后方可盖章发出。

4.2.5 对信用额度在____元以上，信用期限在3个月以上的客户，业务经理每年应不少于走访1次；信用额度在____元以上，信用期限在3个月以上的客户，除业务经理走访外，主管市场的副总经理（在有可能的情况下总经理）每年必须走访1次以上。在客户走访中，应重新评估客户信用等级的合理性和结合客户的经营状况、交易状况及时调整信用等级。

4.3 应收账款监控制度

4.3.1 财务部门一般应于每月25日前提供一份当月尚未收款的"应收账款账龄明

细表"，提交给业务部、主管市场的副总经理。由相关业务人员核对无误后报经业务经理及总经理批准进行账款回收工作。该表由业务员在出门收账前核对其正确性，不可到客户处才发现异常，不得有损公司形象。

4.3.2 业务部门应严格对照"信用额度表"和财务部报来的"账龄明细表"，及时核对、跟踪赊销客户的回款情况，对未按期结算回款的客户及时联络和反馈信息给总经理。

4.3.3 业务人员在与客户签订合同或的协议书时，应按照"信用额度表"中对应客户的信用额度和期限约定单次销售金额和结算期限，并在期限内负责经手相关账款的催收和联络。如超过信用期限者，按以下规定处理。

（1）超过1~10日时，由经办人上报部门经理，并电话催收。

（2）超过11~60日时，由部门经理上报总经理，派员上门催收，并扣经办人该票金额____%的计奖成绩。

（3）超过61~90日时，并经催收无效的，由业务主管报总经理批准后做个案处理（如提请公司法律顾问考虑通过法院起诉等催收方式），并扣经办人该票金额____%的计奖成绩。

4.3.4 财务部门一般应于每月25日前向业务部、总经理提供一份当月尚未收款的"应收账款账龄明细表"，该表由相关业务人员核对后报经总经理，批准后安排进行账款回收工作。

4.3.5 业务员在外出收账前要仔细核对客户欠款的正确性，不可到客户处才发现数据差错，有损公司形象。外出前需预先安排好路线，经业务主管同意后才可出去收款；款项收回时业务员需整理已收的账款，并填写"应收账款回款明细表"。若有折扣时需在授权范围内执行，并书面陈述原因，由业务经理签字后及时向财务部缴纳相关款项并销账。

4.3.6 清收账款由业务部门统一安排路线和客户，并确定返回时间。业务员在外清收账款，每到一个客户处，无论是否清结完毕，均需随时向业务经理电话汇报工作进度和行程。任何人不得借机游山玩水。

4.3.7 业务员收账时应收取现金或票据。若收取银行票据时应注意开票日期、票据抬头及其金额是否正确无误，如不符时应及时联系退票并重新办理。若收汇票时需客户背面签名，并查询银行确认汇票的真伪性；如为汇票背书时要注意背书是否清楚，注意一次背书时背书印章是否与汇票抬头一致，背书印章是否为发票印章。

4.3.8 收取的汇票金额大于应收账款时非经业务经理同意，现场不得以现金找还客户，而应作为暂收款收回，并抵扣下次账款。

4.3.9 收款时客户现场反映价格、交货期限、质量、运输问题，在业务权限内时可立即同意。若在权限外时需立即汇报主管，并在不超过3个工作日内给客户以答复。

如属价格调整,回公司应立即填写"价格调整表",告知相关部门并在相关资料中做好记录。

4.3.10 业务人员在销售产品和清收账款时不得有下列行为,一经发现,一律予以开除,并限期补正或赔偿,严重者移交司法部门。

(1)收款不报或积压收款。

(2)退货不报或积压退货。

(3)转售不依规定或转售图利。

4.4 坏账管理制度

4.4.1 业务员全权负责对自己经手赊销业务的账款回收,为此,应定期或不定期地对客户进行访问(电话或上门访问,每季度不得少于两次)。访问客户时,如发现客户有异常现象,应自发现问题之日起1日内填写"问题客户报告单",并建议应采取的措施,或视情况填写"坏账申请书"呈请批准,由业务经理审查后提出处理意见。凡确定为坏账的须报经总经理批准后按相关财务规定处理。

4.4.2 业务员因疏于访问,未能及时掌握客户的情况变化和通知公司,致公司蒙受损失时,业务员应负责赔偿该项损失25%以上的金额(注:疏于访问意味着未依公司规定的次数,按期访问客户者)。

4.4.3 业务部应全盘掌握公司全体客户的信用状况及来往情况。业务人员对于所有的逾期应收账款,应由各个经办人将未收款的理由,详细陈述于"账龄分析表"的备注栏上,以供公司参考。对大额的逾期应收账款应特别书面说明,并提出清收建议;否则,此类账款将来因故无法收回形成呆账时,业务人员应负责赔偿____%以上的金额。

4.4.4 业务员发现发生坏账的可能性时应争取时间速报业务经理,及时采取补救措施。如客户有其他财产可供作抵价时,征得客户同意后立即协商抵价物价值,妥为处理,以避免更大损失发生。但不得在没有担保的情况下,再次向该客户发货,否则相关损失由业务员负责全额赔偿。

4.4.5 "坏账申请书"填写一式三份,有关客户的名称、号码、负责人姓名、营业地址、电话号码等,均应一一填写清楚,并将申请理由的事实、不能收回的原因等,做简明扼要的叙述,经业务部及经理批准后,连同账单或差额票据转交总经理处理。

4.4.6 凡发生坏账的,应查明原因,如属业务人员责任心不强造成的,于当月计算业务员销售成绩时,应按坏账金额的____%先予扣减业务员的业务提成。

4.5 应收账款交接制度

4.5.1 业务员岗位调换、离职,必须对经手的应收账款进行交接。

(1)凡业务员调岗,必须先办理包括应收账款在内的工作交接。

(2)交接未完的,不得离岗;交接不清的,责任由交者负责;交接清楚后,责任由接替者负责。

（3）凡离职的，应在30日内向公司提出申请，批准后办理交接手续，未办理交接手续而自行离开者，其薪资和离职补贴不予发放，由此给公司造成损失的，将依法追究其法律责任。

（4）离职交接依最后在交接单上批示的生效日期为准，在生效日期前要交接完成。

（5）若交接不清又离职时，仍将依照法律程序追究当事人的责任。

4.5.2 业务员提出离职后须把经手的应收账款全部收回或取得客户付款的承诺担保。若在1个月内未能收回或未取得客户付款承诺担保的，则不予办理离职手续。

4.5.3 离职业务员经手的坏账理赔事宜如已取得客户的书面确认，则不影响离职手续的办理，其追诉工作由接替人员接办。理赔不因经手人的离职而无效。

4.5.4 "离职移交清单"至少一式三份，由移交、接交人核对内容无误后双方签字，并由监交人签字后，移交人保存一份，接交人保存一份，公司档案存留一份。

4.5.5 业务员接交时，应与客户核对账单，遇有疑问或账目不清时应立即向业务经理反映，未立即呈报、有意代为隐瞒者应与离职人员同负全部责任。

4.5.6 公司各级人员移交时，应已完成移交手续并经业务经理认可后，方可发放该移交人员最后任职月份的薪金。未经业务经理同意而自行发放的，由出纳人员负责。

4.5.7 业务员办交接时由业务经理监督；移交时发现有贪污公款以及短缺物品、现金、票据或其他凭证者，除限期赔还外，情节重大时依法追诉民事、刑事责任。

4.5.8 应收账款交接后1个月内应全部逐一核对，无异议的账款由接交人负责接手清收（财务部应随机地与客户通信或实地对账，以确定业务人员手中账单的真实性）。交接前应核对全部账目报表，有关交接项目概以"交接清单"为准。交接清单若经交、接、监三方签署盖章即视为完成交接，日后若发现账目不符时由接交人负责。

| 拟定 | | 审核 | | 审批 | |

12-03　坏账损失审批流程规范

××公司标准文件		××有限公司 坏账损失审批流程规范	文件编号××-××-××	
版次	A/0		页次	第×页

1. 目的

为防止坏账损失管理中的差错和舞弊，减少坏账损失，规范坏账损失审批的操作程序，特制定本规范。

2. 适用范围

适用于公司的坏账损失审批。

3. 职责与权限

3.1 不相容岗位分离

坏账损失核销申请人与审批人分离；会计记录与申请人分离。

3.2 业务归口办理

坏账损失核销申请由业务经办部门提出；财务部门归口管理核销申请，并对申请进行审核；坏账损失核销审批，在每年第四季度办理。

3.3 审批权限

股东大会负责单笔损失达到公司净资产1%或年度累计金额达到公司净资产5%及关联方的审批；除须经股东大会批准的事项和授权总经理批准的外，由董事会批准；单笔金额在____元以内，或年度累计金额在____万元以内的由总经理审批。

4. 管理规定

4.1 确认坏账损失的条件和范围

4.1.1 确认条件。

公司对符合下列标准的应收款项可确认为坏账。

（1）债务人死亡，以其遗产清偿后，仍然无法收回。

（2）债务人破产，以其破产财产清偿后，仍无法收回。

（3）债务人较长时期内未履行偿债义务，并有足够的证据表明无法收回或收回的可能性极小。

（4）催收的最低成本大于应收款额的款项。

4.1.2 应收款项的范围。

应收款项包括下列内容。

（1）应收账款。

（2）其他应收款。

（3）确有证据表明其不符合预付款性质，或因供货单位破产、撤销等原因已无望再收到所购货物，也无法收回已预付款额的公司预付账款（在确认坏账损失前先转入其他应收款）。

（4）公司持有未到期的，并有确凿证据证明不能收回的应收票据（在确认坏账损失前，先转入应收账款）。

4.2 坏账损失核销审批程序及审批要求

4.2.1 核销审批程序。

审批程序示意图如下图所示。

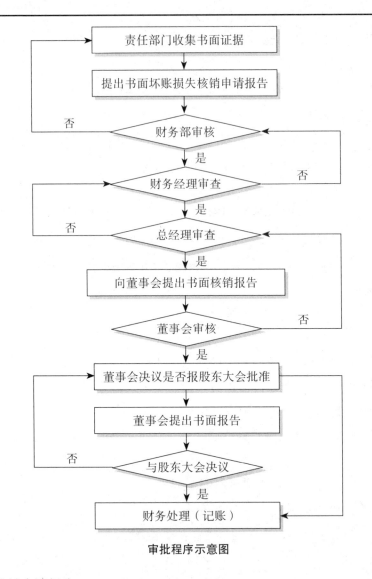

审批程序示意图

4.2.2 核销申请报告。

（1）收集证据。经济业务的承办部门（或承办人）应向债务人或有关部门获得下列证据。

①债务人破产证明。

②债务人死亡证明。

③催收最低成本估算表。

④具有明显特征能表明无法收回应收款的其他证明。

（2）核销申请报告的内容。公司出现坏账损失时，在会计年度末，由经济业务承办部门（或承办人）向有关方获取有关证据，由承办部门提交书面核销申请报告，书面报告至少包括下列内容。

①核销数据和相应的书面证明。
②形成的过程及原因。
③追踪催讨过程。
④对相关责任人的处理建议。

4.2.3 核销审批流程。

（1）财务部汇总和审核。财务部对坏账损失的核销申请报告进行审核，提出审核意见并汇总，连同汇总表报财务部经理审查，财务部应对申请报告核销申请的金额、业务发生的时间、追踪催讨的过程和形成原因进行核实。

（2）财务部经理审查。财务部经理对申请报告和财务部门的审核意见进行审查，并提出处理建议（包括对涉及相关部门与相关人员的处理建议），报公司总经理审查。

（3）总经理审查和审批。公司总经理审查后并根据财务部经理提出的处理建议，给出处理意见，在总经理授权范围内，经总经理办公会通过后，对申请报告进行签批；超过总经理授权范围的，经总经理办公会通过后，由公司总经理或公司总经理委托财务部经理向董事会提交核销坏账损失的书面报告。书面报告至少包括以下内容。

①核销数额和相应的书面证据。
②坏账形成的过程及原因。
③追踪催讨和改进措施。
④对公司财务状况和经营成果的影响。
⑤对涉及的有关责任人员的处理意见。
⑥董事会认为必要的其他书面材料。

（4）董事会和股东大会审批。在董事会授权范围内的坏账核销事项，董事会根据总经理或授权财务部经理提交的书面报告，审议后逐项表决，表决通过后，由董事长签批，然后财务部按会计规定进行账务处理。

需经股东大会审批的坏账审批事项，在召开年度股东大会时，由公司董事会向股东大会提交核销坏账损失的书面报告，书面报告至少包括以下内容。

①核销数额。
②坏账形成的过程及原因。
③追踪催讨和改进措施。
④对公司财务状况和经营成果的影响。
⑤对涉及的有关责任人员处理结果或意见。
⑥核销坏账涉及的关联方偿付能力以及是否会损害其他股东利益的说明。

董事会的书面报告由股东大会逐项表决通过并形成决议。如股东大会决议与董事会决议不一致，财务部对决议不一致的坏账，按会计制度的规定进行会计调整。

公司监事会列席董事会审议核销坏账损失的会议，必要时，可要求公司内部审计部门就核销的坏账损失情况提供书面报告。监事会对董事会有关核销坏账损失的决议程序是否合法、依据是否充分等方面提出书面意见，并形成决议向股东大会报告。

4.3 财务处理和核销后催收

4.3.1 财务处理。

（1）财务部根据董事会决议进行账务处理。

（2）坏账损失如在会计年度末结账前尚未得到董事会批准的，由财务部按公司计提坏账损失准备的规定全额计提坏账准备。

（3）坏账经批准核销后，财务部及时将审批资料报主管税务机关备案。

（4）坏账核销后，财务部应将已核销的应收款项设立备查簿逐项进行登记，并及时向负有赔偿责任的有关责任人收取赔偿款。

4.3.2 核销后催收。

除已破产的企业外，公司财务部门、经济业务承办部门和承办人，仍应继续对债务人的财务状况进行关注，发现债务人有偿还能力时及时催收。

拟定		审核		审批	

12-04 货款回收管理制度

××公司标准文件		××有限公司 货款回收管理制度	文件编号××-××-××	
版次	A/0		页次	第×页

1.目的

为了规范企业销售货款的回收管理工作，确保销售账款能及时收回，防止或减少企业呆账的发生和不良资产的形成，特制定本制度。

2.适用范围

适用于本企业销售货款的回收管理。

3.职责

（1）销售部负责销售回款计划的制订与应收账款的催收工作。

（2）财务部负责应收账款的统计及相关账务处理工作，并督促销售部与后勤部及时催收应收款。

4.管理规定

4.1 结算

4.1.1 信息交流与反馈。

（1）在日常销售业务中，对购销方通过银行汇入公司银行账户的货款，销售部应当日通知财务部。

（2）财务部进行查询和确认后将结果当日反馈给销售部门。

4.1.2 收据管理事项。

（1）销售部门收到客户的预付款或应收款等款项（转账支票、银行汇票、银行承兑汇票等）要及时送交财务部进行登记并开具收款收据。

（2）财务人员对收到的票据要分清客户单位，确认印件是否齐全、清晰，单位货款回收管理制度名称是否相符，对不符合支付和结算要求的票据要退回，对收到的款项要及时送存银行或转付公司财务处，确保销售货款的安全。

4.1.3 收到的货款以汇到公司账户或财务人员开具收款收据的日期为准，作为考核业务员的依据。

4.2 未收款的管理

4.2.1 当月到期的应收货款在次月10日前尚未收回，从即日起至月底止，将此货款列为未收款。

4.2.2 未收款处理程序。

（1）财务部应于每月15日前将未收款明细表交至销售业务员。

（2）销售业务员将未收款未能按时收回的原因、对策及最终收回该批货款的时间于5日内以书面的形式提交财务部，财务部安排人员收款。

4.2.3 财务部负责每月督促各销售业务员回收未收款。

4.2.4 财务部于每月月底检查销售业务员承诺收回货款的执行情况。

4.3 催收款的管理

4.3.1 未收款在次月5日前尚未收回，从即日起此应收账款列为催收款。

4.3.2 催收款的处理程序。

（1）销售部人员应在未收款转为催收款后的3日内将其未能及时收回的原因及对策，以书面的形式提交总经理批示。

（2）货款经列为催收款后，财务部于5日内督促相关销售业务员收回货款。

4.4 货款回收管理制度

4.4.1 货款列为催收款后的30日内，若货款仍未收回，公司将暂停对此客户供货。对销售业务员按每日0.1%的利息进行扣款。

4.4.2 货款列为催收款后的30~60日内，若货款仍未收回，对销售业务员按每日0.15%的利息进行扣款。

4.4.3 货款列为催收款后的90天以外，若货款仍未收回，对销售业务员按每日2‰的利息进行扣款。

4.5 准呆账的管理

4.5.1 财务部应在下列情形出现时将货款列为准呆账。

（1）客户已宣告破产，或虽未正式宣告破产但破产迹象明显。

（2）客户因其他债务受到法院查封，货款已无偿还可能。

（3）支付货款的票据一再退票而客户无令人信服的理由，并已供货1个月以上者。

（4）催收款迄今未能收回，且已停止供货1个月以上者。

（5）其他货款的收回明显存在重大困难，经批准依法处理者。

4.5.2 企业准呆账的回收以销售部为主力，由财务部协助。

4.5.3 通过法律途径处理准呆账时，以法律顾问为主力，由销售部、财务部协助。

4.5.4 财务部每月月初对应收款进行检查，按照准呆账的实际情况填写《坏账申请批复表》报请总经理批准。

| 拟定 | | 审核 | | 审批 | |

12-05　供应商货款管理规定（制造业）

××公司标准文件		××有限公司 供应商货款管理规定（制造业）	文件编号××-××-××	
版次	A/0		页次	第×页

1. 目的

为优化供应商和公司资金运营管理，特制定本规定。

2. 适用范围

适用于供应商货款的管理。

3. 管理规定

3.1 款项支付原则

3.1.1 原则上规定对供应商款项的支付期为90天，即供应商在次月开出上月发票的前提下，以收到供应商物料之日起90天内开出90天的银行承兑汇票；若因供应商自身的原因而延迟开发票，则货款支付期限做相应的顺延。对于需要预付款的物料，如压缩机，需要经过总经理审批后执行。

3.1.2 本款项支付原则用于指引采购合同的签订、供应商主数据维护、付款执行。

3.2 采购合同的付款条件与系统维护

3.2.1 签订采购合同时，采购部须向供应商明确具体的付款条件和有效期，必要时需财务部人员的参与。同时采购部和质检部分别与供应商签订准时供货协议和质量扣罚协议，协议中要详细注明罚款细则并编制罚单，罚款单注明协议编号。

3.2.2 合同中双方确认的付款条件由总经理办公会提供给数据维护员进行维护。

3.3 供应商对账管理

3.3.1 由储运部在次月初提供入仓单给采购部，以便采购部与供应商核对上月的物料采购账目。

3.3.2 入仓单经储运部与采购部核对无误后,由部门主管签名。采购部将单据分别给财务部、供应商各一联。

3.3.3 储运部将供应商跨月退货的明细汇总经部门主管确认后,同入仓单一起提供给采购部。储运部在进行退换货时,对于跨月的不合格品在ERP系统上走退货流程,不走换货、反冲流程。

3.4 供应商发票管理

3.4.1 采购部收到供应商开来的发票后,核对时间不得超过5个工作日。

3.4.2 财务部在收到供应商发票之日后,发票检校验时间不得超过5个工作日。

3.5 发票校验、扣款、付款

3.5.1 采购部根据供应商所开发票填写货款清单,采购部经理审核签字。

3.5.2 财务部根据货款清单进行发票校验,通过校验后,根据合同付款条件确定具体的货款支付日期。

3.5.3 由于质量或交货期等原因对供应商进行扣款时,由扣罚部门月末将罚单汇总部门主管签批后提交财务部门,作为扣罚和付款依据。

3.5.4 每月初财务部根据ERP系统中当月到期的货款制订付款计划,结合公司资金情况以及资金安排,报总经理批准付款。

3.5.5 当财务部由于资金缺乏,不能按原付款计划进行付款时,需要根据供应商关系的重要程度,按轻重缓急的原则,重新制订付款计划,该付款计划应由采购部提出建议,经采购部经理、财务部经理、总经理或其授权人汇签后执行。

3.5.6 财务部按批准的付款计划执行货款的支付,货款支付完毕后,交一联由采购部留存。

拟定		审核		审批	

12-06 供应商货款结算流程规范(零售业)

××公司标准文件		××有限公司 供应商货款结算流程规范(零售业)	文件编号××-××-××	
版次	A/0		页次	第×页

1.目的

为了加强财务管理,实行资金预算控制,提高工作效率,优化财务管理,减少供应商结账等候时间较长问题,保证及时支付货款,严格履行合同签订的结算方式,维护企业的商业信誉,特对厂商结账作出规定。

2.适用范围

适用于本公司所有供应商货款的结算。

3.管理规定

3.1 会计结算日

公司按照会计法制定的以公历核定会计核算日,即每月5日为本公司会计结账日。起止时间为当月的1日至当月的30日,即一个会计核算周期。那么,厂商结账日要按照会计结账日进行核定。同时财务部将严格审核厂商送货时间、销售金额、实物库存、账面余额等。按照到期日支付货款,结合当期销售情况予以付款。厂商也要关注商品和销售及库存,才能真正实现合作后的双赢。

3.2 付款条件

3.2.1 采购部在对账期间,查询厂商货品的到期销售量,根据销售量确认结款资金。

3.2.2 商品销售达到90%~100%,货款可以支付100%。

3.2.3 销售在80%~90%,货款支付80%。

3.2.4 销售在60%~80%,货款支付60%。

3.2.5 低于60%的销售,按实际比例结账,并由采购部在一周内调剂,如发现卖场直配商品货量与销售不成正比,由卖场承担相应责任。

3.2.6 对于销售差、商品库存量较大的供应商,采购部在供应商付款前应积极与供应商协调,将滞销商品进行退货或换货处理,以降低库存金额,减少公司的资金压力;财务部在付款时减去退货金额。

3.2.7 供应商商品的库存天数原则上小于供应商的账期天数。如A供应商的账期天数是30天,那么A供应商的库存天数(可销天数)应小于或等于30天(但公司的战略囤货行为和畅销品的囤货除外)。

3.3 支付货款

3.3.1 账期经销商每月安排两次付款时间,即每月的10日、25日。

3.3.2 账期经销供应商应在收到超市的验收单之日起3天内进行对账,如财务部匹配通过则开始记入账期。

3.3.3 第一次匹配不通过的,进行第二次匹配,匹配成功后开始记入账期。

3.3.4 由于供应商的原因,不能按照公司要求及时递交"一票通"购货台账,公司将延后付款。

3.3.5 每个结算日将持续2天(节假日顺延),在结算日内,由于供应商的原因或由于账务不清等原因,造成当期不能付款的,供应商付款将顺延到下一个付款日;其余时间公司将不再进行付款活动。

3.4 联营、代销供应商结算

3.4.1 依照公司规定在每月的10日或25日进行付款,具体流程类同于账期供应商。

3.4.2 联营供应商在每月的2日前到信息部打印销售报表交于财务部(白联留财务部,红联给供应商),账期到后将按照公司既定付款日进行付款。

3.5 退货

供应商按合同签订保证及时退货，延期退货或长期不退货，将按合同签订的条款执行。

3.5.1 退货单必须扣减当期货款，从支付货款中扣减。

3.5.2 调价冲红单及促销商品让利冲红单凭供应商签字确认的确认单，从当期货款中扣减。

3.5.3 如发现送货价与退货价不符时，供应部通过与采购部、信息部核对解决。

3.6 对账

3.6.1 正常情况下，供应商应在送货后3天内进行账务核对，核对内容包括送货数量、送货金额及商品的价格等。

3.6.2 单据遗失，需经过对账后，确信该单据未结账，方可通过复印，供应商以复印件加盖财务印章，方可进入结账流程。

3.6.3 双方账面余额不符，需进行对账后将余额调整一致。

3.6.4 扣款出现疑问或不符，应核对往来账。

3.7 延期付款

特殊情况下，将货款支付时间延期。

3.7.1 新店开业，延期付款7天。

3.7.2 店庆活动，延期付款7天。

3.7.3 法定节假日，延期付款7天。

3.7.4 对出现质量事故的供应商停止付款，待责任赔偿后恢复结账，退货厂商退货后结账。

3.7.5 清场供应商：食品、非食品供应商从清场之日起90天内结账，生鲜厂商30天内结账，质保金与货款一起退还。

拟定		审核		审批	

第13章 企业税务管理制度

本章阅读索引：

- 公司税务管理制度
- 公司发票管理办法
- 外来发票管理办法
- 集团税务风险防范管理办法

13-01 公司税务管理制度

××公司标准文件		××有限公司 公司税务管理制度	文件编号××-××-××	
版次	A/0		页次	第×页

1.目的

为加强公司税务管理工作，确保公司合法运营、诚信纳税，根据《税收征收管理法》及《税收征收管理法实施细则》的规定，特制定本制度。

2.适用范围

适用于公司税务事项的管理。

本制度税务管理事项包括税务登记、账证管理、发票管理、纳税申报、纳税检查等。

3.管理权责

（1）公司内各有关部门应当支持、协助税务机关依法开展税务工作，任何单位和个人不得阻挠。

（2）公司内各部门、各单位和个人不得做出与税收法律、行政法规相抵触的行为，应当依照税收法律、行政法规的规定履行纳税义务。签订的合同、协议等与税收法律、行政法规相抵触的，一律无效。

（3）办税人员必须忠于职守，及时掌握有关税收法律规定，正确计算并及时缴纳税款。

4.管理规定

4.1 税务登记

4.1.1 公司行政部根据"五证合一"登记制度办理公司登记有关事项，获取由工商（市场监管）部门核发的一个加载18位统一社会信用代码的营业执照，作为企业唯一合法身份证明。

4.1.2 在企业运营过程中如发生登记信息变更的，公司行政部均应在规定时间内向工商（市场监管）部门提出申请，办理相应变更登记。

4.1.3 对于工商登记已采集信息，税务机关不再重复采集；其他必要基础信息，由办税服务厅补充采集。税务专属的登记、变更、年审等工作由财务部相关人员自行办理。

4.2 账证管理

4.2.1 账簿和凭证是纳税人记录生产经营活动，进行经济核算的主要工具，也是税务机关确定公司应缴纳税额，进行财务监督和税务检查的重要依据。

4.2.2 财务部必须按照国家税务部门的有关规定设置账簿。这里所指的账簿包括总账、明细账、日记账和其他辅助账簿。

4.2.3 财务部每月（季）计提当月（季）应交税款，次月完成纳税申报，并完成相关账务处理。当出现计提数与实缴数不符时，相应税差须做账务调整。

4.2.4 为满足各种税收优惠需要，相关财务人员须将每月的完税凭证及税款缴款书等原件或打印件装订成册，妥善保管，严禁丢失。

4.2.5 不得伪造、编造或擅自损毁相关税收记账凭证、账簿、完税凭证、缴款书及其他有关资料。

4.2.6 财务部负责永久保存相关税收的记账凭证、账簿、完税凭证、缴款书及其他有关资料（另有规定的除外）。

4.2.7 财务部负责办理各种税收优惠政策（个人所得税手续费返还、土地增值税免税、再投资退税等）及董事会利润分配所需的完税证明，办理后要把相关资料归档备案。

4.3 发票管理

4.3.1 发票包括销售发票和购货发票。

（1）销售发票是指公司销售产品及提供劳务时向客户开具的发票。

（2）购货发票是指本公司采购材料、物资、设备或接受劳务时，由购货单位开具在本公司的发票。

4.3.2 销售发票的领用。

（1）销售发票统一由公司财务部到税务机关领购后使用。

（2）财务部指定专人负责销售发票管理、领用、开具等日常工作。

（3）发票只限公司合法经营范围内使用，不准向公司外的单位和个人转让、出售。

4.3.3 销售发票的填制。

（1）按号码顺序填开。

（2）填写项目齐全，内容真实，不得涂改。

（3）全部联次一次复写、打印，上、下联内容完全一致。

（4）票物相符，票面金额与实物价值、实收金额相符。

（5）各项目内容正确无误。

（6）按时限开具。

（7）经审核无误后，在发票联和抵扣联加盖公司发票专用章。

4.3.4 销售发票的保管

（1）税务专员负责发票的领用和保管。

（2）严格按照税务机关的规定进行发票的存放和保管，不得丢失和擅自毁损公司的发票，如丢失发票，应在当日书面报告主管税务机关并在报纸和电视等传播媒体上声明作废。

（3）已开具的发票存根联、作废发票的各联次和发票使用登记簿保存期限为5年。保存期满后，经税务机关查验批准，监督销毁。

4.3.5 采购发票的管理

（1）所有部门和个人为公司购买商品、接受劳务以及从事其他经营活动支付款项时，都应向收款方索取发票。

（2）财务人员根据《会计法》赋予的会计监督职能，对于有下列情形之一的发票有权拒绝付款。

①未按本公司规定办理手续的发票。

②应收取增值税专用发票，却收取了普通发票。

③项目不全、填写不清楚的发票。

④内容不真实、有涂改痕迹的发票。

⑤采购单物资明显高于市场行情的发票。

⑥其他不合理、不合法、不真实的发票。

（3）购货后，若遗失发票或抵扣联，应向原销货方索取有原销货方盖章的证明和记账联复印件，经有关机关审核同意后，方可作为进项税款抵扣凭证和记账凭证。

4.4 纳税申报管理

4.4.1 财务人员必须在税务机关规定申报的申报期限内完成纳税申报，如申报期有变动，则以税务机关公布的信息为主。

4.4.2 有关财务人员办理纳税申报时，应当如实填报纳税申报表，并根据税务机关的要求报送资料。

4.4.3 各公司应于每年5月31日前完成年度企业所得税汇算清缴工作，并自行到所属税务机关申报，多退少补。

4.4.4 财务部须根据公司营业收入情况对当月的税收缴纳情况进行预测，以便安排调度资金，确保税款准时入库。

4.4.5 计划外的特殊纳税申报事项必须报总经理审批。

4.5 税务检查管理

4.5.1 财务部接受税务机关依法进行的税务检查，如实反映情况，提供有关资料，不得拒绝、隐瞒。

4.5.2 接受税务机关检查过程中如发现问题，应及时向总经理汇报，以便及时协调解决问题，财务部应做好检查结果备案存查。

拟定		审核		审批	

13-02　公司发票管理办法

××公司标准文件		××有限公司 公司发票管理办法	文件编号××-××-××	
版次	A/0		页次	第×页

1. 目的

为了认真贯彻执行国务院、财政部、国家税务总局颁布的《中华人民共和国发票管理办法》《增值税专用发票使用规定》等法规文件，加强本公司销货发票、购货发票的使用和管理，维护财经纪律，根据上级规定精神，结合公司实际情况，特制定本办法。

2. 适用范围

该办法适用于本公司各部门。

3. 权责部门

（1）公司发票管理部门为财务部。财务部指定专人负责发票的购买、使用、回收、保管和检查工作，各发票使用部门和经办人必须服从财务部的管理。

（2）销货发票的使用部门为公司销售部门。

（3）公司所有使用、接触、保管发票的部门和个人必须遵守本制度。

4. 管理规定

4.1 发票的领购、缴销、保管

4.1.1 公司所用发票由财务部按规定统一向税务部门购买，财务部按税务部门要求对发票进行管理。

4.1.2 公司所用发票由财务部专门人员保管并建立完整的发票登记簿，详细登记各种发票购买、领用和结存情况。

4.1.3 已缴销或使用完毕的发票，按会计档案管理规定进行保管。

4.1.4 若发票丢失，则由经办人承担造成的一切经济损失（不仅限于税务罚款）。

4.2 销货发票

4.2.1 销货发票是公司销售产品及提供劳务时向客户开具的发票。

4.2.2 财务部票管员负责公司销售发票的购买、保管、发放以及报表填制和报送工作。使用过的增值税专用发票，票管员要及时登记"增值税专用发票使用日记账"，月终填报"增值税发票购、用、存情况月报表"和"发票使用明细表"，分别于次月3日和10日内报送税务局。

4.2.3 发票使用部门必须指定专人负责开具发票事宜，并到财务部备案。人员调动变更时，必须到财务部办理变更登记手续。

4.2.4 发票使用部门领用空白发票时，须到财务部办理登记手续，每次领用的限量为一本；若采用按产品种类开具发票的办法时，经财务部同意，可不受一本限制，但不准领用备用发票。使用完的发票存根要必须及时交财务部办理注销手续，并由财务部存档保管。计算机打印发票的领用限量为每次不超过10份。

4.2.5 经主管税务机关批准使用电子计算机开具的发票，须使用税务机关统一监制的机打发票，开具后的存根联应当按照顺序号装订成册。

4.2.6 销售部门要加强增值税专用发票的管理，指定专人，设专用保险柜存放，不得丢失。如发生丢失和被盗，应于丢失当日立即报财务部，并报税务机关和当地公安部门，并于3日内在报纸和电视、电台等新闻媒介上公告声明作废。

4.2.7 开具发票时，必须按下列要求办理。

（1）按号码顺序填开。

（2）填写项目齐全，内容真实，字迹清楚、不得涂改。

（3）全部联次一次复写、打印，上、下联内容完全一致。

（4）票物相符，票面金额与实物价值、实收金额相符。

（5）各项目内容正确无误。

（6）按时限开具。

（7）经财务部门审核无误，并在发票联和抵扣联加盖公司财务专用章或发票专用章。

4.2.8 销售发票的开具时限如下。

（1）采用预收货款、托收承付、委托收款结算方式的，为货物发出的当天。

（2）采用交款提货结算方式的，为收到货款的当天。

（3）采用赊销分期收款结算方式的，为合同约定的收款时间。

4.2.9 任何部门和个人不得转借、转让、拆本、撕页、代开发票，不得自行扩大发票使用范围，不得携带空白发票外出或邮寄空白发票。

4.2.10 发票开具后，若发现错误，应在各联次上注明"作废"字样，并在原发票中按编号保存。

4.2.11 发票开具后，若发生退货冲票事宜，应视不同情况按以下规定办理。

（1）如果销货方和购货方均未做账务处理，购货方应将原发票联和抵扣联退还销货方，销货方收回后，连同其存根联和记账联一起，按作废处理；若是部分退货，销货方收回原发票作废后，重新开具增值税专用发票给购货方，不准索取退货证明单。

（2）如果销货方已做账务处理，购货方未做账务处理，应将发票联和抵扣联退还给销货方，销货方以发票联作为抵减当期销项税额的凭证，将抵扣联注明"作废"字样粘贴在存根联下方，以备审查。未收到购货方退还增值税专用发票前，销货方不得扣减销项税款。属于销货折让的，销货方应按折让后的货款重新开具增值税专用发票。

（3）购货方已做账务处理，在发票和抵扣联无法退还的情况下，购货方必须到当地税务机关开具进货退出或折让证明单交销货方，作为开具红字发票的合法依据。销货方收到证明单后根据退回货物的数量或折让金额向购货方开具红字专用发票，退货、转让证明单附在开具的红字专用发票的存根联后面，红字专用发票的记账联作为销货方冲减当期销项税额的合法凭证，其发票联和抵扣联作为购货方扣减进项税款的凭证。购货方收到红字增值税专用发票后，应将红字专用发票所注明的增值税额从进项税款中如实扣减。

销货方办理退款时，必须取得购货方财务部门出具的收款收据。

4.2.12 公司使用增值税专用发票的范围如下。

4.2.13 属于下列情况之一的，应开具普通发票，不得开具增值税专用发票。

（1）向消费者个人或小规模纳税人销售货物或提供应税劳务的。

（2）处理废旧设备等固定资产变价销售的。

（3）处理在建工程物资的。

（4）其他按国家规定不应开具增值税专用发票的货物和劳务。

4.2.14 本公司开具的销货发票应于当月送交购货方，并督促其入账处理。本公司财务、物资管理部门也必须于当月将销货记账凭单、出库单及时入账，以达到账账相符、账实相符。

4.2.15 已经使用过的发票存根和作废发票的各联次及发票登记簿由票管员保存，保存期为5年。保存期满后，由税务机关查验批准，监督销毁。

4.3 购货发票

4.3.1 购货发票是指本公司采购材料、物资、设备或接受劳务时，由销货单位出具给本公司的发票。

4.3.2 所有部门和个人在为本公司购买商品、接受劳务以及从事其他经营活动支付款项时，都应向收款方索取发票。

4.3.3 物资采购部门和费用支出部门向收款方索取发票时，都必须索取增值税专用发票（本制度另有规定的项目除外），若对方不能提供增值税专用发票，则不得与其发生业务。若本公司业务人员未按规定索取增值税专用发票，而以普通发票到财务部门报销的，财务部门对当事人处以票面总金额5%的罚款。

4.3.4 下列经济活动可不向收款方索取增值税专用发票。

（1）具有独立法人资格的交通运输企业提供的运输劳务。

(2)建筑企业提供的建筑安装劳务。

(3)旅店、饮食服务业提供的住宿、就餐服务。

(4)邮电费、保险费、娱乐活动费。

(5)行政事业单位的非纳税性服务收费。

(6)其他按国家税务总局规定不实行增值税专用发票的项目。

4.3.5 各业务部门向供货单位采购物资,发生的劳务、费用,一经发生,不管付款与否,都要及时向对方索取发票,采购的物资应立即办理入库手续,费用支出办好签字手续,发票报销的各种手续齐全后,立即交财务部门办理入账。对不能立即付款的发票,财务部门要一式两份填制"应付款项转账单",分别交经办人存查和登记应付款账。

4.3.6 财务人员要充分履行《中华人民共和国会计法》赋予的会计监督职能,对有下列情况之一的发票有权拒绝付款。

(1)未按本公司规定办理法定手续的发票。

(2)应收取增值税专用发票,却收取了普通的发票。

(3)项目不全、填写不清楚的发票。

(4)内容不真实、有涂改痕迹的发票。

(5)采购的物资价格明显高于市场行情的发票。

(6)其他不合理、不合法、不真实的发票。

4.3.7 购货后,若遗失发票或抵扣联,应向原销货方索取有原销货方盖章的证明和记账联的复印件,经有关税务机关审核同意后,方可作为进项税款抵扣凭证和记账凭证。

4.4 其他

4.4.1 公司收款部门为财务部门,其他任何部门和个人一律无权向客户收款。

4.4.2 公司人员违反本制度规定者,视情节轻重给予100~1000元的罚款,触犯刑律的移交司法机关追究刑事责任。

4.4.3 对丢失增值税专用发票者,除责令写出检查外,每份空白发票罚款5000~10000元;丢失已填开的专用发票者,每份罚款1000元。

4.4.4 本制度如有与国家规定抵触之处,按国家规定执行;未尽事宜,按国家规定执行。

拟定		审核		审批	

13-03　外来发票管理办法

××公司标准文件		××有限公司 外来发票管理办法	文件编号×× -×× -××	
版次	A/0		页次	第×页

1. 目的

为进一步加强公司外来发票管理，规范公司经营行为，保护公司财产安全，减少公司涉税风险，根据《中华人民共和国发票管理办法实施细则》及集团公司相关文件精神，制定本办法。

2. 适用范围

本办法适用于公司外来发票的管理。

本办法所称发票包括公司在购销商品、接受服务以及从事其他经营活动中，取得的由税务机关监制的发票，及由财政部门监制的国家机关、事业单位或社会团体提供的收费票据和军队收费票据。

3. 管理权责

（1）公司外来发票接收部门（以下简称接收部门）是外部发票管理的直接责任部门，负责对其接受发票的真实性、有效性进行直接审核，及时向财务部门传递发票，并及时更换不合规发票。

（2）财务部门是外来发票管理的专业部门，负责建立外来发票管理制度；对外来发票管理知识、真伪鉴别知识等的培训；对各部门提交的发票进行复核，对不合规发票退回接受部门进行更换。

4. 管理规定

4.1 外来发票的管理流程

4.1.1 加强对供应商（含服务提供商、合作商等）准入的审核管理。在招投标、合同签订等环节，加强对供应商营业执照、税务登记等有关资质、资料的审核，确保供应商能够提供合规发票。

与供应商签订的合同中应当明确，我方根据供应商提供的合规发票支付款项。

4.1.2 接收部门应根据实际发生的业务，主动向对方单位索取合规票据。同时，应结合业务开展情况对开票单位、开票时间、经营项目、单价、数量、金额、签章等情况进行合规性审核，确保发票真实，确保内容与实际经济事项一致。必要时应借助12366纳税服务热线、税务网站等渠道对发票的真实性、合法性进行验证。

4.1.3 设置部门报账员的单位，报账员应对票据进行复核，尽早甄别不合规票据并进行更换，防止因更换发票影响业务活动开展。

4.1.4 财务部门应根据付款申请、合同信息等资料，对发票的种类、联次、开票单位、时间、项目、金额等进行专业复核。对于不合规的发票，不得作为财务报销或付款凭证，应及时退还业务部门更换。

4.1.5 建立大额发票验证制度。

大额发票是指定额发票单次报销金额在500元以上，非定额发票单张金额在5000元以上的发票。各公司可根据业务性质细化不同业务的大额发票标准。

对于大额发票，要逐一进行验证，验证内容包括开票单位、开票内容、发票真伪等。如果验证后反馈信息为空，发票很可能是假发票；如果"领购纳税人名称"与发票盖章单位不一致，即为借用发票。

4.1.6 建立供应商黑名单制度。

各公司应将历史年度多次提供不合规发票的合作方，或当年提供不合规发票2次及以上的合作方，列入供应商黑名单并进行重点审核。

对于列入黑名单的供应商，在不合规发票没有整改前，财务部门不得与其结算款项；经沟通无法解决不合规发票的，应立即停止与其合作，情节严重的应向税务机关举报。

4.1.7 财务部门应根据日常工作中掌握的合同、账务等信息，对需要取得但未取得发票的事项及时与业务部门沟通，督促其尽快取得票据。

4.2 主要业务的发票管理

4.2.1 货物购置类费用。

应取得国税部门监制的商业类、工业类等发票，其中，属于车辆采购的，应取得机动车销售统一发票。销售方提供发票时，应在发票中将货物名称、单价、金额等信息按明细逐一列明；销售方确实无法在发票中提供明细的，应另行提供货物销售明细清单并加盖发票专用章作为发票附件。

4.2.2 渠道拓展服务费。

渠道代理商必须提供合规发票，到税务机关代开发票的，应提供加盖发票专用章的税务代开发票。

部分渠道代理商因月服务费金额很小、位置偏远等实际条件所限，确实难以开具发票的，经主管税务机关同意后，也可采取由我公司协助代开的方式。即我公司依据协议、实际渠道拓展服务费等资料以对方名义到税务机关代开发票，代开发票相应税金从应付渠道拓展服务费中扣减。具体实施时，应制定操作细则。

4.2.3 水电费。

应取得水电费原始发票。如因与其他企业或个人共用水电，确实无法获得原始发票，根据相关税收规定，应以使用合同、原始水电费发票复印件和分割单等凭证（经双方签章）结算。在结算过程中，我公司负担的水、电费单价应与原始水电费发票中单价一致。

要认真复核水、电费开户信息与公司全称是否相符，以保证后期发票信息的规范开具。

4.2.4 房屋租赁费

应取得出租方开具的发票,如出租方无法开具发票,应要求其到税务机关代开发票。各级公司到税务机关为出租方代开的发票,或用本公司发票为出租方代开的发票,均属于不合规发票。

4.2.5 修理费(不含代维费)。

应根据不同业务属性分别取得不同类型的修理费发票。

通信线路、房屋建筑物的修理、修缮应取得地税部门监制的经营项目为修理费的发票;其他各种设备修理费,应取得国税部门监制的经营项目为修理费的发票。

4.2.6 施工费。

应取得地税部门监制的经营项目为工程款或施工费的发票。施工方机构所在地与劳务发生地不在同一区县的,应由施工方在劳务发生地主管地税机关代开发票。

4.2.7 会议费。

应取得对方开具的经营项目为会议费的发票。报销时还应提供会议费证明材料作为支持凭证,会议费证明材料应包括会议通知、时间、地点、出席人员、内容、目的、费用标准、支付凭证等。

经营项目为餐费的发票不得作为会议费报销。

4.3 其他票据管理

4.3.1 财政票据种类及使用范围。

财政票据主要包括非税收入收款收据、罚没票据、捐赠票据、社会团体会费票据、医疗票据、行政事业单位资金往来结算收据等。

(1)非税收入收款收据,适用于国家机关、事业单位、政府依法委托的其他机构在依法征收行政事业性收费、政府性基金、罚没收入、彩票发行费、国有资源(资产)有偿使用收入、国有资本经营收益以及其他非税收入时使用。

(2)罚没票据,适用于具有处罚权的国家机关或法律授权的事业单位按照法律、法规和规章规定,收取罚款或没收财物时使用。

(3)捐赠票据,适用于各级国家机关、事业单位、社会团体及其他组织接受捐赠(款、物)时使用。

(4)医疗票据,适用于政府主办的非营利性医疗机构从事医疗卫生服务取得收入时使用。

(5)社会团体会费票据,适用于由社会团体登记管理机关批准成立的社会团体向单位会员和个人会员收取会费时使用。

(6)行政事业单位资金往来结算收据,适用于国家机关事业单位发生资金往来结算业务时使用。

4.3.2 要根据财政票据的使用范围,审核外来票据是否规范。资金往来结算收据

仅作为收款单位向付款单位或个人出具的收到款项的凭证，不能用于收取行政事业性收费、政府性基金等非税收入项目，不得作为报销凭证。

4.4 不合规发票种类

根据《中华人民共和国发票管理办法》等有关规定，以下为不合规发票。

（1）真发票使用不当。主要包括借用其他单位的发票；跨地区使用发票；跨行业使用发票（如渠道拓展服务费使用国税发票等）；发票项目金额更改；发票付款人不是公司全称；发票大小写金额不一致；多联发票没有套写；发票项目不全或者与经营范围不一致；内容不真实，字迹不清楚；没有加盖发票专用章等。

（2）白条。主要包括应取得而未取得发票。如报纸杂志订阅单、培训费收据，公路车票无道路票证专用章，资金往来结算收据等。

（3）假发票。

（4）过期及作废发票。即开票日期超出发票规定截止使用日期的发票等。

4.5 不合规发票的处理

4.5.1 不合规发票的更换。无论在哪个环节发现不合规发票，必须由经办人员及时更换。更换时限为5个工作日以内且不得跨会计核算期间。

4.5.2 不合规发票的追溯检查。一经发现供应商提供不合规发票的，必须组织财务审核人员、业务经办人员对该供应商全部发票进行检查，对问题发票进行限期整改。

4.5.3 定期通报制度。财务部门应建立不合规票据的定期通报制度。在日常发票合规性审核中，对不合规发票进行分类统计，定期通报发票审核情况，包括各部门提交不合规发票的数量、金额；不合规发票种类、项目、违规原因；出票方名称、发票替换情况；供应商黑名单等内容，以促进和提高外来发票的规范性。

4.6 责任追究

员工利用虚假票据、代开发票等方式虚报、冒领或套取公司资金的，按照公司《员工奖惩办法》的规定，尚未构成犯罪的，应视情节轻重和造成的后果，给予警告直至留用察看的处分；构成犯罪的，移交司法机构处理。

拟定		审核		审批	

13-04 集团税务风险防范管理办法

××公司标准文件		××有限公司 集团税务风险防范管理办法	文件编号××-××-××	
版次	A/0		页次	第×页

1.目的

为加强企业税务风险内控管理，防范税务风险，根据《中华人民共和国税收征收管理法》及其实施细则、《中华人民共和国发票管理办法》及其实施细则、《企业所得税税前扣除凭证管理办法》等规定，结合我公司实际，制定本办法。

2. 适用范围

本办法适用于××投资集团及其子公司、有关关联企业，责任主体为相关公司财务负责人。

3. 管理规定

3.1 总则

3.1.1 企业税务风险管理应遵循真实性、合法性、合理性、相关性原则。

3.1.2 企业销售与收款、采购与付款、生产与存货、人力资源与工薪酬、投资与筹资、货币资金等各大业务循环应遵守公司内控管理基本流程，OA（办公自动化）审批流程等相关材料应作为财务记账凭证的首要附件。

3.2 发票管理

3.2.1 企业支付给境内单位或者个人的款项，且该单位或者个人发生的行为属于增值税征收范围的，以该单位或者个人开具的发票为合法有效的原始凭证（单次金额300元以下的小额零星支出除外）。

3.2.2 除合同有特别约定外，企业付款应严格遵循见发票后付款原则。

3.2.3 取得的发票应按照《中华人民共和国发票管理办法》相关规定进行填写，详细填有购买货物、接受劳务或服务的具体名称（品名、规格、型号、劳务或服务项目等）、数量及金额等。对因各种原因确实无法详细填写的，应附销售单位购销合同和填写的明细货物（或劳务、服务）清单。

3.2.4 取得相关发票的备注栏应符合国家规定。

（1）取得的建筑服务发票，备注栏应注明有建筑服务发生地县（市、区）名称及项目名称。

（2）取得的不动产发票，发票"货物或应税劳务、服务名称"栏填写不动产名称及房屋产权证书号码（无房屋产权证书的可不填写），"单位"栏填写不动产的面积，备注栏应注明有不动产的详细地址。

（3）取得的货物运输服务发票，备注栏中应标注有起运地、到达地、车种车号以及运输货物信息等内容，如内容较多可另附清单。

3.2.5 严禁取得和报销自然人从税务局代开的个人劳务服务类发票。

3.2.6 对方为依法无须办理税务登记的单位或者从事单次金额300元以下的小额零星经营业务的个人，其支出以税务机关代开的发票或者收款凭证及内部凭证作为报销凭证，收款凭证应载明收款单位名称、个人姓名及身份证号、支出项目、收款金额等相关信息。

3.3 非应税项目票据管理

3.3.1 企业缴纳的可在税前扣除的各类税金,应取得税务机关开具的完税证明,不能只以银行付款凭证作为入账依据。

3.3.2 企业拨缴的职工工会经费,应取得税务机关或工会组织开具的《税收通用完税证》或《税收缴款书》。

3.3.3 企业支付的土地出让金,应取得土地管理部门开具的财政票据。

3.3.4 企业缴纳的各类社会保险费,应取得税务机关或社保机构开具的《社保费专用凭证》或《社保费专用缴款书》。

3.3.5 企业缴纳的残疾人保障金,应取得税务机关开具的《税收通用完税证》或《地方性收费、基金专用缴款书》。

3.3.6 企业缴纳的住房公积金,应取得收缴单位开具的专用票据。

3.3.7 企业通过公益性社会团体或者县级以上人民政府及其部门,用于公益事业的捐赠支出,应取得财政厅印制并加盖接受捐赠单位印章的公益性捐赠票据,或加盖接受捐赠单位印章的《非税收入一般缴款书》收据联。

3.3.8 企业根据法院判决、调解、仲裁等产生的支出,应取得法院判决书、裁定书、调解书,以及可由人民法院执行的仲裁裁决书、公证债权文书和付款单据等。

3.3.9 企业支付的政府性基金、行政事业性收费,应取得财政或税务机关开具的《地方性收费、基金专用缴款书》。

3.4 相关资料管理

3.4.1 企业应将与发票、非应税项目票据等相关的证明材料,包括但不限于合同协议、支出依据、送货、入库、出库（或相应汇总表）等一并作为记账凭证的附件,装订在会计凭证中。

3.4.2 企业支付广告费和业务宣传费,应取得相关发票和付款单据、广告宣传已经发生的相关证明材料。

3.4.3 企业产生的会议费,应取得收款方出具的发票和付款单据,同时应保存会议时间、会议地点、会议对象、会议目的、会议内容、费用标准等相应证明材料。

3.4.4 企业差旅费的报销,应遵循企业内部财务管理制度,并取得包含出差人员姓名、出差地点、时间和任务等内容的详尽报销审批材料。

3.4.5 企业员工将私人车辆提供给企业使用,企业应与出租人签订书面租赁合同或协议,并按照独立交易原则支付租赁费,取得出租人提供的租赁合同、发票和付款单据。

3.4.6 企业按照有关规定向受雇的员工支付的解除劳动合同（辞退）补偿金,应取得企业与职工解除劳动合同（辞退）协议、当事人签字的付款单据。

3.4.7 企业按照有关规定向其员工及家属支付的赔偿费,应取得企业与职工（或家属）签订的赔偿协议、相关部门出具的鉴定报告（或证明）、法院文书以及当事人签字的付款单据。

3.4.8 企业因产品（服务）质量问题发生的赔款和违约金等支出，应取得当事人双方签订的质量赔款协议、质量检验报告（或质量事故鉴定）、相关合同、法院文书以及付款单据。

3.4.9 企业支付给中国境外的单位或个人佣金、技术服务费等费用支出，不能取得发票的，应当提供合法合同、银行外汇支付凭证和境外单位或个人出具的有关凭证等。

3.4.10 企业发生的资产损失税前扣除，应取得《国家税务总局关于发布〈企业资产损失所得税税前扣除管理办法〉的公告》（国家税务总局公告2011年第25号）规定的相应凭据。

3.5 基本内控管理

3.5.1 企业应在每月10日前完成纳税申报，不得迟延。如遇国家纳税申报期限延期的，纳税申报亦相应顺延。

3.5.2 企业每半年应检查本单位各项应收、应付款账簿记录的正确性和完整性。查明本单位记录正确无误后，再编制对账单，可通过信函寄交对方。对账单可以编制一式两联，一份由对方单位留存，另一份作为回单。对方如果核对后相符，应在回单上盖章并退回本单位，如果不符，应在回单上注明不符情况，或另抄对账单退回，作为进一步核对的依据。在核对过程中如发现未达账项，双方均应采用调节账面余额的方法，核对往来款项是否相符。如果发现记账错误，应立即查明，并按规定予以更正。

3.5.3 企业每年应对材料、库存商品、固定资产等实物进行盘点，确定其实存数量和金额，并与有关明细账进行核对，确保账实一致。

3.5.4 企业年底前应对"费用挂账"性质的个人或者单位往来款进行清理，确保不产生跨期费用。

拟定		审核		审批	

第 14 章 企业内部审计管理制度

本章阅读索引：

- 集团公司内部审计制度
- 公司离任审计制度
- 集团公司内部稽核制度

14-01 集团公司内部审计制度

××公司标准文件		××有限公司 集团公司内部审计制度	文件编号××-××-××	
版次	A/0		页次	第×页

1. 目的

为了规范集团公司的经营管理，加强内部控制与审计监督，保障公司财产物资的安全、完整，保证经营目标的顺利实现，为公司各级管理部门使用客观、真实、有效的经营管理信息提供合理保障，保证各部门、各单位的经营活动按照集团公司的经营方针、政策进行，降低经营管理风险，提高绩效。根据《审计法》《内部审计准则》及集团公司的基本管理制度等外部法律、法规和内部规章，特制定本制度。

2. 适用范围

（1）集团公司本部、全资和控股子公司及其下属公司依照本制度接受审计监督。

（2）集团公司的内部审计部门负责审计工作的组织实施，它独立于子公司、公司分支机构和部门来发挥作用。

（3）内部审计人员在实施审计工作时，必须遵守本制度有关规定，其责任是对出具的审计意见和审计报告的真实性、客观性、公正性承担审计责任，不承担会计责任和经营责任。内部审计人员不得审查自己过去曾具有权力和职责的任何活动。

3. 机构设置及职责

（1）授权经营企业中财务收支金额较大或所属单位较多的企业应设立独立的内审机构，其他业务较少的企业，可以设置专职内部审计人员。

（2）集团公司设置的内审部门为法审部，受集团公司总经理（或主管副总）直接领导，对其负责并报告工作。集团公司所属全资、控股和具有实际控制权的子公司所设的内审部门，受本单位负责人和集团公司法审部的双重领导，业务上以集团法审部领导为主，行政上服从本单位领导，要对本单位领导及集团法审部负责并报告工作。

（3）公司法审部为公司内部审计的常设机构，代表公司实行审计监督，其具体职责如下。

① 按照有关法律、法规和集团公司的要求，起草内部审计制度、管理办法和工作流程等。

② 制订年度和季度审计计划。

③ 负责组织实施内部审计监督，并向总经理（或主管副总经理）报告审计结果。

④ 指导监督下属单位建立健全内部审计机构，配备内部审计人员。

⑤ 负责集团公司及所属单位内部审计机构的业务指导和管理工作。

⑥ 负责集团公司及所属单位委托社会审计事项（上市公司除外）。

⑦ 协助上级审计机关对集团公司的审计工作。

⑧ 负责审计人员的业务学习、岗位培训和内部审计理论研究等。

⑨ 总结、交流、宣传内部审计工作经验，表彰内部审计先进单位和个人。

⑩ 完成领导交办的其他审计事项。

（4）根据审计工作的需要成立内部审计工作小组，内部审计工作小组负责对内部审计项目实施审计，完成公司下达的内部审计任务，执行公司的内部审计业务。

4. 管理规定

4.1 审计人员及工作要求

4.1.1 集团下属公司审计机构负责人及审计人员任免或调动，应当事先征求集团公司法审部的意见。

4.1.2 审计人员要逐步实行持证上岗制度，具体要求遵照中国内部审计协会制定的《内部审计人员岗位资格证书实施办法》中有关规定执行。审计人员必须接受继续教育和专项审计业务培训，不断更新专业知识，提高业务能力，具体要求遵照中国内部审计协会制定的《内部审计人员后续教育实施办法》执行。

4.1.3 内部审计人员应具备的职业能力如下。

4.1.3.1 熟悉有关的政策、法律、法规、规章制度和现代企业制度。

4.1.3.2 具备审计专业方面必需的知识和技能，能熟练应用内部审计标准、程序和技能。

4.1.3.3 具有较高的经营管理及其他相关专业知识，有一定的审计、财会或其他相关专业工作经验。

4.1.3.4 熟悉本单位经营管理及生产、技术知识。

4.1.3.5 具有较强的组织协调、调查研究、综合分析、专业判断、文字表达及计算机操作能力。

4.1.3.6 具有足够的有关防止舞弊的知识,并能够识别出可能已经发生的舞弊行为。

4.1.4 审计人员在进行审计工作时,应当运用重要性原则,保持应有的职业谨慎。

4.1.5 依法保护内审人员正常开展的内部审计工作,不受其他部门或个人的干涉。任何组织和个人不得打击报复坚持工作原则的内部审计人员。对违反审计工作规定的单位和个人,由集团公司根据情节轻重给予行政处分、经济处罚,或者提请有关部门处理。

4.2 审计范围和权限

4.2.1 各级内审部门根据集团公司不同时期的工作重心,依照国家法律、法规和政策以及集团公司的有关规章制度,全方位、多层次地开展审计工作,以确保集团公司内部经营管理活动的真实性、合法性和效益性。

4.2.2 各级内审部门对本级及所属全资、控股和具有实际控制权的子公司的下列事项进行审计。

4.2.2.1 财务收支及其有关的经济活动。

4.2.2.2 资产、负债、损益情况的真实性、合规性、效益性。

4.2.2.3 对内部控制制度和其他各项管理措施的健全性、有效性进行审查、评价,并提出改进建议。

4.2.2.4 对所属单位全面预算的执行情况进行审查、评价。

4.2.2.5 因合并、分立、撤销等事项引起的资产变化。

4.2.2.6 投资项目(基本建设、技改等)概(预)算、决算。

4.2.2.7 企业对外投资的立项、签订、投出和收回、经营状况及效益活动等情况。

4.2.2.8 企业单位对外签订的采购、借款、担保、承发包合同、产品营销等合同、契约、协议。

4.2.2.9 根据"谁任命、谁审计""先审计、后任命、后离任"的原则,对所属总经理、经理、部长等进行任期经济责任的期中或终结审计。

4.2.2.10 根据"先审计、后兑现"的原则,集团成员企业法定代表人的经营承包指标,未经审计不得兑现年终效益奖。

4.2.2.11 企业经营管理中重要问题的专项调查,为领导决策提供依据。

4.2.2.12 集团公司及本单位领导和上级内审部门交办的其他任务。

4.2.3 各级内审部门的主要权限如下。

4.2.3.1 根据内部审计工作的需要,要求有关单位按时报送计划、预算、决算、报表和有关文件、资料等。

4.2.3.2 审核凭证、账表、决算,检查资金和财产,查阅有关文件和资料。

4.2.3.3 检查管理和核算财务收支的计算机系统及其反映的电子数据与有关资料。

4.2.3.4 参加或召开与审计事项有关的会议。

4.2.3.5 对审计涉及的有关事项进行调查，并索取有关文件、资料等证明材料。

4.2.3.6 对正在进行的严重违反财经法规，将会造成损失或浪费的行为，经有关单位负责人同意，做出临时制止决定。

4.2.3.7 对阻挠、妨碍审计工作以及拒绝提供有关资料的情况，经有关单位负责人批准，可以采取必要的临时措施，并提出追究有关人员责任的建议。

4.2.3.8 对改进管理、提高效益的建议和纠正、处理违反财经法规行为的意见。

4.2.3.9 对严重违反财经法规和造成严重损失及浪费的直接责任人员，提出处理的建议。

4.2.3.10 对可能转移、隐匿、篡改、毁弃的会计凭证、会计账簿、会计报表以及其他与财务收支有关的资料，经本单位领导批准，有权暂时予以封存。

4.2.4 各级内审部门的工作成果，未经本单位负责人批准，不得对外披露。

4.2.5 集团公司授予法审部如下权利。

4.2.5.1 没收审计中查处的账外资金上缴集团公司。

4.2.5.2 对严重违反财经法规的行为提出处理建议。

4.2.5.3 有权对下属内审机构和内审人员的业务进行监督指导，有权调阅下属企业的内审资料。

4.2.5.4 有权临时抽调下属企业的内审人员参与某项内审工作。

4.3 审计程序

4.3.1 各级内审部门根据企业年度工作计划，企业领导要求和集团公司总体部署，拟定年度及季度审计工作计划，确定具体审计项目，报经领导批准后实施。

编制年度和季度审计工作计划应注意以下事项。

4.3.1.1 审计计划要全面，一般包括：上级内审部门统一布置的审计项目和审计专题调查项目、单位领导交办的审计项目、按有关规定自行安排的审计项目。

4.3.1.2 应充分利用本部门已占有的审计资料，突出重点，尽量避免审计项交叉重复，在一个单位实施一项重要审计事项时，考虑能否尽可能地带一些其他项目审计。

4.3.1.3 要经本单位主管领导审批，审批后的计划应报上一级内审部门。

4.3.1.4 主要内容应包括：项目名称、立项依据、审计要点、预计完成时限、实施该项目所要达到的审计目标、审计的方式和方法、审计实施的总体安排等，应力求简约、高度概括。

4.3.1.5 年度预编审计工作计划上报内审部门时间为当年的2月月末前。

4.3.2 审计程序是指具体审计项目从确立到结束的整个工作过程。无论是何种审计，其程序均应分为计划、实施、终结三个阶段，对有些审计项目，还需实施后续审计。

4.3.3 审计项目的计划阶段是指审计项目从确定到实施前制定具体审计方案的过

程，该过程主要是确定审计目标、制定审计方案，以明确各项工作的主次、先后次序等。各级内审部门对企业实施审计前，应当充分做好准备工作，以利于提高工作效率，尽量缩短现场审计时间，减轻企业负担。计划阶段应做好以下工作。

4.3.3.1 收集和了解被审计单位的基本情况，收集、了解与审计事项有关的法律、法规、规章、政策和其他文件资料；了解被审计单位原有审计档案资料；确定审计目标和审计重点。

4.3.3.2 编制审计方案，并报内审机构负责人审批，主要内容如下。

（1）编制审计方案的依据。

（2）被审计单位名称和基本情况。

（3）审计范围、方式、内容、目标、重点、实施步骤和预定时间。

（4）审计组组长、审计组成员名单、分工和责任。

（5）编制时间及方案审批人（内审部门负责人、重大项目应报内审部门主管领导人）签字。

（6）被审计单位应做的迎审准备工作及需要提供文件资料，一般要求被审计单位提供以下资料。

①企业在银行及非银行金融机构设立的全部账户，包括已经注销的账户。

②企业章程、内部机构设置、职责分工等材料。

③会计报表、账簿、凭证及其他有关会计资料。

④重大投资项目及其实施结果，对外投资明细表及有关的协议、合同、会议纪要、决定等。

⑤重大经营决策事项的决策材料及相关会议纪要、决定。

⑥财务管理及有关经济活动的内部管理制度。

⑦有关经济监督管理部门及检察机构对企业检查后提出的报告、处理意见、检查结论和处罚决定。

⑧上级内审部门或委托社会审计组织出具的审计报告、验资报告、评估报告以及办理企业合并、分立等事宜出具的有关报告。

⑨前次接受审计、检查的情况。

⑩其他需要了解的情况。

4.3.3.3 明确审计任务和审计事项的分工，并完成项目实施前的其他准备事项，如实施审计工作需要的各种表格、底稿和工具等。

4.3.3.4 下达审计通知书，并要求被审计单位做好迎审准备工作。

审计通知书是审计人员依法行使审计监督权的书面证明，一般应在审计实施5日前向被审计单位送达（专项调查可以根据需要不下达审计通知），包括以下内容。

（1）被审计单位名称。

（2）审计的依据、范围、内容、方式和时间。

（3）审计组长及其他成员名单。

（4）对被审计单位配合审计工作的具体要求。

（5）派出或委派审计组单位领导人签字、加盖公章及签发日期。

此外，内审部门认为需要被审计单位自查的，应当在审计通知书写明自查的内容、要求和期限。必要时，可聘请内审部门以外的专业技术人员共同参加某些审计项目或专门问题进行鉴定。

4.3.3.5 向被审计企业提出书面的承诺要求。

实行被审计企业向内审部门的承诺制度，在送达审计通知书的同时，被审计企业的法定代表人和财务主管人员应当按照承诺书的有关事项要求做出承诺，并签字后按规定时间送交审计组，审计组及审计人员应当将被审计企业提交的承诺书列入审计取证材料清单，作为审计证据编入审计工作底稿。

4.3.4 审计工作的实施阶段主要是调查、核实经济事项，收集审计证据等，主要做好以下工作。

4.3.4.1 进场后首先召开与被审计单位的见面会。

（1）审计组长宣读审计通知书，说明来意，提出有关审计工作要求事项和自律纪律。

（2）听取或审阅被审计单位自查报告或述职报告或情况介绍。

4.3.4.2 根据进一步掌握的被审计单位的具体情况，确定审计的重点、专题、人员分工是否需要进行调整。

4.3.4.3 依据审计通知的要求收集有关审计资料和借阅被审计单位会计资料，并办理借阅手续。

4.3.4.4 通过审核会计资料和相关资料，核查实物和调查询问，座谈了解等方法实施审计。对审计发现的问题及疑点，做好审计记录和取证工作。对审计事项进行审计、调查时，审计人员不得少于2人。

（1）审计证据有以下几种。

①以书面形式存在并证明审计事项的书面证据。

②以实物形态存在并证明审计事项的实物证据。

③以录音、录像或计算机存储的、处理的证明审计事项的视听材料。

④与审计事项有关的人员提供的证言材料。

⑤专门机关或专门人员的鉴定结论和勘测笔录。

⑥其他证据。

（2）审计人员收集证明材料，必须遵守以下要求。

①客观公正、实事求是，防止主观臆断，保证证明材料的客观性。

②对收集的证明材料进行分析判断，决定取舍，保证证明材料的相关性。

③收集足以证明审计事实真相的证明材料，以保证证明材料的充分性。

④严格遵守法律、法规的规定，保证证明材料的合法性。

⑤审计人员向有关单位和个人取得的证明材料，应当有提供单位和个人的盖章或签名，未取得提供单位和个人盖章或签名的，应当注明原因。

⑥审计中如有特殊需要，可以指派或聘请专业部门、单位或专业知识人员，对审计事项中某些专业问题进行鉴定。

（3）审计人员实施审计时，应当对审计工作进行记录，编制审计工作底稿。

①审计工作底稿的主要内容如下。

a.被审计单位名称。

b.审计项目名称以及实施的时间。

c.审计过程记录。

d.编制人员姓名及编制时间。

e.复核人员姓名及复核时间。

f.索引号及页次。

g.其他应说明的事项。

②审计工作底稿中的审计过程记录主要包括以下内容。

a.实施审计具体程序、审计测试评价、审计方案的调整变更记录。

b.审计人员的判断、评价、处理意见和建议。

c.审计复核记录。

d.其他与审计事项有关的记录和证明材料。

③审计工作底稿的附件主要包括下列证明材料。

a.与被审计单位财务收支有关的证明材料。

b.与被审计单位审计事项有关的法律文书、合同、协议、往来函件、鉴定资料等原件或复印件或摘录件。

c.其他有关审计资料。

d.审计工作底稿所附的审计证明材料应经审计部门或其他提供证明资料者的认定签证。

④审计工作底稿分为分项审计工作底稿和汇总审计工作底稿。

a.编制分项审计工作底稿，应由审计人员根据审计方案审定的项目内容逐项编制，必须是一项一稿或一事一稿，以利于编制汇总。

b.编制汇总审计工作底稿，应在详细审阅审计分项工作底稿，并确定其实事清楚、证据确凿、手续完备之后，再进行分析整理，按其性质和内容分类归集。

⑤审计组长应对审计工作底稿进行检查和复核，对审计组成员的工作质量和审计目标的完成情况进行监督。

对已确认的违纪违规问题和重要事项要编写审计工作底稿。审计工作底稿要写明事实情况、使用法规制度及处理意见，经审计组长审阅后，送交被审计单位认证签署意见。

凡是审查审计工作底稿事实不清、证据不充分、手续不完备的应做必要的修正或重新取证，补足必要的手续和资料。

审计组对实施审计过程中遇到的重大问题，经审计组长全面复核并确认后，应向本单位内部审计部门负责人请示汇报。

⑥内部审计部门负责人应当采取有效方式和途径，对审计组的审计工作情况进行监督检查。

4.3.5 审计工作的终结阶段。

4.3.5.1 审计组组长运用审计工作底稿提供的材料，编写审计报告。

审计报告是审计人员对被审计单位（项目）的经济活动审核后进行评价，提出意见、建议，得出结论的文件。因此要做到：审计报告应当有恰当的标题，明确的署名和报告日期，做到格式规范、事实可靠、证据充分、定性准确、结论公正、建议可行、语言简练、表达确切、观点鲜明。审计报告的主要形式和内容如下。

（1）标题。

（2）主送单位或单位行政负责人名称。

（3）被审计企业概况。

（4）审计的内容、范围、方式、时间等。

（5）采用的主要审计程序和审计方法。

（6）审计结果。

（7）发现的主要问题。

（8）审计建议。

（9）审计组成员签字。

（10）报告日期。

4.3.5.2 各级内审部门应依据单位管理权限范围内授权的经济处理权限，对审计的问题提出处理、处分的意见或建议。

4.3.5.3 各级内审部门应建立审计报告复核制度。审计报告完成后，由内审部门指定专人复核，应重点复核如下事项并提出复核意见。

（1）与审计事项有关的事实是否清楚。

（2）收集的证明材料是否具有客观性、相关性、充分性和合法性。

（3）适用法律、法规、制度和具有普遍约束力的决定、命令等是否正确。

（4）审计评价是否恰当。

（5）问题定性、业务处理、违纪处分、改进建议是否适当。

（6）审计程序是否符合规定。

4.3.5.4 审计组应在审计事项实施终了后10日内完成审计报告并送达被审计单位，征求被审计单位对审计报告的意见。被审计单位应自收到审计报告之日起5日内，提出书面意见；在规定日期内没有提出书面意见的，视为无异议。

如果被审计单位对审计报告有异议，审计组应进一步核实、研究。如认为被审计单位的意见正确，应当修改审计报告；如果认为其意见不正确，应将不同意见作为报告的附件一并上报。

4.3.5.5 被审计单位与审计组双方意见不能达成一致时，审计组应将最终定稿的审计报告、被审计单位的书面报告、审计工作底稿、审计证据等有关资料一并报内审部门负责人审定，主要审定以下内容。

（1）与审计事项有关的事实是否清楚。

（2）被审计单位对审计报告的意见书和复核人员提出的复核意见是否正确。

（3）审计评价意见及建议是否恰当。

（4）定性、处理、处分建议是否合法、适当。

4.3.5.6 内审部门负责人审核后，应依据上述资料签发审计意见，集团内审部门负责的审计项目报请集团主管领导批示；集团下属企业内审部门负责审计的项目报请本单位负责人批示。审计意见书应当包括以下内容。

（1）审计的范围、内容、方式和时间。

（2）对审计事项的评价意见和评价依据。

（3）被审计单位违反财经纪律行为的叙述；问题的定性、处理意见及其依据。

（4）对严重违反财经法规和造成严重损失浪费的直接责任人员移送有关部门处理的建议。

（5）对单位加强经营管理和提高经济效益的意见及建议。

4.3.5.7 依据经主管领导批示的《审计意见书》，形成《审计决定》送达被审计单位，被审计单位必须执行审计决定。

4.3.5.8 被审计单位按照《审计决定》处理完毕后，应填写《审计决定处理情况报告单》，将处理情况向下达《审计决定》的内审部门提出书面报告。

被审计单位对审计决定如有异议，可在收到《审计决定》后15日内向做出决定的单位主要领导人申请复议。受理单位或领导应在收到申请复议报告30日内进行复议或裁定。在此期间，仍按原审计决定执行。

4.3.5.9 内审部门应自《审计决定》送达之日起3个月内，了解审计决定的落实情况，监督审计决定的执行情况。

4.3.6 各级内审部门应建立以下报告制度。

4.3.6.1 各单位内审部门向本单位主要负责人实行定期（季度、年度）报告制，重大问题特别（及时）报告制。

4.3.6.2 各单位内审部门向上一级内审部门实行定期（季度、年度）报告制，重大问题特别（及时）报告制；依据上级布置的专项审计或调查，实行专项报告制。

4.3.6.3 审计项目计划执行情况报告的主要内容是计划进度、发现的问题及处理的方式、建议、措施等。

4.3.6.4 各级内审部门应建立后续审计制度。

后续审计是内审部门派员到被审计单位，检查审计决定中规定的事项是否认真执行而进行的审计，是保证审计工作发挥应有效力的必要手段，其内容如下。

（1）检查采纳审计建议和审计决定执行情况。

（2）了解采纳审计建议和执行审计决定中的困难与问题。

（3）通过审计，被审计单位在严格自律强化管理方面的新措施、新变化。

4.4 职业道德和审计纪律

4.4.1 内部审计是集团公司内部控制体系的重要组成部分，审计人员是审计工作的实施主体，是集团实行审计监督的执行人员，因此必须讲求职业道德，严格遵守审计工作纪律，树立良好的职业形象。

4.4.2 审计人员应具备的职业道德如下。

4.4.2.1 坚持原则，依法审计。审计人员作为经济执法人员，必须严格依照国家的财经法规从事审计监督活动，实施依法审计，坚持原则，勇于同违反财经法纪的行为和不良倾向作斗争，维护国家财经法规的严肃性，打击经济领域内各种经济犯罪和违纪行为活动，从而达到审计查错纠弊、改善管理、提高经济效益的目的。

4.4.2.2 实事求是，客观公正。在具体实施审计中应将被审计单位取得的成绩、经验、问题和教训如实反映；在处理被审计单位或个人违反财经纪律的问题时，应依据经济法规条款处理，特别应注意经济法规颁布的时间与违反财经纪律的时间界限，现有制度不完善、不健全界限，有意和无意（业务水平低）等界限，尊重事实，以理服人，做到"一审二帮三促进"；审计报告所得出的审计结论和评价，要坚持公平、公正、公允的原则。

4.4.2.3 廉洁奉公，不徇私情。审计人员必须带头遵守国家法律、法规，执行财经纪律和企业内部规章制度，严于律己，廉洁奉公，不利用职权谋取私利。审计人员在执行任务时，必须依法审计，不徇私情，刚正不阿，做到"一身正气，两袖清风"。

4.4.2.4 工作认真，细致负责。审计工作的性质和特点要求审计人员必须以认真、细致、负责的态度对待审计工作，以真实的内容达到审计的目的。

4.4.2.5 保守秘密，忠于职守，恪尽职责。忠于职守是审计人员应尽的职责，对被审计单位需要保守的商业秘密应予以保密，以保护被审计单位的合法权益，有利于保证审计工组的顺利进行。

4.4.2.6 谦虚谨慎，平等待人。审计人员应树立良好的职业形象。

4.4.2.7 审计人员办理审计事项，与被审计事项有利害关系的，应当回避。

4.4.3 审计人员实施审计时，必须认真执行以下审计纪律。

4.4.3.1 对审计出的重大问题不得隐匿不报，否则是重大失职行为。

4.4.3.2 不得与被审计单位串通，编制虚假审计报告。

4.4.3.3 不得干预被审计单位的经营管理活动。

4.4.3.4 不得接受被审计单位的馈赠、报酬、福利待遇，不得在被审计单位报销费用。

4.4.3.5 不得在实施审计期间内参加被审计单位以外用公款的宴请、娱乐、旅游等活动以及利用职权为个人谋取私利。

4.4.3.6 不得泄露审计涉及被审计单位的秘密。

4.4.4 审计人员必须保守下列秘密。

4.4.4.1 企业产品、成本价格、销售计划、生产批量。

4.4.4.2 内部掌握的招标的标底，对外承包工程指标、劳务合作价格等。

4.4.4.3 对外投资的可行性报告、调查报告等。

4.4.4.4 其他需要保密的文件、材料等。在审计过程中，所有审计文件、审计材料、记录稿纸包括被审计单位提供的各种文件、材料等，要妥善保管，不得随意乱放和丢弃，不得带到公共场所。用过和作废的记录本及记录用纸，审计项目完成后应交给审计组长，除立卷归档者外，应定期清理，按规定销毁。

4.4.4.5 对审计工作提出的问题及审计处理意见，应按规定和程序与被审计单位有关人员交换意见。未经领导批准，不得向其他单位、部门和人员透露。

4.4.4.6 对审计报告（含原始材料）、审计决定和领导批示，未经审计报告签发者同意不得向外透露，更不得公开发表。

4.4.4.7 对向内审部门揭发问题的人、群众来信，以及外单位转来的有关资料，不管本人是否提出为其保密的要求，审计人员都要为其保密。

4.4.4.8 印发审计文件资料，应按规定划注密级，印发范围应严格按有关规定执行，不得随意扩大。未经对外公布的审计文件材料，不得带至公共场所，审计文件材料未经本单位领导批准，不得外借。

4.5 审计档案

4.5.1 审计档案是内审部门在审计活动中形成的具有保存价值的各种形式的真实记录，是考察审计工作、研究审计历史的依据，是各单位档案的重要组成部分。建立和管理审计档案是内审部门的重要任务。

4.5.2 审计档案的立卷工作应实行"谁审计，谁立卷""按项目立卷""边审计、边整理、审结卷成"的原则，定期移交，集中管理，不得长期存放在承办单位和个人手中。

4.5.3 审计档案资料主要包括以下内容。

4.5.3.1 内审部门下发的文件。

4.5.3.2 上级和集团公司及本单位领导对审计工作的批示、决定、讲话和批复等。

4.5.3.3 审计中形成的审计通知书、审计报告、审计工作底稿、审计意见书、审计决定、审计建议、有关文件和年度财务报表、账证、录音（像）带、照片等取证材料。

4.5.3.4 内审部门对被审计单位采取临时措施的文件决定。

4.5.3.5 后续审计材料。

4.5.3.6 职工来信来访及查处情况资料。

4.5.3.7 社会审计部门或集团公司所属内审部门报送备案的重要审计事项。

4.5.3.8 审计统计报表、年度审计项目计划、重要审计会议材料、审计工作总结、经验、制定的审计制度及其他有保存价值的文件资料。

4.5.4 审计项目档案立卷应注意以下事项。

4.5.4.1 一个审计项目可立一个卷或几个卷，一般不得将几个审计项目的文件材料合并立一个卷；跨年度审计项目，在项目审计终结年度立卷。

4.5.4.2 立卷材料排列一般顺序如下。

（1）结论性文件材料：采用逆审计程序按文件材料形成的顺序。

（2）证明性文件材料：按与审计报告所列问题和审计评价意见相对应的顺序。对审计证据、审计汇总工作底稿、分项目审计工作底稿、审计法规依据进行排列。

（3）立项性文件材料：按文件材料形成的时间顺序。

（4）审计案卷内每份或分组文件之间的排列规则如下。

①正件在前，附件在后。

②定稿在前，修改稿在后。

③批复在前，请示在后。

④批示在前，报告在后。

⑤重要文件在前，次要文件在后。

⑥汇总性文件在前，原始性文件在后。

（5）审计项目卷宗的归档时间：一般在该项目审计完后3个月内归档；年度审计项目必须在次年6月月末完成归档。

（6）审计项目卷宗归档，应采用适当的卷宗方法排列，并编制卷宗、案卷、目录等序号，以便于检索或查询。

4.5.5 审计档案的借阅应建立严格的登记手续，经单位负责人批准，按期归还。

4.5.6 审计档案应分长久、长期、短期进行保存，对超过期限的档案，应鉴定造册，内审部门提出申请并经内审部门所在单位领导批准方可销毁，并派人监销。审计档案的具体保存期限如下。

4.5.6.1 永久保存。上级内审部门及本单位领导交办的重大审计事项的通知、工作方案、审计报告、决定、审计底稿、证明材料等；重大的审计调查事项以及专案检查事项的有关材料。

4.5.6.2 长期保存（15~50年）。重要审计事项的审计通知、工作方案、审计报告、决定、审计底稿、证明材料等；比较重要的审计调查事项及专案检查事项的有关材料；员工来信来访的有关材料。

4.5.6.3 短期保存（5年以上，15年以下）。上级内审部门、集团公司领导及委托社会审计组织进行一般审计事项的审计通知、工作方案、审计报告、决定、审计底稿、证明材料等；一般的审计调查事项及专案检查事项的有关材料；基层内审部门上报的审计计划、总结、报告、决定、信息及其他一般性的相关材料。

拟定		审核		审批	

14-02 公司离任审计制度

××公司标准文件		××有限公司 **公司离任审计制度**	文件编号×× - ×× - ××	
版次	A/0		页次	第×页

1. 目的

为了加强对离任人员所负经济及项目责任的审计监督，促进其在任职期间增强自我约束的意识，同时通过对工作移交情况的监督和检查，以保持离任后原岗位工作的延续性，根据《××有限公司基本法》及《××有限公司内部审计制度》的有关规定，特制定本制度。

2. 适用范围

（1）公司所属各子公司、事业部、公司各大职能系统以及各片区、办事处、国内合资合作厂、境外分支机构、代表处、境外合资企业等机构的第一负责人在任期届满、内部调动和辞职时都须接受离任审计。

（2）其他负有经济及项目责任的人员的离任审计适用范围，以各大系统的离任审计实施细则中的规定为准。

3. 定义

负有经济及项目责任的人员如下。

（1）公司所属各子公司、事业部、公司各大职能系统以及各片区、办事处、国内合资合作厂、境外分支机构、代表处、境外合资企业等机构的第一负责人。

（2）各大系统内部与经济及投资工作关系密切的业务负责人和主要业务人员，这些业务包括但不限于财务、采购、市场、外协及各类合同管理和投资管理。

（3）其他特殊岗位的人员。离任审计是指上述负有经济及项目责任的人员因任期届满、调动、辞职等原因不再担任原职务时，对其任职期间所负经济及项目责任的落实情况，离任时工作移交的完整性，涉及技术及商业秘密人员的保密承诺情况，以及离职时个人与公司之间债权债务的结算情况进行核实和报告的内部鉴证及评价活动。

4.管理规定

4.1 离任审计的管理

4.1.1 管理机构。

公司离任审计的方针和政策由公司人力资源委员会确定。公司审计部负责对整个离任审计工作进行组织、协调和监督。

4.1.2 分级负责原则。

4.1.2.1 公司任命的各子公司、事业部、公司各大职能系统的第一负责人的离任审计由公司审计部组织实施。

4.1.2.2 国内合资合作厂、境外分支机构、境外代表处、境外合资企业的第一负责人的离任审计由公司审计部组织实施，也可以委托外部独立审计机构实施。

4.1.2.3 其他负有经济及项目责任的人员的离任审计由各大系统主管指定内部审计机构或其他内部管理部门负责，离任审计意见报公司审计部备案。

4.1.3 人员。

4.1.3.1 实施离任审计工作时应成立审计小组，审计小组的成员应当具备较高的政策水平，具备与审计业务相适应的专业知识和业务能力。审计过程中要充分利用公司内部各方面专家的力量，如有必要，经审计总监批准，可以聘请公司外部的有关专家或专业机构参与全程或部分审计事项。

4.1.3.2 审计人员与被审计人员有利害关系的，应当主动申请回避；被审计人员认为审计人员与其有利害关系可能影响审计公正的，有权申请审计人员回避。审计人员是否回避，由审计部门主管和被审计人员的上级领导共同商定。

4.1.3.3 审计人员必须坚持客观、公正的原则，必须保守实施离任审计中得悉的公司秘密。

4.1.4 工作职权。

实施离任审计的人员具有下列职权。

4.1.4.1 检查会计报表、账簿、凭证、资金和财产。

4.1.4.2 经管理部同意，查阅有关的文件、资料。

4.1.4.3 参加有关的会议。

4.1.4.4 对审计中的有关事项进行调查并索取证明材料。

4.1.4.5 对严重违反公司制度和规定以及侵犯公司权益的人员，提出追究责任的建议。

4.1.4.6 对阻挠、破坏审计工作以及拒绝提供有关资料的，经公司批准，可以采取必要的临时措施，并提出追究有关人员责任的建议。

4.1.4.7 提出改进管理、提高效益的建议及纠正、处理违反公司各项规章制度的行为的意见，检查审计结论的落实情况。

4.1.4.8 根据离任审计工作的需要，公司领导赋予的其他职权。

4.2 离任审计的内容及审计分工

4.2.1 审计内容。

4.2.1.1 对公司所属各子公司、事业部、公司各大职能系统以及各片区、办事处、国内合资合作厂、境外分支机构、代表处、境外合资企业等机构第一负责人进行的离任审计的内容如下。

（1）所负经济责任的落实情况。

① 对财、物等方面的内部控制是否存在重大缺陷。

② 财务收支等经济活动的真实性、合法合规性。

③ 债权债务的真实性及重大合同的执行情况。

④ 有无严重损失浪费和其他严重损害公司利益的行为。

（2）离任时工作移交是否完整、正确。

需移交的内容如下。

① 述职报告（包括对任职期内工作的回顾和总结以及对本岗位下步工作的计划）。

② 工作中的遗留问题及处理建议。

③ 个人所保管的业务档案、工作记录等。

④ 其他需移交的内容。

（3）离职时个人所欠公司的债务是否结算清楚。

（4）其他需要审计的事项。

4.2.1.2 对其他负有经济及项目合作责任的人员进行的离任审计的内容如下。

（1）所负经济及项目责任的落实情况。

① 任职期间涉及财务收支的经济活动的真实性、合法合规性，有无严重损失浪费或其他损害公司利益的行为。

② 任职期间涉及的各项经济合同的执行情况、债权债务的清理和催收情况。

③ 对外合作中的投资管理情况，如经济方面和文档等方面的管理。这些合作包括顾问合作项目和技术合作等。

（2）离任时工作移交是否完整、正确。

需移交的内容如下。

① 述职报告（包括对任职期内工作的回顾和总结以及对本岗位下步工作的计划）。

② 工作中的遗留问题及处理建议。
③ 商务活动中的债权债务关系，包括公司与对方公司之间及公司代表与对方代表或公司之间的债权债务关系。
④ 个人所保管的业务档案、工作记录等。
⑤ 其他需要移交的内容。
（3）离职人员要签署离职员工保密承诺书。
（4）离职时个人所欠公司的债务是否结算清楚。
4.2.2 审计分工。
4.2.2.1 上述离任审计的内容实行审计责任人分工负责制，分工原则如下。
（1）经济内容：审计部门、财务部门和被审计部门的指定人员。
（2）工作内容：本部门直接主管、接任人或指定人，审计部人员参与。
（3）涉密内容（分技术、商务、公共关系等）：公司或直接主管指定专人。
4.2.2.2 对每一位离任人员进行审计，要填相应的表格。表格中要明确写出每类内容参与审计的具体人。为保证审计效果，该表中审计人员要经过相关部门负责人批准方可进入审计。
4.2.2.3 在审计中，被审计人员认为审计人员不宜审计的部分内容可向相关最高负责人提出指定专人审计。
4.3 离任审计的工作程序
4.3.1 通知。
4.3.1.1 公司人力资源部和各系统管理部，根据本制度及实施细则中的规定，将需要进行离任审计的人员名单通知相应的审计机构。
4.3.1.2 承担离任审计任务的审计机构，对被审计单位发出审计通知书。
4.3.2 准备。
4.3.2.1 被审计单位接到审计通知书后，通知离任人员在5个工作日内准备好如下资料。
（1）离任时的述职报告及对遗留问题的解决办法和处理建议。
（2）工作移交的有关记录。
4.3.2.2 对子公司、事业部、各片区、办事处等机构的第一负责人进行审计时，被审计单位依照审计小组的要求提供有关资料，如单位财会和业务统计资料、单位历年年度工作总结报告、单位章程及内部管理制度、公司内部和外部检查机构出具的检查报告、离任时工作移交的审核记录、审计小组认为需要的其他资料。
4.3.2.3 审计机构对被审计人员的述职报告和被审单位所提供的资料进行分析研究，初步确定审计重点，拟就提纲，安排审计实施计划（包括审计范围、内容、小组成员、时间安排、工作分工等）。

4.3.3 就地审计。

4.3.3.1 离任审计工作一般采取就地审计的方式。

4.3.3.2 审计小组到达被审计单位后,立即召开一次有被审计人员(重要岗位离任时的审计还应有接任者)及被审计单位部分人员在场的会议,由审计小组介绍审计实施计划,离任时的审计还要确定离、接任责任的时间界限。

4.3.4 述职。

对各子公司、事业部、公司各大职能系统以及各片区、办事处、合资合作厂等机构第一负责人进行离任审计时,在审计小组参与下,根据具体情况,由被审计人员在本单位(中层以上)干部会议或其他适当的会议上作述职报告,并回答有关询问。

4.3.5 取证方式。

审计小组通过查阅有关的文件、资料,检查实物资产,向有关单位和个人查询等方式进行审计,并取得审计证据。

4.3.6 审计报告。

4.3.6.1 离任审计报告分详式离任审计报告和简式离任审计意见书两种。

4.3.6.2 离任审计报告的内容包括对被审计人员述职报告中所负经济责任落实情况真实性的审计意见、任职期内应由被审计人员承担责任的主要经济问题、对被审计人员工作移交情况的审计意见、其他审计意见和建议。离任审计报告应征求被审计人员及其上级领导的意见,并由被审计人员及其上级领导、审计小组三方认可。若无法达成一致意见,审计小组应将离任审计报告和被审计人员的书面意见一并上报审计机构的领导审定。

4.3.6.3 离任审计结束时由公司审计部出具离任审计意见书,离任审计意见书要送被审计人员及其上级领导、公司人力资源管理机构。

4.3.7 申诉。

被审计单位或被审计人员对离任审计意见书如有异议,可在接到离任审计意见书之日起10日内向上一级审计机构或公司人力资源委员会申请复审。受理复审的单位,应当在接到申请后30日内提出复审意见书,送被审计单位、被审计人员和有关部门。

4.3.8 审计期限。

4.3.8.1 审计期限是指从审计小组进驻被审单位开始,至提出离任审计意见书的时间。

4.3.8.2 对内部调动的审计应在15天内完成,对离职人员的审计可视具体情况确定审计期限,对市场人员出具离任审计意见书的时间不应超过6个月,对其他人员不应超过3个月。

4.3.9 立卷归档。

审计工作终结,组织实施审计的机构应将审计全过程中取得的资料立卷归档。

4.4 奖励及处理

4.4.1 奖励建议。

离任审计中发现被审计人员在业务经营和管理活动中效益显著、成绩突出的,审计小组可以向管理部门领导提出奖励建议。

4.4.2 审计处理。

4.4.2.1 对于重要岗位人员(经济、涉密)的审计,公司保留追诉权,并且对重要岗位的离职人员要有相应的经济担保。

4.4.2.2 审计过程中出现下列情况之一者,审计小组有权通知公司相关部门暂时冻结被审计人员在公司的权益。

(1)被审计人员工作移交不顺利、不清楚,致使上级主管无法接受。

(2)被审计人员没有提供任职期间的所负经济责任的情况报告。

(3)被审计人员经济账目尚未交代清楚,需要进一步查证落实。

(4)被审计人员经济账目虽已交代清楚,但所欠公司款项未做出偿还。

4.4.2.3 审计人员在审计中,如发现被审计人员有侵犯公司利益的行为,应立即向上级领导汇报,并通知有关部门冻结其在公司的所有权益;情节严重者可依照诉讼法的程序对其提起诉讼,以维护公司的合法利益。

拟定		审核		审批	

14-03　集团公司内部稽核制度

××公司标准文件		××有限公司 集团公司内部稽核制度	文件编号××-××-××	
版次	A/0		页次	第×页

1. 目的

为加强和规范集团公司的内部管理,建立和完善内部稽核制度,以保护公司资产的完整与安全,降低成本费用,防止内部管理过程的失控,履行各所属公司、各部门经济责任,实现集团公司经济效益最大化,特制定本制度。

2. 适用范围

本制度适用于公司和所属公司。

3. 管理权责

(1)集团公司内部控制实行"统一领导,分级管理"的内部管理体制。

(2)实施内部稽核制度的目标如下。

① 维护公司资产的完整和安全。

② 及时提供可靠的相关信息。

③ 减少不必要耗费，降低成本，实现集团公司经济效益最大化。
④ 避免或减少经营风险、财务风险、税务风险。
⑤ 促使集团公司及所属公司经营行为合理化。
⑥ 明确生产经营管理各环节的经济责任，保证所赋予的职责得到正确履行。

（3）集团公司内部控制的组织机构。

内部控制由集团公司分管领导直接领导，总裁办、人资行政部、资金结算部、研发中心、生产部、市场策划部等负责或参与实施。

4. 管理规定

4.1 研究开发过程内部稽核制度

4.1.1 研究开发过程内部稽核控制的目的是为了合理地规划、使用研究开发费用，减少损失，以较少的资金投入，争取最大的经济效益。

4.1.2 研究项目必须根据集团公司的研发程序进行分步实施，严格按照《设计开发控制流程》执行。研发项目的立项应该形成文件，通知相关部门。研发项目实行承包责任制。

4.1.3 集团公司按计划批准的研究开发项目，应按项目详细编制以进行资金预算，经集团公司主管领导审批后交公司财务部备案，财务部按进度计划拨付资金。

4.1.4 研发部门严格按预算使用资金，加强成本控制和费用管理。

4.1.5 研发部门应对每一个研发项目都进行中期论证和中期审计，以减少风险。

4.1.6 研究开发项目完成后，财务部应及时按项目编制决算报告，报公司审批后，结转研究开发成本。超过预算部分由主管领导批准后方能结转，并与研发项目承包责任制挂钩决算。

4.1.7 研究开发项目中途停止或失败，应及时分析原因，并提出处理意见，形成书面报告后报请公司审批。对由于个人徇私舞弊或责任事故造成研发项目重大损失的，应追究直接责任人的经济、法律责任和主要领导的相关责任。

4.2 生产、采购过程内部稽核制度

4.2.1 生产、采购过程内部稽核的目的是为了保证采购的物料能满足生产的需要；在保证存货质量的前提下，以最低的采购成本或生产成本取得所需要的存货；保证库存存货的真实性、合理性，将存货损失降到最低程度，避免生产过程中的不合理损耗。

4.2.2 所属各公司的生产计划、生产预算和生产日程安排与销售管理、存货管理相协调，有独立的生产部门和质量检验部门。

4.2.3 生产部门、财务部门须定期、准确和及时地向管理层提供繁简适度的生产报告与成本报告。

4.2.4 生产中的领料单、人工耗费单、工时卡由生产部门负责编制，并由生产监管人负责审核。

4.2.5 负责成本核算的会计人员汇总领料单、工时卡上的记录并与生产报告上的物料耗费、工时记录进行核对，如有差异，应及时向财务负责人汇报，财务负责人应在报送给管理层的会计报告中指出重大的差异。

4.2.6 所属各公司必须实行物料采购职务"三分离"制度，即物料采购部门与采购审批部门相分离，货物采购人和货物验收人相分离，付款审批人和付款执行人相分离。

4.2.7 采购部门根据生产计划、物料储备定额和库存情况编制材料采购计划，据此编制采购资金预算。采购部门应起到物料控制部门的作用。

4.2.8 生产部门提出货物采购申请，经采购部门会同财会部门对采购计划和采购资金预算进行审核，由生产经营主管领导批准后，采购部门办理订货。对外订货必须签订订货合同，明确相关的条款。

4.2.9 所属各公司采购部门在广泛收集市场价格、供应商信息的基础上，必须对大额的采购通过招标的方式选择供应商，在确保物料质量的情况下（经质检部门认可），以最低价格取得所需物料。

4.2.10 对日常生产过程中经常使用的材料，在实现比价格、比质量的情况下，应实行定点采购，以提高材料质量和降低采购成本。

4.2.11 货物验收的责任是在收到货物的数量和质量上达到订单的要求。对采购中的货物短缺、质量问题，应及时查明原因，明确责任，并出具验收报告，验收报告一式多联，分送会计、仓库和采购部门。

4.2.12 实现招标采购和定点采购的货物，要求供货单位有一定量的铺底资金。

4.2.13 在特殊情况下，确需预付采购货款的，由采购部门负责人和财务部门负责人审批，报经主管领导批准后，办理付款。付款后，采购业务人员必须在半个月内取得发票，仓库将货物验收入库，将发票和入库单交财务销账。在规定时间内未取得发票或未收到货物，将预付货款转作对采购业务员个人的应收款处理。

4.2.14 建立和健全存货管理制度，在任何情况下，仓库保管部门都要有适当的凭证来证明货物流动，领料单、出库单和提货单等单据应顺序编号，妥善保管，严格控制。

4.2.15 建立和健全存货盘存制度，在平时仓库保管员保持良好的存货永续盘存记录的基础上，及时与总分类账进行核对。定期盘点，对原料、辅料、包装材料的盘盈、盘亏、毁损，应及时填制"盘存报告单"，及时查明原因，明确责任。

4.2.16 对于库存存货的超定额损耗和由于仓库保管部门责任原因造成的盘亏、毁损，由仓库保管部门及责任人承担责任。

4.2.17 由于采购等因素造成材料毁损或报废的，应区分责任，分别由采购部门或其他相应部门及责任人承担责任。

4.2.18 定期对存货进行盘点。盘点由存货保管人以外的人员参与，并把盘点结果记录于盘点表。盘点表由专人审核。存货盘盈、盘亏、毁损和呆滞，形成书面文件，报请相关部门领导审批后才能予以正确入账。

4.3 销售过程内部稽核制度

4.3.1 销售过程内部稽核的目的是为了保证集团公司的营销目标和营销战略落实、营销价格政策符合集团公司整体利益，保证应收账款的真实性和可收回性，保证销售折扣的适度性和销售退回的合理处理。

4.3.2 制定与组织目标和组织战略协调一致的营销目标及营销战略，形成书面文件，并由董事会审核批准。所属各公司的营销政策应根据集团公司整体发展规划由集团公司统一制定有效的营销政策，合理确定销售价格、折扣率、销售提成等。

4.3.3 集团公司应对各所属公司营销政策的执行情况进行监督及检查。

4.3.4 向营销部门和会计部门、审计部门提供产品价目表。销售价格实现最低、最高限价制度，销售折扣率由集团公司统一制定，并有管理层的书面批准。集团公司应定期或不定期抽查价格执行情况。对违反价格政策的行为，一经发现，必须追究相关人员及主要领导的责任，并列入年终考核。

4.3.5 所属各公司销售、生产部门在接到销售人员的销售业务时，根据顾客的购货订单，编制产品需求和生产通知单，同时必须提供客户的资信情况，经营销负责人及公司财务部门审核后填报"销售合同申请表"，并将客户资信情况报公司财务部门备案。

4.3.6 所属各公司销售部门定期向管理层报告销售的实际情况以及实际与预算相比较的有关信息，报告内容的分类和详略程序应能满足高层管理的需求。应将销售额回笼作为对销售过程考核的一个最主要指标，以减少应收账款，增加经营活动现金流量。

4.3.7 应收账款应按客户、业务员及区域分设明细账，由专职财会人员负责电算化账的输入及辅助备查登记。登记内容除金额以外，还要包括合同号、销售单、销售日期、发票号等。回笼货款时，必须核对这些内容后逐笔核销。

4.3.8 应收账款由销售经办人员负责催收。财务部门应确定应收款回笼期（通常为3~6个月），应收账款年底按一定比例计提坏账准备，从考核费用中扣减，待应收款回笼后予以冲回。计提比例由所属各公司根据实际情况报公司董事会确定，以最大限度地减少坏账损失。

4.3.9 所属各公司财务部门应收账款明细账与销售台账应逐月核对相符。同时要求各公司财务部门必须至少按单位函证核实。对金额巨大、年限较长的重点客户和特殊客户，财会人员应会同销售人员进行实地核查，核查中出现的问题应区分责任及时按规定处理。

4.3.10 财务部门在季末对应收账款应进行账龄分析，对挂账时间长、资信较差的客户，应提醒有关人员及时催收。对财务部门已提出警告，发现擅自赊账销售应收款不能收回的，应追究相关部门和人员的责任。

4.3.11 产品销售由销售人员提出销售申请，营销部负责人审核报财务有关人员，审核价格、客户资信无误后交财务部开票。由于财务部门审核不当，造成错开销售单数量、品种，由财务部及相关人员承担一切损失，并列入年终考核。

4.3.12 物流部门负责产品销售货物运输，由专人检查发货单等有关凭证，并通过招标方式选择运输单位，并经过双方的协商和谈判签订货运合同。

4.3.13 非常规性销售（例如，销售使用过的办公室家具、车辆、办公设备、无用的生产设备和其他设备）需经管理层审批，并形成书面文件，报财务部进行相应的账务处理。对废品、废料的销售做好记录。

4.3.14 对营销部门职员进行适当的定向培训，并对其提供多种职业发展机会。

4.4 费用支出内部稽核制度

4.4.1 费用支出内部稽核的目的是通过有效控制，降低费用支出，提高公司经济效益。

4.4.2 费用支出控制的范围包括管理费用、销售费用、财务费用以及捐赠性支出。

4.4.3 销售费用、管理费用实行严格的预算控制制度。根据年初批准下达给各部门的预算，由各部门领导负责审核控制，单位财务部门把关，严格按预算执行，因特殊情况需要调整预算，各部门必须说明理由，报公司相关领导审查批准。

4.4.4 严格执行销售费用、管理费用报销审批手续制度，公司实行总经理"一支笔"审核制度，具体按《费用成本管理细则》执行。

4.4.5 财务部门对费用报销负有审核和支付责任。对超过预算而未经公司领导批准，手续不齐或违反规定的不予报销，并视不同情况列入年终考核。

4.4.6 对销售费用、管理费用中的可控费用支出超预算不得报销，也不得转入下年度列支。财务部门应及时向各部门通报预算执行情况。

4.4.7 财务部门对集团公司各部门和下属各公司销售费用、管理费用控制中存在的问题应及时报主管领导，采取措施予以解决，发现问题而未及时上报，由财务部门承担责任。

4.4.8 管理费用中重点控制的可控费用项目为办公费、差旅费、交际应酬费、会议广告费、修理费等。

4.4.9 差旅费开支按公司《差旅费管理规定》执行。

4.4.10 办公费用由办公室在年度预算范围内负责控制，对其中的印刷费应实行招标以降低印刷成本，通信费用严格按公司规定标准报销。办公费用超过预算，由办公室承担责任。

4.4.11 交际应酬费由各部门领导负责控制,超过预算部分财务部不予报销。

4.4.12 销售费用的控制原则上必须实行销售收入和销售费用相匹配。

4.4.13 销售费用应实行严格的预算管理制度,根据销售预算确定销售费用预算。由于客观因素需要调整销售费用预算的,必须根据预算制度规定的程序实行严格的逐级审批制度,未经规定程序审批而擅自增加的支出由单位主要负责人承担一切责任。

4.4.14 销售费用控制的重点项目是前期投入费用、广告费用、网络建设费用、促销及提成费用、运费等项目。

4.4.15 促销、提成费用及时间让利以回笼为基础按月结算支付,由销售单位财务部门和销售办事处控制。各月按实际回笼计算支付的费用不得超支,费用控制由各单位财务部门承担责任。

4.4.16 广告费用按广告费用预算控制。广告代理商按全年广告费用预算编制广告发布计划,交公司审批。广告发布后,各单位财务等部门根据年度预算及计划进度审查后支付。超预算及计划进度广告费用,财务部门拒绝支付,并定期审查组织外部的广告和促销代理机构提供的广告和促销服务。注意查明三点:合同的适当性;向外部的广告和促销代理机构支付的费用的正确性;与代理机构联系的密切性。

4.4.17 运输费根据销售数量实行随量控制,由各单位财务部门和物流储运部门承担责任。

4.4.18 财务费用控制的原则是合理地筹集生产经营所需的资金,并努力降低财务费用,减少财务风险。

4.4.19 资金结算部根据生产经营计划以及对外投资计划确定银行借款年度计划,报分管财务领导审批。

4.4.20 合理安排资金,及时办理银行借款的借入和归还手续。对逾期归还贷款而增加的逾期利息,若由于主观原因造成,则由资金结算部门相关人员承担责任。

4.4.21 集团公司及下属公司应控制对外赞助和捐赠支出,公司赞助和捐赠支出,由公司领导统一审批,并报财务部门备案及进行相关的账务处理。

4.5 对外投资内部稽核制度

4.5.1 对外投资内部稽核的目的是保证对外投资经过合理的审批程序和投资行为的合理性,确保投资收益的最大化,并使投资收益得到合理揭示。

4.5.2 对外投资内部稽核的范围包括集团公司本部及下属各公司对外股权投资(含全资子公司和控股子公司)和非控股股权投资。集团公司下属公司对外投资必须按规定程序报集团公司批准或由所在企业董事会批准。

4.5.3 公司对外投资方向的选择应考虑公司发展战略,原则上以占用市场份额的盈利为基础,并与集团公司现有产业结构形成互补,充分利用集团公司现有优势资源。

4.5.4 公司对外投资应充分考虑公司的投资能力,原则上对外投资总额不应超过公司净资产的50%,对投资回报时间短、投资收益大的项目,可适当加大投入。

4.5.5 对外投资形式可采用控制股权投资、管理股权投资,应尽可能地减少现金投资。

4.5.6 对外投资收益率的要求应视不同情况而定。对普通对外投资和非控股形式的股权投资,应规定最低收益率,原则上每年分红率不低于当年资本市场平均净资产收益率。对零净资产收购项目或被收购企业效益较差的公司战略投资项目,实现低成本扩张,并通过制定详细的重整措施,促使其扭亏为盈。

4.5.7 投资项目确定,公司投资管理部门应会同有关部门进行严格的科学的可行性分析,按集团公司投资决策程序审批后执行。

4.5.8 公司对外投资方案实施后,投资部门应及时对投资进行跟踪监督,定期提供投资资金使用情况、投资收益预测与发展前景等分析材料。

4.5.9 公司投资管理部门负责审查被投资单位年度会计报表,及时收取投资收益。

4.5.10 对收益高的投资项目,投资管理部门应就扩大投资或及时获利了结做出分析,形成书面报告交集团公司管理层审批。

4.5.11 对外投资应实行跟踪及动态管理,一旦发现投资中出现问题,投资管理部门应及时提出处理意见,供公司管理高层决策。

4.6 对外经济担保内部稽核制度

4.6.1 对外经济担保内部稽核的目的是为了有效地控制负债的发生,减少公司财务风险。

4.6.2 集团公司除为互保企业及下属公司提供一定额度的贷款担保外,不得对其他企业提供担保。

4.6.3 对互保企业的选择必须谨慎,互保企业必须具有与本公司同等的财务状况、经营成果和资信等级。

4.6.4 集团公司财务部门在全面了解财务状况和经营成果及资信情况的基础上,选择合适的互保企业,并经公司管理高层或董事会批准。

4.6.5 集团公司下属企业及互保企业的担保额度由需担保企业填写担保审批表,由集团公司资金结算部负责人审核,并出具书面意见后,报集团公司财务负责人和公司分管领导审核后,报董事会批准。

4.6.6 集团公司财务部门负责对互保企业的担保进行跟踪,如发生意外情况,应及时报请集团公司管理高层,采取相应的措施。

4.6.7 由于对互保企业的担保未能进行及时跟踪,而给公司造成损失的,根据责任大小及责任原因由资金结算部、财务负责人承担一定的责任,并列入绩效考核。

4.6.8 集团公司下属企业未经公司或其董事会批准不得为其他企业提供任何经济担保。根据需要，经公司或董事会批准，可以在当地选择一家已具相当规模、财务状况良好的互保企业进行互保，互保额度必须报集团公司批准。未经批准，擅自对外提供经济担保，集团公司应追究经办人的一切相关责任。

4.6.9 集团公司下属企业因互保单位选择不当或为互保企业提供的担保未进行及时跟踪而造成损失的，应追究下属企业财务部门负责人及有关领导的责任，并列入年终考核。

4.6.10 集团公司各下属企业月末应编制对外担保情况表上报集团公司，并应附相关说明。

4.7 集团资金内部稽核制度

4.7.1 集团公司资金内部稽核的目的是合理调配使用集团公司资金，提高资金使用效率，减少或有效控制资金风险。

4.7.2 集团公司内部资金控制制度包括货款支付控制制度和借款控制制度。

4.7.3 集团公司内部支付货款控制的目的是合理节约地使用资金，并对企业生产计划执行实施全面的监控。

4.7.4 生产部门因特殊原因（如季节性采购等）临时需要大量资金而不能解决时，报经集团公司财务部门审核、分管领导批准后由集团公司支付（按内部借款利率计算利息），从以后月份支付的货款中扣回。

4.7.5 集团公司内部货款支付由集团公司财务部、资金结算部负责人及部门负责人承担责任。

4.7.6 集团公司内部生产部门采购货物要根据生产预算编制采购计划，确定采购资金需用量。

4.7.7 采购部门根据采购计划采购，待货物入验收入库后，向财务部门提出付款申请，经财务负责人审核，企业主管领导批准后方可付款。

4.7.8 非特殊紧缺材料，未经财务负责人和分管领导批准不得预付货款。

4.7.9 对大宗招标材料采购，按招标价付款。实现招标采购和定点采购材料时要求对方有一定数量铺底资金作为基数，基数以上部分据实支付。

4.7.10 考虑货币时间价值，生产部门采购材料与支付货款之间应有一定间隔期。

4.7.11 财务部应逐日编制"财务收支情况表"（含每日货币资金收入、支出及结余情况）交各集团公司财务部负责人和分管领导。

4.7.12 集团公司内部借款控制的目的是合理调度资金，降低财务费用，提高内部资金使用效率。

4.7.13 集团公司根据实际情况赋予下属公司一定额度的贷款权，根据集团公司实际情况下达指定性贷款额度。

4.7.14 集团公司本部及各借款企业应根据实际情况灵活安排负债结构，充分利用或争取有利条件，尽可能降低资金成本。除特殊情况，不得有高于当前利率的借款，否则经办人员及资金结算部负责人、财务部负责人必须做出解释并承担相应的责任。

4.7.15 集团公司本部及下属公司无权对外提供贷款，否则，要追究经办人员及有关负责人的责任。

4.7.16 集团公司及有贷款权的下属公司应重视贷款的及时归还，非客观原因发生逾期而造成罚息或其他损失的，应追究直接责任人及有关负责人的责任。

4.7.17 集团公司根据下属各公司资金余缺情况及实际需要，有权在公司成员公司之间进行调剂。

4.7.18 为提高资金使用效率，公司对内部借款实现计息制度，除特殊情况外，对于内部借款公司必须及时归还并支付利息。

4.8 责任处罚

4.8.1 研究开发过程由于责任事故或个人徇私舞弊造成项目失败而给公司造成损失的，由相关人员及领导承担相应责任，列入绩效考核，并由公司领导做出处罚决定，触犯法律的，移送公安机关处理。

4.8.2 在生产、采购过程以及技改过程中，违反资金支付规定而给企业造成损失的，由相关业务人员及财务部门负责人承担责任，列入绩效考核，并根据情节，由各公司领导做出处罚决定。

4.8.3 在供产销过程中由于非客观原因造成原材料、半成品、产成品等存货盘亏、毁损而给公司造成损失的，由仓库保管人员及部门负责人承担责任，列入绩效考核，并根据情节由各企业领导做出处罚决定。

4.8.4 对销售过程中不按规定回笼货款、挪用公款，由责任人员及其部门负责人承担责任，由各企业领导做出处罚决定，责任人员移送司法机关处理。

4.8.5 资金结算部未对担保及时跟踪而给公司造成损失的，由经办人员及部门负责人承担责任，列入绩效考核，由各公司领导做出处罚决定，其中如果由于徇私舞弊而给公司造成损失的，移送司法机关处理。

4.8.6 集团公司下属公司未按规定报批，擅自对外投资、对外捐赠而给企业造成损失的，或违反集团公司规定给企业造成损失的，由下属公司领导承担责任，列入绩效考核，并由集团公司管理高层做出处罚决定。

拟定		审核		审批	

第15章 财务分析管理制度

本章阅读索引：

- 企业财务分析管理制度
- 财务报告编制与披露管理制度
- 内部控制制度——财务报告
- 财务分析报告管理制度

15-01 企业财务分析管理制度

××公司标准文件		××有限公司 企业财务分析管理制度	文件编号	××-××-××
版次	A/0		页次	第×页

1. 目的

为加强对企业生产经营活动的管理、监督和控制，准确评价企业的经营业绩，及时反馈预算执行差异情况，促进企业财务状况进一步优化，特制定本制度。

2. 适用范围

适用于本公司的财务分析工作。

3. 权责

财务部指派专人负责企业财务分析工作。

4. 管理规定

4.1 财务分析时间

财务部应根据实际需要进行日常、定期、不定期、专项分析。每月应提供一份财务指标分析报告，每季应召开一次经济活动分析会。

4.2 财务分析的基本要求

4.2.1 财务分析必须以准确、充分的财务数据、统计数据和其他资料为基础及依据。

4.2.2 财务分析应从实际出发，正确总结经验和教训，找出薄弱环节和关键性问题并提出改进措施。

4.2.3 根据财务分析的目的，针对实际情况，灵活选取各种有效的分析方法和分析指标。

4.3 财务分析的具体操作程序与要求

4.3.1 对比找出差距：实际与计划比较、实际同上期比较、实际同历史水平比较等，具体操作要求有以下3点：相比较的指标性质相同、包括的范围一致、代表的时间相同。

4.3.2 研究查明原因：找出差距后寻找产生差距的原因、影响因素。确定影响因素，应根据经济指标的客观联系，运用逻辑判断的方法来决定，如成本的高低，与工作量的增减、成本管理的好坏、市场情况及外部环境变化等有关。

4.3.3 计算确定影响程度：即对产生差距的影响因素从数量上确定其影响程度，既要分析绝对数，也要分析相对数。

4.3.4 总结提出建议：采用书面的方式，对生产经营活动进行总结和评价，针对存在问题提出建议，制定措施，提高管理水平。

4.4 财务分析中主要生产经营状况分析

4.4.1 从产量、产值、质量及销售等方面对企业本期的生产经营活动进行简单评价，并与上年同期水平进行对比说明。

4.4.2 成本费用分析。

（1）原材料消耗与上期对比增减变化情况，对变化原因做出分析说明。

（2）管理费用与销售费用的增减变化情况（与上期对比）并分析变化的原因，对业务费、销售佣金单列分析。

（3）以本期各产品产量大小为依据确定本企业主要产品，分析其销售毛利，并根据具体情况分析降低产品单位成本的可行途径。

4.5 利润分析

4.5.1 分析主要业务利润占利润总额的比例。

4.5.2 对各项投资收益、汇总损益及其他营业收入做出说明。

4.5.3 分析利润达成情况及其原因。

4.6 存货分析

4.6.1 根据产品销售率分析本企业产销平衡情况。

4.6.2 分析存货积压的形成原因及库存产品完好程度。

4.6.3 本期处理库存积压产品的分析，包括处理的数量、金额及导致的损失。

4.7 应收账款分析

4.7.1 分析金额较大的应收账款形成原因及处理情况，包括催收或上诉的进度情况。

4.7.2 本期未取得货款的收入占总销售收入的比例，如比例较大的应说明原因。

4.7.3 应收账款中非应收货款部分的数量，包括预付货款、定金及借给外单位的款项等，对于借给外单位和用作其他用途而挂应收账款科目的款项应单独列出并作出说明。

4.7.4 应对应收账款进行季度、年度账龄分析，予以分类说明。

4.8 负债分析

4.8.1 根据负债比率、流动比率及速动比率分析企业的偿债能力及财务风险的大小。

4.8.2 分析本期增加的借款的去向。

4.8.3 季度分析和年度分析应根据各项借款的利息率与资金利润率的对比,分析各项借款的经济性,以作为调整借款渠道和计划的依据之一。

4.9 其他事项分析

4.9.1 对发生重大变化的有关资产和负债项目做出分析说明(如长期投资等)。

4.9.2 对数额较大的待摊费用、预提费用超过限度的现金余额做出分析。

4.9.3 对其他影响企业效益和财务状况较大的项目及重大事件做出分析说明。

4.10 撰写财务分析报告

4.10.1 财务分析结束后,分析人员应及时编制财务分析报告,按照规定时间报送相关领导。

4.10.2 财务分析报告中提供的资料必须真实、准确、完整,如实反映情况;分析的结果要客观、科学,具有指导性。

4.10.3 财务分析报告的标题应尽量简洁,而且要突出中心思想。

4.10.4 条财务分析报告的结构。

一般情况下,财务分析报告的结构包括以下三部分。

(1)基本情况分析,主要包括财务分析报告的分析期以及企业在分析期内的经营状况等。

(2)各项指标的完成情况及分析。

(3)建议和要求,即应根据企业的具体情况,在财务分析报告中有针对性地提出一些建议。

4.10.5 财务分析报告的起草。

财务分析报告由财务分析主管负责组织起草。财务分析人员先拟定报告的编写提纲,然后在提纲框架的基础上,依据所搜集整理的资料,选择恰当的分析方法,起草财务分析报告。

4.10.6 财务分析报告的修改和审定。

财务分析报告经财务分析主管审定后,由财务部经理审核,并提出自己的修改意见,再经财务分析人员完善后,交主管领导审批。主管领导将财务报告审定后,由财务分析人员填写编制单位、编制日期,加盖公章。

| 拟定 | | 审核 | | 审批 | |

15-02 财务报告编制与披露管理制度

××公司标准文件		××有限公司 财务报告编制与披露管理制度	文件编号××-××-××	
版次	A/O		页次	第×页

1. 目的

为了规范公司财务报告编制与披露，防范不当编制与披露行为可能对财务报告产生的重大影响，保证会计信息的真实、完整，根据国家有关法律、法规和《企业内部控制基本规范》《企业内部控制应用指引》等制定本制度。

2. 适用范围

（1）本制度适用于公司财务报告编制与披露管理。

（2）本制度所称财务报告，是指公司对外提供的反映公司某一特定日期财务状况和某一会计期间经营成果、现金流量等会计信息的文件。

①财务报告包括财务报表及其附注和其他应当在财务报告中披露的相关信息和资料。财务报表包括资产负债表、利润表、现金流量表、股东权益变动表等报表。

②附注是对在资产负债表、利润表、现金流量表和股东权益变动表等报表中列示项目的文字描述或明细资料，以及对未能在这些报表中列示项目的说明等。

③附注应当披露财务报表的编制基础，相关信息应当与资产负债表、利润表、现金流量表和股东权益变动表等报表中列示的项目相互参照。

3. 岗位分工与职责安排

（1）公司应当建立财务报告编制与披露的岗位责任制，明确相关部门和岗位在财务报告编制与披露过程中的职责与权限，确保财务报告的编制与披露和审核相互分离、制约及监督。

（2）公司全体董事、监事和高级管理人员对财务报告的真实性及完整性承担责任。

（3）公司财务部门是财务报告编制的归口管理部门，其职责包括：收集并汇总有关会计信息；制定年度财务报告编制方案；编制年度、半年度、季度、月度财务报告等。

（4）公司内部参与财务报告编制的各单位、各部门应当及时向财务部门提供编制财务报告所需的信息，并对所提供信息的真实性和完整性负责。

（5）公司应当建立投诉举报机制，在确保维护举报人员权益的同时，及时向董事会及其审计委员会报告财务舞弊或造假行为。

（6）公司有关人员对授意、指使、强令编制虚假或者隐瞒重要事实的财务报告的情形，有权拒绝并及时向有关部门和人员报告。

4. 管理规定

4.1 本制度重点关注涉及财务报告编制与披露的下列风险

4.1.1 财务报告编制与披露违反国家法律、法规，可能遭受外部处罚、经济损失和信誉损失。

4.1.2 财务报告编制与披露未经适当审核或超越授权审批，可能因重大差错、舞弊、欺诈而导致损失。

4.1.3 财务报告编制前期准备工作不充分，可能导致结账前不能及时发现会计差错。

4.1.4 纳入合并报表范围不准确，调整事项或合并调整事项不完整，可能导致财务报告信息不真实、不完整。

4.1.5 财务报告披露程序不当，可能因虚假记载、误导性陈述、重大遗漏和未按规定及时披露导致损失。

4.2 财务报告编制与披露内部控制的基本要求

4.2.1 职责分工、权限范围和审批程序应当明确规范，机构设置和人员配备应当科学合理。

4.2.2 有关对账、调账、差错更正、结账等流程应当明确规范。

4.2.3 起草财务报告、校验、编制财务情况说明书、审核批准等流程应当科学严密。

4.2.4 财务报告的报送与披露流程应当符合有关规定。

4.3 财务报告编制准备及其控制

4.3.1 公司财务部门应当制定年度财务报告编制方案，明确年度财务报告编制方法、年度财务报告会计调整政策、披露政策及报告的时间要求等。年度财务报告编制方案应当经公司财务部负责人核准后签发至各参与编制部门。半年度、季度、月度财务报告，可以参照年度财务报告编制方案。

4.3.2 公司应当制定对财务报表可能产生重大影响的交易或事项的判断标准。对财务报表可能产生重大影响的交易或事项，应当将其会计处理方法及时提交董事会及其审计委员会审议。

公司不得随意变更会计政策，调整会计估计事项。公司应当将涉及变更会计政策、调整会计估计的事项，及时提交董事会及其审计委员会审议。

公司在编制年度财务报告前，应当全面进行资产清查、减值测试和核实债务，并将清查、核实结果及其处理方法向董事会及其审计委员会报告。

4.3.3 公司应当避免出现漏记或多记、提前确认或推迟确认报告期内发生的交易或事项的情形，对交易或事项所属的会计期间实施有效控制。

4.3.4 公司必须在会计期末进行结账，不得为赶编财务报表而提前结账，更不得预先编制财务报表后结账。

4.3.5 公司应当及时对账，将会计账簿记录与实物资产、会计凭证、往来单位或者个人等进行相互核对，保证账证相符、账账相符、账实相符。

公司应当建立规范的账务调节制度和各项财产物资及结算款项的清查制度，明确相关责任人及相应的处理程序，避免发生账证不符、账账不符、账实不符的情形。

公司应当根据实际情况制定重大调账事项的标准,明确相应的报批程序。

4.4 财务报告编制及其控制

4.4.1 公司应当按照国家统一的会计准则制度规定的财务报表格式和内容,根据登记完整、核对无误的会计账簿记录和其他有关资料编制财务报表,不得漏报或者任意进行取舍。

4.4.2 公司可以通过人工分析或利用计算机信息系统自动检查财务报表之间、财务报表各项目之间的钩稽关系是否正确,重点对下列项目进行校验。

(1)财务报表内有关项目的对应关系。

(2)财务报表中本期与上期有关数字的衔接关系。

(3)财务报表与附表之间的平衡及钩稽关系。

4.4.3 公司应当真实、完整地在财务报表附注和财务情况说明书中说明需要说明的事项。

4.4.4 公司发生合并、分立情形的,应当按照国家统一的会计准则制度的规定,做出恰当的会计判断,选择合理的会计处理方法,编制相应的财务报告。财会部门应将会计处理方法及其对财务报告的影响及时提交董事会和审计委员会审议。

4.4.5 公司在终止营业和清算期间,应当全面清查资产和核实债务,按照国家统一的会计准则制度的规定,编制财务报告。

4.4.6 公司编制合并财务报表时,应当按照国家统一的会计准则制度的规定,明确合并财务报表的编制范围,不得随意调整合并报表的编制范围。财务部门应将确定合并财务报表编制范围的方法以及发生变更的情况及时提交董事会和审计委员会审议。

4.5 财务报告的报送与披露及其控制

4.5.1 公司应当明确财务报告报送与披露的程序,确保在规定的时间,按照规定的方式,向内部相关负责人及其外部使用者及时报送财务报告。根据国家法律、法规及部门规章的规定,及时披露相关信息,确保所有财务报告使用者同时、同质、公平地获取财务报告信息。

4.5.2 公司应当根据国家法律、法规和有关监管规定,聘请会计师事务所对公司年度财务报告进行审计,并对选聘会计师事务所做出明确的规定,严格执行相应的标准和程序,报董事会和审计委员会审议,并报股东大会批准。

4.5.3 公司财务部负责人和总经理应与负责审计的注册会计师就其所出具的初步审计意见进行沟通。沟通的情况及意见应经公司财务部负责人和总经理签字确认后,及时提交审计委员会审议。

4.5.4 审计委员会应当审议会计师事务所正式出具的审计报告,评价本年度会计师事务所的审计工作情况,提出下一年度会计师事务所的选聘意见,审议、评价及选聘意见应及时报送董事会审批,并根据国家法律、法规和有关监管规定履行相关信息披露义务，确保信息披露的真实和完整。

4.5.5 公司应当按照国家法律、法规和有关监管规定，将经过审计的财务报告装订成册，加盖公章，并由公司法定代表人、主管会计工作的公司负责人、会计机构负责人签名。

附：

集团有限公司财务分析报告撰写要求

为了规范公司的财务分析内容和格式，切实做好财务分析工作，根据集团财务分析制度的相关规定，现就企业财务分析报告的撰写工作，提出如下要求。

一、报告内容

主要分为：报告目录、重要提示、报告摘要、财务状况分析、问题重点综述及相应的改进措施六部分。报告目录是指报告所分析的内容及所在页码；重要提示是指本期报告新增的内容，或须加以重大关注的问题；报告摘要是对本期报告内容的高度概括。

二、报告摘要的具体内容

（一）对利润表的分析

利润表分析内容

季度实际	预算数	同比/%	累计实际	预算数	同比/%
销售收入					
毛利					
毛利率					
销售费用					
管理费用					
财务费用					
利润					

（1）销售收入变化原因：与预算和同期都要比较；上升/下降的主要产品；由于价格变化的收入或由于销量变化的收入。

（2）毛利：绝对值和毛利率变化原因。

（3）费用：变化原因。

（4）利润：变化原因。

（二）对资产负债表和现金流量表的分析

资产负债表和现金流量表分析内容		
期末余额	年初余额	变化/%
存货		
应收账款		
超半年应收账款		
超1年应收账款		
负债		
现金流量		

（1）存货变化原因：分原材料和产成品。

（2）应收款变化原因：特别是超半年和超1年款项的变化原因。

（3）负债变化原因。

（4）现金流变化原因。

三、财务状况分析和问题重点综述

财务状况分析和问题重点综述及相应的改进措施为分析报告的正文部分，要求各项指标都要同预算和同期进行比较，说明增减变化原因，具体内容及要求见第六条至第十一条。

四、生产经营状况分析

销售收入的变化原因，主要分析产品的各项影响因素，各项影响因素的影响金额，以及新产品对销售收入的影响等。

五、成本费用分析

（1）营业成本与上期对比增减变化情况，对变化原因做出分析说明。

（2）毛利收入变化原因，尤其是主要品种的毛利的变化原因，并根据具体情况分析降低产品单位成本的可行途径。

（3）管理费用、营业费用和财务费用的增减变化情况（与上年同期对比）并分析变化的原因。管理费用变化原因，除分析主要变化原因外，还要注明每期工资、存货核销的额度；销售费用变化原因，重点分析广告费用的变化原因，如有新产品推出要重点分析新产品广告费投入情况，其余非广告支出营业费用变化也要注明变化原因；财务费用变化原因，重点分析利息收入变化原因及利息支出变化原因。

（4）分析其他营业外收入/支出变化原因。

六、利润分析

（1）分析主要业务利润占利润总额的比例。

（2）对各项投资收益、汇总损益及其他营业收入做出说明。

（3）分析利润完成情况及其原因。

（4）分析所得税税率变化原因。

（5）分析少数股东损益变化原因。

七、资金的筹集与运用状况分析

（一）存货分析

（1）根据产品销售率分析本公司产销平衡情况。

（2）分析存货积压的形成原因及库存产品完好程度。

（3）本期处理库存积压产品的分析，包括处理的数量、金额及导致的损失。

（二）应收账款分析

（1）分析应收账款周转时间变化的原因，尤其是对较大额度的应收账款形成原因及处理情况，包括催收或上诉的进度情况。

（2）本期未取得货款的收入占总销售收入的比例，如比例较大的应说明原因。

（3）应收账款中非应收货款部分的数量，包括预付货款、定金及借给外单位的款项等，而挂应收账款科目的款项应单独列出并做出说明。

（4）应对应收账款进行季度、年度账龄分析，予以分类说明。

（三）应付账款分析

分析应付账款周转时间变化的原因，尤其是对较大额度的应付账款形成的原因及预计支付的时间。

八、负债分析

（1）根据负债比率、流动比率及速动比率分析企业的偿债能力及财务风险的大小。

（2）分析本期短期、长期借款的变化原因，新增借款要注明借款的去向。

（3）季度分析和年度分析应根据各项借款的利息率与资金利润率的对比，分析各项借款的经济性，以作为调整借款渠道和计划的依据之一。

（4）分析应付工资的变化原因。

九、现金流分析

（1）现金流入分析。对经营、投资、筹资活动现金流入的途径进行分析，分析各项现金流入所占比例及增减变动原因，并统计当期企业持有的银行承兑汇票额及计划使用的途径。

（2）现金流出分析。对经营、投资、筹资活动现金流出的途径进行分析，分析各项现金流出所占比例及增减变动原因。

（3）流入流出比分析。分析经营活动流入流出比、投资活动流入流出比、筹资活动流入流出比及原因。

（4）需要特别说明的是影响现金流变化的因素。

十、其他事项分析

（1）财务分析模板强调的事项分析。

①分析息税折旧摊销前利润的变动原因，主要从财务费用、所得税、折旧、摊销几个方面分析进行原因。

②根据报表分析模板统计新增固定资产、新增在建工程以及主要变动原因和固定资产投资计划。

③分析净贷款的变动原因。

④分别计算净贷款/分析息税折旧摊销前利润、净贷款/股东权益、分析息税折旧摊销前利润/利息支出，公司将根据实际情况制定考核以上三项指标的标准。

（2）对发生重大变化的有关资产和负债项目做出分析说明（如长期投资等）。

（3）对数额较大的待摊费用、预提费用超过限度的现金余额做出分析。

（4）对其他影响企业效益和财务状况较大的项目和重大事件做出分析说明。

十一、通过财务报表对存在的问题提出解决措施和途径

（1）根据分析结合具体情况，对企业生产、经营提出合理化建议。

（2）对现行财务管理制度提出建议。

（3）总结前期工作中的成功经验和整改后的效果。

拟定		审核		审批	

15-03 内部控制制度——财务报告

××公司标准文件		××有限公司 内部控制制度——财务报告	文件编号××-××-××	
版次	A/0		页次	第×页

1. 目的

为了规范某某公司（以下简称"公司"）财务报告的编报，保证会计信息的真实、完整，根据《中华人民共和国会计法》《企业内部控制基本规范》等法律、法规，特制定本制度。

2. 适用范围

（1）本制度适用于财务报告的内部控制。

（2）本制度所称财务报告（又称财务会计报告，下同），是指对外提供的反映公司某一特定日期的财务状况和某一会计期间的经营成果、现金流量等会计信息的文件。

财务报告包括财务报表和其他应在财务报告中披露的相关信息及资料。财务报表至少应当包括资产负债表、利润表、现金流量表、所有者权益变动表等报表和附注。

3. 职责分工与授权批准

（1）公司应建立财务报告编制与报送的岗位责任制，明确相关部门和岗位的职责权限，确保财务报告的编制与报送和审核相互分离、制约和监督。

（2）公司负责人对财务报告的真实性、完整性负责，公司全体董事、监事和高级管理人员对财务报告的真实性及完整性承担责任。

（3）公司财务部门是财务报告编制的归口管理部门，其职责应包括但不限于：收集并汇总有关会计信息；制定年度财务报告编制方案；编制年度、半年度、季度、月度财务报告等。

（4）公司内部参与财务报告编制的各单位、各部门应及时向财务部门提供编制财务报告所需的信息，并对所提供信息的真实性和完整性负责。

4.管理规定

4.1 公司在财务报告编制与报送过程中应加强的风险控制及采取的控制措施

4.1.1 财务报告编制与报送不得违反《中华人民共和国会计法》《企业会计准则》《企业会计准则——应用指南》《股票上市规则》等相关法律、法规的规定，避免遭受外部处罚、经济损失和信誉损失。

4.1.2 财务报告编制与报送必须经过授权审批和适当审核，避免发生重大差错、舞弊、欺诈而导致损失。

4.1.3 财务报告编制的准备工作应充分及时，确保及时发现会计差错，核实合并报表范围的准确性，减少由于差错可能导致的损失。

4.1.4 财务报告的编制不得存在虚假记载、误导性陈述、重大遗漏或对重大业务职业判断的偏差，避免导致损失。

4.1.5 财务报告的报送程序应适当，避免未按规定报送而导致损失。

4.2 公司在建立与实施财务报告编报的内部控制过程中应加强的关键方面或关键环节的控制

4.2.1 职责分工、权限范围和审批程序应明确规范，机构设置和人员配备应当科学合理。

4.2.2 有关对账、调账、差错更正、结账等流程应明确规范。

4.2.3 财务报告的编制、审核、批准等流程应科学严密。

4.2.4 财务报告的报送流程应符合有关规定。

4.3 财务报告编制准备阶段的控制

4.3.1 公司财务部门应制定年度财务报告编制办法，明确年度财务报告编制方法、年度财务报告会计政策及报送的时间要求等。

年度财务报告编制方案应经公司财务负责人核准后签发至各参与编制部门。半年度、季度、月度财务报告编制办法可以参照年度财务报告编制办法执行。

4.3.2 公司应制定对财务报表可能产生重大影响的交易或事项的判断标准。

对财务报表可能产生重大影响的交易或事项，应将其会计处理方法及时提交董事会和审计委员会审议。

公司应根据实际情况制定重大调账事项的标准,不得随意变更会计政策,调整会计估计事项。公司应将涉及变更会计政策、调整会计估计的事项,及时提交董事会和审计委员会审议。公司应对交易或事项所属的会计期间实施有效控制,不得漏记或多记、提前确认或推迟确认报告期内发生的交易或事项。

4.3.3 公司在编制年度财务报告前,应全面进行资产清查、减值测试和核实债权债务,并将清查、核实结果及其处理方法向董事会和审计委员会报告。

公司应建立规范的资产管理制度和各项财产物资、结算款项的清查制度,明确相关责任人及相应的处理程序,并及时对账,将会计账簿记录与实物资产、会计凭证、往来单位或者个人等进行相互核对,保证账证相符、账账相符、账表相符、账实相符。

4.3.4 公司必须在会计期末进行结账,不得为赶编财务报表而提前结账,更不得预先编制财务报表后结账。

4.4 财务报告编制的控制

4.4.1 公司应按照《企业会计准则》和《企业会计准则——应用指南》规定的财务报表格式和内容,根据登记完整、核对无误的会计账簿记录和其他有关资料编制财务报表,不得漏报或者任意进行取舍。

在报表编制过程中,对会计科目的合并、冲抵、分类、调整等过程应有适当审核,并保留相关记录。

4.4.2 公司应通过人工检查分析并利用计算机信息系统自动检查财务报表之间、财务报表各项目之间的钩稽关系是否正确,重点对下列项目进行校验。

4.4.2.1 财务报表内有关项目的对应关系。

4.4.2.2 财务报表中本期与上期有关数字的衔接关系。

4.4.2.3 财务报表与财务报告中相关信息之间的平衡及钩稽关系。

4.4.3 公司应真实、完整地在报表附注中披露需要说明的事项,但不应以附注披露代替在财务报表中的确认和计量。

4.4.4 公司发生合并、分立情形的,应按照《企业会计准则》《企业会计准则——应用指南》等相关制度的规定,做出恰当会计判断,选择合理的会计处理方法,编制相应的财务报告。

财务部门应将会计处理方法及其对财务报告的影响及时提交董事会和审计委员会审议。

4.4.5 公司在清算期间,应全面清查资产和核实债权债务,按照《企业会计准则》《企业会计准则——应用指南》的规定编制财务报告。

4.4.6 公司应按照《企业会计准则》《企业会计准则——应用指南》的规定,定期检查合并财务报表的编制范围,不得随意调整合并报表的编制范围。财务部门应将确定合并财务报表编制范围的方法以及发生变更的情况及时提交董事会和审计委员会审议。

4.5 财务报告报送的控制

4.5.1 公司应建立财务报告报送的管理制度，确保在月末、季末、年末，以电子文档、纸质文档等方式，向公司财务部门、财务负责人、公司负责人、董事会、监事会及外部使用者及时报送财务报告。

公司应根据国家法律、法规和有关规定，履行相关信息披露义务，确保信息披露的真实和完整，及时披露相关信息，确保所有财务报告使用者同时、同质、公平地获取财务报告信息。

4.5.2 公司应根据国家法律、法规和有关规定，聘请会计师事务所对公司财务报告进行审计。公司应建立聘请会计师事务所的制度，明确选聘的标准和程序，严格执行相应的标准和程序，报董事会及其审计委员会审议，经董事会及其审计委员会批准后，上报股东大会审议。

4.5.3 公司财务负责人和审计委员会应与负责审计的注册会计师就其所出具的审计意见进行沟通。最终沟通的情况及意见应经财务负责人签字确认后，及时提交审计委员会及董事会审议。

4.5.4 审计委员会应审议会计师事务所正式出具的审计报告，评价本年度会计师事务所的审计工作情况，提出下一年度会计师事务所的选聘意见，审议、评价及选聘意见应及时报送董事会审批。

4.5.5 公司应按照《企业会计准则》《企业会计准则——应用指南》的规定，将经过注册会计师审计的财务报告装订成册，加盖公章，并由公司负责人、财务负责人、会计机构负责人签名并盖章，并及时将经过审计的财务报告报送监管部门及有关部门备案。

拟定		审核		审批	

15-04　财务分析报告管理制度

××公司标准文件		××有限公司 财务分析报告管理制度	文件编号××-××-××	
版次	A/0		页次	第×页

1.目的

为有效地控制经营过程，促进××设备有限公司（以下简称"××公司"或"公司"）及下属各控股子公司围绕经营目标，挖掘现有潜力，找出差距和存在问题，采取有效措施，保证公司总体经营目标的实现，特制定本制度。

2. 适用范围

本制度适用××公司以及所属各控股子公司（××、××、××等）。分公司若未特别提及，等同于子公司运用本制度。

3. 定义

本制度所称财务分析报告是财务分析的书面文件，包括：公司概况，分析的内容，公司在经营活动过程中存在的问题和关键环节，针对问题和关键环节采取的措施，加强经营管理工作的建议和意见。财务分析报告要求内容真实、数字确凿、信息可靠。

4. 管理规定

4.1 财务分析报告编制

4.1.1 各子公司财务部门应于年度终了、季度终了、月度终了，按照公司财务部统一部署编制年、季、月财务会计报表，收集其他部门提供的分析资料，将各项分析指标进行对比，对其差异进行分析，找出原因，提出改进措施和加强管理的建议。

4.1.2 各子公司的财务分析报告应按规定时间报送，季度财务分析报告于季末次月15天内报送××公司财务部，年度财务分析报告于年后20天内报送。

4.1.3 财务分析报告以财务报表和其他资料为依据和起点，统一采用对比分析法（与计划、与上年同期实际比），系统分析和评价公司的过去和现在的经营成果、财务状况及其变动，财务分析要遵循"差异–原因分析–建议措施"的原则，最终形成财务分析报告。

4.1.4 财务分析报告的框架：报告目录–重要提示–报告摘要–具体分析–问题重点综述及相应的改进措施建议。

（1）"报告目录"告诉阅读者本报告所分析的内容及所在页码。

（2）"重要提示"主要是针对本期报告在新增的内容或须加以关注的重大问题事先作出说明，旨在引起领导的高度重视。

（3）"报告摘要"是对本期报告内容的高度浓缩，一定要言简意赅，点到为止。无论是"重要提示"，还是"报告摘要"，都应在其后标明具体分析所在页码，以便领导及时查阅相应分析内容。

（4）"具体分析"部分，是报告分析的核心内容。该部分要有一个好的分析思路。××公司财务报告的分析思路是，总体指标分析–总部情况分析–各子公司情况分析；在每一部分里，按本月分析–本年累计分析展开；再往下按盈利能力分析–销售情况分析–成本控制情况分析展开。如此层层分解，环环相扣，各部分间及每部分内部都存在着紧密的钩稽关系。

（5）"问题重点综述及相应的改进措施"，一方面是对上期报告中问题执行情况的跟踪汇报，同时对本期报告"具体分析"部分中揭示出的重点问题进行集中阐述，旨在将零散的分析集中化，再一次给领导留下深刻印象。

4.2 财务分析报告的运用

4.2.1 财务分析报告可以为公司领导层的经营决策提供有力的财务支持,是各公司内部报表,属于公司内部财务信息,只能由公司高层领导全面把握。

(1)子公司的财务分析报告,原则上只由子公司财务部门负责人、分管副总经理、总经理及××公司财务总监、财务部主任、审计部主任、分管副总经理、总经理、董事长查询并掌握。若子公司职能部门有查询财务分析报告信息的需求,应由子公司总经理审批。

(2)××公司财务分析报告,原则上只由财务总监、财务部主任、审计部主任、分管副总经理、总经理、董事长查询并掌握。若公司职能部门有查询各公司财务分析报告的需求,应由总经理审批。

4.2.2 财务分析报告作为财务分析例会重要的书面材料。

(1)各子公司必须定期召开财务分析例会,每季1次,于季末次月中旬召开。会议由总经理主持,各部门领导和有关人员参加。以财务部门为主进行分析,其他有关部门补充。发言人应对有关指标完成情况进行分析,找出主要原因和关键环节,提出整改措施。

(2)各子公司应指定专人负责记录,负责汇总整理分析资料并对会上讨论的问题和形成的决议整理成书面材料,连同财务分析报告上报××公司财务部。

(3)××公司财务部根据下属子公司报来的财务分析报告应于10日内完成汇总整理,并由总经理主持召开××公司的财务分析会,对各子公司存在的问题和解决问题的措施、建议形成会议纪要下发执行。半年和年度财务分析应向××公司董事会汇报。

附件

子公司财务分析报告提纲(参考样例)

一、**行业分析**(条件允许时考虑此部分并逐步完善)

(1)行业发展状况:行业销售规模(数量、价格)、增长率,细分市场(公司产品)销售规模、增长率,产品技术的改进、工艺技术的改进。(由战略投资部门提供资料)

(2)客户的状况:客户数量的变化,客户的发展状况,客户需求预测,客户最关注的产品性能、服务方面。(由市场部门提供资料)

(3)供应商状况:主要原材料供应商数量的变化,供应商的发展状况,供应成本方面的变化、原材料质量方面的变化、付款条件的变化。(由采购部门提供资料)

(4)竞争者状况:主要竞争者市场份额的变化,竞争者的产能规模,销售价格、销售条件的变化,竞争者的基本策略。(由战略投资部门和市场部门提供资料)

(5)潜在的市场进入者。(由战略投资部门和市场部门提供资料)

（6）替代品的威胁。（由战略投资部门和市场部门提供资料）

（7）机会与威胁。以上方面对公司而言的机会和威胁。（由战略投资部门提供资料）

二、竞争策略分析（条件允许时考虑此部分并逐步完善）

（1）公司竞争策略和主要措施，计划目标的实现程度。（由战略投资部门提供资料）

（2）公司财务对竞争策略和主要措施支持的分析。（主要是资金数量）

三、财务分析

1. 基本分析框架

$$资本收益率 = 销售利润率 \times 资产周转率 \times 财务杠杆$$

或

$$资本收益率 = \frac{利润}{销售收入} \times \frac{销售收入}{资产} \times \frac{资产}{资本}$$

2. 销售利润率分析（损益表分析）

根据损益表分析公司各项成本费用占销售收入比率的历史比较和与竞争对手的比较：销售成本（原材料、工资、制造费用）、财务费用、销售费用、管理费用、税收、利润相对上期增减变化情况，及其占销售收入比例的变化，对变化原因做出分析说明，并提出改进建议。

3. 资产周转率分析

（1）总资产周转率。历史比较与横向比较，原因分析与建议。

（2）流动资金周转率。历史比较与横向比较，原因分析与建议。

（3）应收账款周转率。历史比较与横向比较，原因分析与建议。

（4）存货周转率。历史比较与横向比较，原因分析与建议。

（5）应付账款周转率。历史比较与横向比较，原因分析与建议。

$$应收账款周转天数 = \frac{应收账款平均占用额 \times 30}{本月赊销收入净额}$$

（6）流动资金周转天数。历史比较与横向比较，原因分析与建议。

$$流动资金周转天数 = \frac{全部流动资金平均占用额 \times 30}{本月销售收入净额}$$

（7）存货周转天数。历史比较与横向比较，原因分析与建议。

$$存货周转天数 = \frac{存货平均占用额 \times 30}{本月销售成本总额}$$

4.财务杠杆

（1）流动比率。历史比较与横向比较，原因分析与建议。

（2）速动比率。历史比较与横向比较，原因分析与建议。

（3）资产负债率。历史比较与横向比较，原因分析与建议。

（4）已获利息倍数。历史比较与横向比较，原因分析与建议。

（5）资本负债率。历史比较与横向比较，原因分析与建议。

（6）财务杠杆。历史比较与横向比较，原因分析与建议。

5.其他事项分析

（1）对发生重大变化的有关资产和负债项目的分析说明（如长期投资等）。

（2）对数额较大的待摊费用、预提费用的分析。

（3）对其他影响企业效益和财务状况较大的项目及重大事件做出分析说明。

四、建议

（1）对市场部门的建议。

（2）对生产部门的建议。

（3）对技术开发部门的建议。

（4）对物料部门的建议。

（5）对其他部门的建议。

五、预测

（1）销售量与销售额预测。

（2）销售成本预测。

（3）销售利润率预测。

（4）销售费用预测。

（5）管理费用预测。

（6）利润预测与资本收益率预测。

| 拟定 | | 审核 | | 审批 | |

第 3 部分

财务管理表格

第 3 部分
175 张表格
请扫码下载使用

　　财务管理表格是指企业开展财务管理所留下的记录，是用以证明财务管理体系有效运行的客观证据。财务管理记录可以提供各项财务管理事务符合要求及有效性运作的证据，具有可追溯性、证据并据此采取纠正和预防措施的作用。

　　本部分共分为11章，如下所示：
- 财务管理表格概述
- 财务预算管理表格
- 筹资管理表格
- 投资管理表格
- 资产管理表格
- 成本费用管理表格
- 会计核算管理表格
- 往来账款管理表格
- 税务管理表格
- 企业内部审计管理表格
- 财务分析管理表格

第16章 财务管理表格概述

本章阅读索引：

- 表格登记过程中常见的问题
- 表格的设计和编制要求
- 表格的管理和控制
- 财务管理模块及表格概览

企业管理中的各类表格主要用于记载过程状态和过程结果，是企业质量保证的客观依据，为采取纠正和预防措施提供依据，有利于业务标识和可追溯性。

16-01 表格登记过程中常见的问题

表格在登记过程中常见以下问题。

（1）盲：表格的设置、设计目的、功能不明，不是为管理、改进所用，而是为了应付检查（如在填写质量报表时，本来应该真实记录，但为了应付检查而更改）。

（2）乱：表格的设置、设计随意性强，缺乏体系考虑，表格的填写、保管、收集混乱，责任不清。

（3）散：保存、管理分散，未作统一规定。

（4）松：记录填写、传递、保管不严，日常疏于检查，达不到要求，无人考核，且有丢失和涂改现象严重。

（5）空：该填不填，空格很多，缺乏严肃性、法定性。

（6）错：写错别字，语言表达不清，填写错误。

16-02 表格的设计和编制要求

（1）表格并非越多越好，正确的做法是只选择必要的原始数据作为记录。

（2）在确定表格的格式和内容的同时，应考虑使用者填写方便并保证能够在现有条件下准确地获取所需的信息。

（3）应尽量采用国际、国内或行业标准，对表格应废立多余的，修改不适用的，沿用有价值的，增补必需的，应使用适当的表格或图表格式加以规定，按要求统一编号。

16-03　表格的管理和控制

表格的管理和控制要满足如表16-1所示的要求才能更好地被追溯。

表16-1　表格的管理和控制要求

序号	管理项目	说明
1	标识	应具有唯一性标识，为了便于归档和检索，记录应具有分类号和流水号。标识的内容应包括表格所属的文件编号、版本号、表号、页号。没有标识或不符合标识要求的记录表格是无效的表格
2	储存和保管	记录应当按照档案要求立卷储存和保管。记录的保管由专人或专门的主管部门负责，应建立必要的保管制度，保管方式应便于检索和存取，保管环境应适宜可靠、干燥、通风，并有必要的架、箱，应做到防潮、防火、防蛀，防止损坏、变质和丢失
3	检索	一项管理活动往往涉及多项表格，为了避免漏项，应当对表格进行编目，编目具有引导和路径作用，便于表格的查阅和使用，通过查阅各项表格可以对该项管理活动有一个整体的了解
4	处置	超过规定保存期限的表格，应统一进行处理，重要的含有保密内容的表格须保留销毁记录

16-04　财务管理模块及表格概览

本书为企业的财务管理提供了一些实用的表格范本供参考，具体包括如表16-2所示的几个方面。

表16-2　实用的必备财务管理表格

序号	管理模块	表格名称
1	财务预算管理表格	长期投资和短期投资预算表
		固定资产购置预算表
		销售收入预算总表
		××商品销售预测表
		××服务收入预算表（含项目开发）
		销售成本预算总表
		采购现金支出预测表
		××存货预测表
		费用预算总表
		现金流量预算表
		财务费用预算表
		利润预算表
		预计损益表

续表

序号	管理模块	表格名称
1	财务预算管理表格	预计资产负债表
		资本性支出预算表
		融资预算表
		制造费用预算表
		销售费用预算明细表
		直接成本预算表
		管理费用预算表
		成本预算执行反馈月（季、年）报
		费用预算执行反馈月（季、年）报
		利润预算执行反馈月（季、年）报
		预算反馈报告频率表
2	筹资管理表格	筹资需求分析表
		企业借款申请书
		长期借款明细表
		短期借款明细表
		借款余额月报表
		费用支付月报表
		企业融资成本分析表
		实收资本（股本）明细表
3	投资管理表格	企业年度投资计划表
		投资绩效预测表
		长期股权投资明细表
		持有至到期投资测算表
		交易性金融资产监盘表
		投资收益分析表
		长期投资月报表
		短期投资月报表
		重要投资方案绩效核计表
		投资方案的营业现金流量计算表
		投资收益明细表
4	资产管理表格	资金收入、支出计划表
		货币资金周（日）报表
		货币资金变动情况表

续表

序号	管理模块	表格名称
4	资产管理表格	周转资金检查单
		银行存款明细账
		现金盘点报告表
		现金收支日报表
		费用申请单
		业务招待费申请表
		资金支出签呈单
		票据及存款日报表
		应收票据备查簿
		固定资产登记表
		固定资产台账
		固定资产报废申请书
		固定资产增减表
		闲置固定资产明细表
		固定资产累计折旧明细表
		无形资产及其他资产登记表
		固定资产盘盈盘亏报告单
		流动资产盘盈盘亏报告单
		资产清查中盘盈资产明细表
		低值易耗品新增验收单
		低值易耗品领用单
		低值易耗品报废单
		低值易耗品调拨单
		低值易耗品出入库汇总表
		在用低值易耗品变动分析表
		低值易耗品领用登记簿
		计提应收款项坏账准备审批表
		计提存货跌价准备审批表
		计提长（短）期投资减值准备审批表
		计提在建工程减值准备审批表
		计提固定资产减值准备审批表
		计提无形资产减值准备审批表
		计提委托贷款准备审批表
		减值准备转回审批表

续表

序号	管理模块	表格名称
5	成本费用管理表格	产品标准成本表
		标准成本资料卡
		每百件产品直接人工定额
		每百件产品直接材料消耗定额
		成本费用明细表
		材料运输费用分配表
		材料采购成本计算表
		固定资产折旧费计算分配表
		待摊费用（报刊费）摊销分配表
		预提费用（借款利息）摊销计算表
		工资费用分配表
		职工福利费计提分配表
		制造费用分配表
		产品生产成本计算表
6	会计核算管理表格	账簿启用和经管人员一览表
		会计账册登记表
		记账凭证清单
		会计档案保管移交清单
		会计档案保管清册
		会计档案销毁清册
		会计档案销毁清册审批表
7	往来账款管理表格	应收账款登记表
		应收账款日报表
		应收账款月报表
		应收账款分析表
		应收账款变动表
		问题账款报告书
		应收账款账龄分析表
		应收账款催款通知单
		付款申请单
		劳务（　）月分包付款计划
		材料月付款计划

续表

序号	管理模块	表格名称
7	往来账款管理表格	分包商付款审批表
		坏账损失申请书
		应付票据明细表
		收款情况报告表
		应收账款可回收性分析表
		应收账款可回收性判断因素一览表
8	税务管理表格	纳税自查报告
		企业税务风险安全自测及评估标准
		月度涉税工作进度表
		税务风险控制自检表
		发票开具申请单
		开具红字增值税专用发票申请单（销售方）
		开具红字增值税专用发票通知单（销售方）
		开具红字增值税普通发票证明单
		发票使用登记表
9	企业内部审计管理表格	审计工作规划表
		审计分项工作计划表
		审计工作底稿：经营环境及状况调查表
		审计工作底稿：横向趋势分析表
		审计工作底稿：资产负债表纵向分析表
		审计工作底稿：损益表纵向趋势分析表
		审计工作底稿：内部控制调查问卷
		审计工作底稿：控制环境调查记录表
		审计工作底稿：会计系统控制调查表
		审计工作底稿：审计查账记录表
		审计工作底稿：实物核查记录表
		审计工作底稿：审计结案表
		审计计划表
		审计通知单
		审计工作记录
		审计查账记录表
		审计工作报告
		审计工作底稿

续表

序号	管理模块	表格名称
10	财务分析管理表格	财务分析提纲
		财务状况控制表
		现金流量表纵向趋势分析表
		资产负债表纵向趋势分析表
		利润表纵向趋势分析表
		月份财务分析表
		年度财务分析表
		财务状况分析表
		商品产销平衡趋势分析表
		运营状况分析表（1）：存货周转状况分析
		运营状况分析表（2）：固定资产周转状况分析
		运营状况分析表（3）：流动资产周转状况分析
		运营状况分析表（4）：总资产周转状况分析
		运营状况分析表（5）：应收账款周转状况分析
		融资风险变动分析表
		生产经营状况综合评价表
		资金收支预算执行考核表
		成本利润趋势变动表
		投资回报分析表
		资本结构弹性分析表
		企业资产结构分析表
		资产负债表项目结构分析表
		资产负债表项目趋势分析表
		核心财务指标趋势分析表
		预算损益执行情况表
		财务指标评价分析表
		应收账款分析表
		存货分析表
		利润分析表
		财务比率综合分析表

第17章 财务预算管理表格

本章阅读索引：

- 长期投资和短期投资预算表
- 固定资产购置预算表
- 销售收入预算总表
- ××商品销售预测表
- ××服务收入预算表（含项目开发）
- 销售成本预算总表
- 采购现金支出预测表
- ××存货预测表
- 费用预算总表
- 现金流量预算表
- 财务费用预算表
- 利润预算表
- 预计损益表
- 预计资产负债表
- 资本性支出预算表——设备及其他
- 融资预算表
- 制造费用预算表
- 销售费用预算明细表
- 直接成本预算表
- 管理费用预算表
- 成本预算执行反馈月（季、年）报
- 费用预算执行反馈月（季、年）报
- 利润预算执行反馈月（季、年）报
- 预算反馈报告频率表

17-01 长期投资和短期投资预算表

长期投资和短期投资预算表

预算年度：_____年
预算编制单位： 单位：元

预算投资项目	出资方式及投资时间	出资金额	资金来源	备注
	合计			

制表： 复核：

注：该表的数据将会影响现金流量。

17-02　固定资产购置预算表

固定资产购置预算表

预算期间：_____年
预算编制单位：　　　　　　　　　　　　　　　　　　　　　　　　　　　单位：元

拟购置资产名称	规格型号	数量	预计金额	购买方式	预计投入使用时间

制表：　　　　　　　　　　　　　　　　　　　　　　　　　　复核：

注：该表中的数据将会影响现金流量和折旧费。

17-03　销售收入预算总表

销售收入预算总表

预算期间：_____年
预算编制单位：　　　　　　　　　　　　　　　　　　　　　　　　　　　单位：元

月份	期初应收款	当月销售总额	当月回款	转入下月应收款	备注
1月					
2月					
3月					
4月					
5月					
……					
12月					
合计					

制表：　　　　　　　　　　　　　　　　　　　　　　　　　　复核：

注：该表中的销售总额由后续的产品销售预测以及服务收入预测汇总得出。

17-04 ××商品销售预测表

××商品销售预测表

预算期间：_____年
预算编制单位： 单位：元

月份	商品数量	单价	金额	备注
1月				
2月				
3月				
4月				
5月				
……				
12月				
合计				

制表： 复核：
注：分不同产品进行预测，该表应该根据市场部门提供的预测表进行预计。

17-05 ××服务收入预算表（含项目开发）

××服务收入预算表（含项目开发）

预算期间：_____年
预算编制单位： 单位：元

月份	金额	备注
1月		
2月		
3月		
4月		
5月		
……		
12月		
合计		

制表： 复核：

17-06 销售成本预算总表

销售成本预算总表

预算期间：_____年
预算编制单位：　　　　　　　　　　　　　　　　　　　　　　　　　单位：元

月份	金额	备注
1月		
2月		
3月		
4月		
5月		
6月		
……		
12月		
合计		

制表：　　　　　　　　　　　　　　　　　　　　　　　　　　复核：

17-07 采购现金支出预测表

采购现金支出预测表

预算期间：_____年
预算编制单位：　　　　　　　　　　　　　　　　　　　　　　　　　单位：元

月份	期初应付款总额	当月采购总额	当月现金支出	转入下月应付款款	备注
1月					
2月					
3月					
4月					
5月					
6月					
……					
12月					
合计					

制表：　　　　　　　　　　　　　　　　　　　　　　　　　　复核：

17-08 ××存货预测表

××存货预测表

预算期间：_____年
预算编制单位：　　　　　　　　　　　　　　　　　　　　　　　　　　　　　　单位：元

项目	1月			2月			3月			4月			5月			6月		
	数量	单价	金额	数量	单价	金额	数量	单价	金额	数量	单价	金额	数量	单价	金额	数量	单价	金额
一、期初余额																		
二、本期采购																		
1.采购																		
2.其他方式购入																		
小计																		
三、本期出库																		
1.销售出库																		
2.其他出库																		
小计																		
四、库存余额																		

项目	7月			8月			9月			10月			11月			12月		
	数量	单价	金额	数量	单价	金额	数量	单价	金额	数量	单价	金额	数量	单价	金额	数量	单价	金额
一、期初余额																		
二、本期采购																		
1.采购																		
2.其他方式购入																		
小计																		
三、本期出库																		
1.销售出库																		
2.其他出库																		
小计																		
四、库存余额																		

制表：　　　　　　　　　　　　　　　　　　　复核：

17-09 费用预算总表

费用预算总表

预算期间：_____年

预算编制单位： 单位：元

项目	1月	2月	3月	4月	5月	6月	7月	8月	9月	11月	11月	12月
一、期初余额												
二、本期流入												
1.商品销售收入												
2.应收款流入												
3.其他流入												
小计												
三、本期支出												
1.采购支出												
2.应付款支出												
3.日常费用支出												
4.税金支出												
5.固定资产购置支出												
6.投资支出												
7.还贷支出												
8.其他支出												
四、余额												
五、需筹资金额												

制表： 复核：

17-10 现金流量预算表

现金流量预算表

预算期间：_____年

预算编制单位： 单位：元

项目	1月	2月	3月	4月	5月	6月	7月	8月	9月	11月	11月	12月
一、期初余额												
二、本期流入												

续表

项目	1月	2月	3月	4月	5月	6月	7月	8月	9月	11月	11月	12月
1.商品销售收入												
2.应收款流入												
3.其他流入												
小计												
三、本期支出												
1.采购支出												
2.应付款支出												
3.日常费用支出												
4.税金支出												
5.固定资产购置支出												
6.投资支出												
7.还贷支出												
8.其他支出												
四、余额												
五、需筹资金额												

制表： 复核：

17-11 财务费用预算表

财务费用预算表

预算期间：_____年
预算编制单位： 单位：元

筹资金额	利率	计息期间	金额	备注

制表： 复核：

17-12 利润预算表

利润预算表

预算期间：_____年
预算编制单位： 单位：元

项目	1月	2月	3月	4月	5月	6月	7月	8月	9月	10月	11月	12月
一、销售收入												
减：销售折扣												
主营业务成本												
营业税金及附加												
二、主营业务利润												
减：管理费用												
营业费用												
财务费用												
三、营业利润												
加：其他业务利润												
投资收益												
营业外收支净额												
减：所得税												
四：净利润												

制表： 复核：

17-13 预计损益表

预计损益表

预算期间：_____年
预算编制单位： 单位：元

项目	1月	2月	3月	4月	5月	6月	7月	8月	9月	10月	11月	12月
流动资产												
货币资金												
短期投资												
应收票据												
应收账款												

续表

项目	1月	2月	3月	4月	5月	6月	7月	8月	9月	10月	11月	12月
预付账款												
其他应收款												
待摊费用												
其他流动资产												
流动资产合计												
长期投资												
固定资产原值												
累计折旧												
固定资产净值												
长期待摊费用												
其他长期资产												
资产总额												
流动负债												
短期借款												
应付票据												
预收账款												
应付账款												
应付工资												
其他应付款												
应交税费												
其他应交款												
预提费用												
其他流动负债												
流动负债合计												
长期借款												
其他长期负债												
负债合计												
实收资本												
资本公积												
公积金												
未分配利润												
所有者权益合计												
负债和所有者权益合计												

17-14　预计资产负债表

预计资产负债表

预算期间：_____年
预算编制单位：　　　　　　　　　　　　　　　　　　　　　　　　　　　单位：元

项目	1月	2月	3月	4月	5月	6月	7月	8月	9月	10月	11月	12月
流动资产												
货币资金												
短期投资												
应收票据												
应收账款												
预付账款												
其他应收款												
待摊费用												
其他流动资产												
流动资产合计												
长期投资												
固定资产原值												
累计折旧												
固定资产净值												
长期待摊费用												
其他长期资产												
资产总额												
流动负债												
短期借款												
应付票据												
预收账款												
应付账款												
应付工资												
其他应付款												
应交税费												
其他应交款												

续表

项目	1月	2月	3月	4月	5月	6月	7月	8月	9月	10月	11月	12月
预提费用												
其他流动负债												
流动负债合计												
长期借款												
其他长期负债												
负债合计												
实收资本												
资本公积												
公积金												
未分配利润												
所有者权益合计												
负债和所有者权益合计												

17-15 资本性支出预算表——设备及其他

资本性支出预算表——设备及其他

编制时间：
预算期间：

单位：元

设备名称及规格	合同编号	合同总金额	累计已付款	本期预计购置量				预计本期支付金额						项目编号及名称	备注
				单位	单价	数量	金额	预计支付前期欠款	预计支付本期欠款	合计	上旬	中旬	下旬		

制表：　　　　　　　　　　审核：

17-16 融资预算表

融资预算表

编制部门：
第___张，共___张　　　　　　　　　　　　　　　　　　　　　　　　　　单位：元

项　目	前期累计数	预计本期融资	预计本期还款	预计本期累计数
银行借款				
其中：短期借款				
长期借款				
应付票据				
其中：银行承兑汇票				
商业承兑汇票				
银行本票				
其他票据				
应付债券				

17-17 制造费用预算表

制造费用预算表

编制部门：　　　　　　　　　　　　编制日期：
第___张，共___张　　　　　　　　　预算期间：

序号	费用项目		预算依据	上旬	中旬	下旬	全月合计
1	燃料及动力						
2	变动费用	劳动保护费					
3		非计件人员工资					
4		非计件人员福利费					
5		折旧费					
6		修理费					
7	固定费用	办公费					
		其中包括：电话费					
		低值易耗品					
		邮递费					
		交际应酬费					
		文具纸张等杂费					

续表

序号		费用项目	预算依据	上旬	中旬	下旬	全月合计
8	固定费用	机物料消耗					
9		其他					
10		其中包括：租赁费					
		差旅交通费					
		教育培训费					
		员工保险支出					
		制造费用合计					
减：非付现费用							
现金支出的费用							

制表： 　　　　　　　　　　　审核：

17-18　销售费用预算明细表

销售费用预算明细表

编制部门：　　　　　预算期间：　　　　　　　　　　　　　　　　单位：元

类别	费用项目	预算依据/%		预算金额	支付时间		
		占收入	比上期+、-		上旬	中旬	下旬
固定费用	一、经常性项目						
	租赁费						
	广告费						
	其中：媒体广告						
	宣传物品						
	促销活动费用						
	其他广告宣传费						
	办公费						
	挂靠管理费						
	员工保险支出						
	上级分摊费用						
	其中：						
	折旧						
	递延资产摊销						

续表

类别	费用项目	预算依据/%		预算金额	支付时间		
		占收入	比上期+、-		上旬	中旬	下旬
固定费用	二、非经常性项目						
	教育培训费						
	行政扣罚损失						
	低值易耗品						
	小计						
变动费用	工资及福利费						
	差旅及交通费						
	电话费						
	交际应酬费						
	运输及装卸搬运费						
	小计						
税金	增值税						
	增值税附加						
	其他税金						
	小计						
	财务费用						
	销售费用合计						

制表：　　　　　　　　　　　审核：

17-19 直接成本预算表

直接成本预算表

编制部门：　　　　　　　　　　　编制日期：
第___张，共___张　　　　　　　　预算期间：

产品名称及规格	生产数量	直接材料		直接人工		预算直接成本	
		每件定额	预算金额	每件定额	预算金额	单位成本	总成本
合计							

制表：　　　　　　　　　　　审核：

17-20 管理费用预算表

管理费用预算表

编制时间:　　　　　预算期间:　　　　　　　　　　　单位: 元

费用项目	预算依据	上旬	中旬	下旬	全月合计
1. 工资及福利支出					
2. 办公用品费					
3. 邮递费					
4. 电话费					
5. 低值易耗品					
6. 差旅交通费					
7. 公司车辆费用					
8. 租赁费					
9. 交际应酬费					
10. 教育培训费					
11. 员工保险支出					
12. 水电费					
13. 财务费用					
14. 装卸搬运费					
15. 修理费					
16. 劳动保护费					
17. 机物料消耗					
18. 其他管理费用					
19. 固定资产折旧					
管理费用合计					
本期付现费用					

制表:　　　　　　　　　　审核:

17-21　成本预算执行反馈月（季、年）报

成本预算执行反馈月（季、年）报

编制部门：_____　　　　　____年____月____日　　　　　单位：

项目		本期预算	本期发生额	预算差异	本季累计额	本年累计额
可控成本						
变动成本	直接材料					
	直接人工					
	变动制造费用					
	其他制造费用					
固定成本	固定制造费用					
	其他固定成本					
不可控成本						
成本合计						

17-22　费用预算执行反馈月（季、年）报

费用预算执行反馈月（季、年）报

编制部门：_____　　　　　____年____月____日　　　　　单位：

费用项目	本期预算	本期实际	差异额	预算完成率	备注
工资					
福利费					
办公费					
水电费					
差旅费					
业务招待费					
修理费					
……					
合计					

17-23 利润预算执行反馈月（季、年）报

利润预算执行反馈月（季、年）报

编制部门：_____　　　　　　____年___月___日　　　　　　单位：

项目	本期预算	本期实际	差异额	预算完成率	备注
销售净额					
变动成本：					
变动生产成本					
变动销售费用					
变动成本合计					
贡献毛益					
固定成本：					
酌量性固定成本					
约束性固定成本					
固定成本合计					
营业利润					
资产平均占用额					
资产周转率					
销售利润率					
投资报酬率					

17-24 预算反馈报告频率表

预算反馈报告频率表

项　目	日报	周报	月报	季报	年报
销量及销售收入		√	√	√	√
产量及生产成本		√	√	√	√
采购量及采购成本		√	√	√	√
成本预算执行月报			√	√	√
费用预算执行月报			√	√	√
成本预算执行季报				√	√
费用预算执行季报				√	√
经营活动现金流量	√	√	√	√	√
利润表			√	√	√
现金流量表			√	√	√

第18章 筹资管理表格

本章阅读索引:

- 筹资需求分析表
- 企业借款申请书
- 长期借款明细表
- 短期借款明细表
- 借款余额月报表
- 费用支付月报表
- 企业融资成本分析表
- 实收资本(股本)明细表

18-01 筹资需求分析表

筹资需求分析表

___年__月__日

项 目	上年期末实际/元	占销售额的比例	本年计划/元
资产			
流动资产			
长期资产			
资产合计			
负债及所有者权益			
短期借款			
应付票据			
预提费用			
长期负债			
负债合计			
实收资本			
资本公积			
留存收益			
股东权益			
融资需求			
总 计			

18-02 企业借款申请书

企业借款申请书

___年__月__日

企业名称		开户银行和账号	
年、季度借款计划		已借金额	
申请借款金额		借款用途	
借款种类		借款期限	
借款原因			
还款计划			
主管部门意见	（盖章）		借款单位公司章 法人代表章
银行审查意见	批准金额（大写）		批准期限
	法人代表章经办人章 日期：　年　月　日		

18-03 长期借款明细表

长期借款明细表

___年__月__日　单位：万元

借款单位	金额				利率/%	借入时间	期限	还本付息方式	下年需还
	年初数		年末数						
	本金	利息	本金	利息					
合计									

18-04 短期借款明细表

短期借款明细表

年　月　日　　　　　　　　　　　　　　　　　　　　　　　　　　　　单位：万元

贷款银行	贷款种类	借入时间	金额				利率/%	已用额度	可用额度	期限	还款方式	备注
			年初数		年末数							
			本金	利息	本金	利息						

18-05 借款余额月报表

借款余额月报表

年　月　日　　　　　　　　　　　　　　　　　　　　　　　　　　　　单位：万元

借款数	长期借款	短　期　借　款				贴现票据	合计
		短期借款	营业额抵押借款	存款抵押	合计		

18-06 费用支付月报表

费用支付月报表

年　月　日　　　　　　　　　　　　　　　　　　　　　　　　　　　　单位：万元

项目	本月支付额				累　计				备注
	制造费用	销售费用	管理费用	合计	制造费用	销售费用	管理费用	合计	
人事费									
福利费									
消耗品费									

续表

项目	本月支付额				累　　计				备注
	制造费用	销售费用	管理费用	合计	制造费用	销售费用	管理费用	合计	
交际费									
其　他									

18-07　企业融资成本分析表

企业融资成本分析表

单位：元

对比分析期项目	年	年	差值
主权融资（所有者权益）			
负债融资			
融资总额			
息税前利润			
减：利息等负债融资成本			
税前利润			
减：所得税税后利润			
减：应交特种基金			
提取盈余公积金			
本年实际可分配利润			
本年资本（股本）利润率			
本年负债融资成本率			

18-08　实收资本（股本）明细表

实收资本（股本）明细表

单位：元

股东名称	期初余额		本期增加		本期减少		期末余额	
	外币	人民币	外币	人民币	外币	人民币	外币	人民币
合计								

第19章 投资管理表格

本章阅读索引：

- 企业年度投资计划表
- 投资绩效预测表
- 长期股权投资明细表
- 持有至到期投资测算表
- 交易性金融资产监盘表
- 投资收益分析表
- 长期投资月报表
- 短期投资月报表
- 重要投资方案绩效核计表
- 投资方案的营业现金流量计算表
- 投资收益明细表

19-01 企业年度投资计划表

企业年度投资计划表

编号： 　　　　　　　　　　　　　　　　　　　日期： 　年　月　日

投资项目名称	投资原因	投资金额	预计收益	备注
项目一				
项目二				
项目三				
项目四				
项目五				
……				
合计				
填表人		审核人		审核日期

19-02 投资绩效预测表

投资绩效预测表

投资项目名称	投资种类				预计投资金额	已支付金额	估计收益情况			
	产品	产量	财务	其他			金额	收益期间	回收期	收益率/%

19-03 长期股权投资明细表

长期股权投资明细表

被投资单位名称	持股比例	投资时间	投资方式	初始投资成本	期初余额	本期增加	本期减少	期末余额	核算方法	投资文件索引号	备注
合计											

19-04 持有至到期投资测算表

持有至到期投资测算表

项目名称	面值①	到期日	票面利率②	实际利率③	年初摊余成本④	测算数			账面数		差异		差异原因
						投资收益⑤=④×③	应收（计）利息⑥=①×②	年末摊余成本⑦=④+⑤-⑥	应收（计）利息⑧	投资收益⑨	应收（计）利息⑩=⑧-⑥	投资收益⑪=⑨-⑤	

19-05　交易性金融资产监盘表

交易性金融资产监盘表

盘点日实存交易性金融资产						资产负债日至盘点日增加（减少）		资产负债日实存交易性金融资产					账面结存交易性金融资产			差异	备注
项目名称	数量	面值	总计	票面利率	到期日	数量	面值	数量	面值	总计	票面利率	到期日	数量	面值	总计		

19-06　投资收益分析表

投资收益分析表

编号：　　　　　　　　　　　　　　　　　　　　　　　　日期：　年　月　日

投资编号	投资名称	回收期间	投资金额		收回金额		回收率		收益率		备注
			计划	实际	预计	实际	预计	实际	预计	实际	

19-07　长期投资月报表

长期投资月报表

编号：　　　　　　　　　　　　　　　　　　　　　　　　日期：　年　月　日

项目		期初余额	本期增加	本期减少	期末余额	备注
长期股权投资						
	小计					

续表

项目		期初余额	本期增加	本期减少	期末余额	备注
长期债券投资						
	小计					
其他投资						
	小计					
合计						

19-08 短期投资月报表

短期投资月报表

编号： 　　　　　　　　　　　　　　　　　　　　　　　　　日期：　年　月　日

项目		期初余额	本期增加	本期减少	期末余额	备注
股权投资						
	小计					
债券投资						
	小计					
其他投资						
	小计					
合计						

19-09 重要投资方案绩效核计表

重要投资方案绩效核计表

投资编号	投资名称	收回期间	估计投资金额	预计应回收金额	实际已回收金额	预计回收率		预计收益率		备注
						预计	修正	预计	修正	

19-10 投资方案的营业现金流量计算表

投资方案的营业现金流量计算表

项目	投资年度				
	1	2	3	4	5
A方案： 销售收入 付现成本 折旧 税前利润 所得税 税后利润 营业现金流量					
B方案： 销售收入 付现成本 折旧 税前利润 所得税 税后利润 营业现金流量					

19-11 投资收益明细表

投资收益明细表

编制部门：_____　　　　　　　　　　　　　　　　　　　　　　　　　单位：元

项目	行号	上年实际	本年实际
1.投资收入	1		
（1）债券投资收入	2		
（2）股票投资收入	3		
（3）其他投资收入	4		
投资收入合计	5		
2.投资损失	6		
（1）债券投资损失	7		
（2）股票投资损失	8		
（3）其他投资损失	9		
投资损失合计	10		
投资净收入（净损失以"－"表示）	11		

第20章 资产管理表格

本章阅读索引:

- 资金收入、支出计划表
- 货币资金周(日)报表
- 货币资金变动情况表
- 周转资金检查单
- 银行存款明细账
- 现金盘点报告表
- 现金收支日报表
- 费用申请单
- 业务招待费申请表
- 资金支出签呈单
- 票据及存款日报表
- 应收票据备查簿
- 固定资产登记表
- 固定资产台账
- 固定资产报废申请书
- 固定资产增减表
- 闲置固定资产明细表
- 固定资产累计折旧明细表
- 无形资产及其他资产登记表

- 固定资产盘盈盘亏报告单
- 流动资产盘盈盘亏报告单
- 资产清查中盘盈资产明细表
- 低值易耗品新增验收单
- 低值易耗品领用单
- 低值易耗品报废单
- 低值易耗品调拨单
- 低值易耗品出入库汇总表
- 在用低值易耗品变动分析表
- 低值易耗品领用登记簿
- 计提应收款项坏账准备审批表
- 计提存货跌价准备审批表
- 计提长(短)期投资减值准备审批表
- 计提在建工程减值准备审批表
- 计提固定资产减值准备审批表
- 计提无形资产减值准备审批表
- 计提委托贷款准备审批表
- 减值准备转回审批表

20-01 资金收入、支出计划表

资金收入、支出计划表

计划单位：_____　　　　　　____年___月___日　　　　　　单位：元

项　目		上年度 （季度、月度）	本年度 （季度、月度）	审批数	备注
期初现金、借记卡和银行存款					
收入金额	销售收入				
	劳务收入				
	退税收入				
	其他收入				
	收入合计				
支出金额	土地				
	房屋建筑物				
	机器设备				
	偿还借款支出				
	其中：本金支出				
	利息支出				
	支出小计				
	材料支出				
	薪资支出				
	税款支出				
	制造费用				
	其他支出				
	经营支出合计				
	期间费用：				
	管理费用				
	销售费用				
	财务费用				
	费用小计				
现金余缺					
银行借款及其他					
银行存款和现金					

审批人：　　　　计划单位负责人：　　　　资金负责人：　　　　制表人：

20-02 货币资金周（日）报表

货币资金周（日）报表

___年___月第___周　　　　编制日期：___年___月___日　　　　单位：元

摘　要	本周收支额			本月累计	下周预计	备注
	现金	存款	合计			
上周余额						
收入						
收入合计						
支出						
支出合计						
本周现金存款						
本周存款提取						
本周余额						

出纳：　　　　　　　　　　　财务经理：

20-03 货币资金变动情况表

货币资金变动情况表

编制单位：_____　　　　___年___月___日　　　　单位：万元

项　目	银行存款账号			现金	凭证起讫号	合计	备注
	××	××	××				
周初账面金额							
本周增加金额							
营业收入							
融资收入							
投资收回							
其他收入							
本周减少金额							

续表

项 目	银行存款账号			现金	凭证起讫号	合计	备注
	××	××	××				
营业支出							
归还贷款							
投资支出							
其他支出							
本周账面余额							
未记账增加							
未记账减少							
本周账面余额							

会计主管： 出纳： 制表：

20-04 周转资金检查单

周转资金检查单

名称	金额	已报未收	已付未报	实存	合计	备注
共计						

20-05 银行存款明细账

银行存款明细账

年度： 银行名称： 存款账号：

日期		摘要	支票发票日			支票号码	收入	支出	结余
月	日		年	月	日				

20-06　现金盘点报告表

现金盘点报告表

	面值	数量	金额	盘点异常及建议事项
现金及周转零用金				
小计				盘点结果及要点报告
其他项目：未核销费用				
员工借支				
总计				
账面数				
盘盈（盘亏）				
项　目	张数	金额	盘点数	盘盈（亏）	左列款项及票据于＿＿年＿月＿日＿时盘点时本人在场并如数归还无误 保管人： 盘点人：

核准：　　　　　　　　　复核：　　　　　　　　盘点人：

20-07　现金收支日报表

现金收支日报表

昨日库存	本日收入		本日支出		今日库存
	收款金额	银行提现	付款支出	解交银行	
	收款凭证从第　号到第　号		付款凭证从第　号到第　号		
备注					
出纳员					

20-08　费用申请单

费用申请单

申请日期：＿＿＿年＿＿＿月＿＿＿日　　　　　　　　　　　　　　　　　编号：

申请单位		申请人	
申请金额			
付款方式	□现金　　□汇款　　□支票		
预计需求日期			
用途说明			
□广告费 □印刷费 □租赁费 □培训费 □物品防护费 □维护修理费 □劳保用品费 □其他			

核准：　　　　　　审批：　　　　　　审核：　　　　　　主管：

第一联　存根

20-09　业务招待费申请表

业务招待费申请表

填写日期：＿＿＿年＿＿＿月＿＿＿日

申请人姓名		部门		职务	
拟招待对象			预计花费金额		
业务招待目的					
预计参与人员	.		类型	□用餐：＿＿＿＿＿ □赠礼：＿＿＿＿＿ □其他：＿＿＿＿＿	
预计发生日期	＿＿/＿＿/＿＿至＿＿/＿＿/＿＿				
总经理核批：		财务负责人审批：		部门主管审核：	经手人签字：

注：1. 本表须于实际发生日前提出申请，经核准后，方可开支。
　　2. 实际费用报销时，请附本申请表。

20-10 资金支出签呈单

资金支出签呈单

呈签日期：___年___月___日　　　　　　　　　　　　签（　年）字第　　号

呈签单位				经办人	
总经理核批		审批		审核	复核
主旨：					
说明：					

20-11 票据及存款日报表

票据及存款日报表

	收　入						支　出					
票据/支票	收款处	种类	收款额	兑现日期	兑现银行	处理	支付对象	种类	支付金额	支付日期	支付银行	备注
存款	银行名称	前日余额	本日存款额	应收进账额	本日兑现进账	本日提款额	本日支票开出额	票据偿付额	本日余额	摘要		

续表

明细	本日存款		特殊事项	
	应收进账			
	兑现进账			
	本日提款			
	支票开出			
	票据偿付			

总经理：　　　　　经理：　　　　　主管：　　　　　制表：

20-12　应收票据备查簿

应收票据备查簿

出票人	收款人	票号	金额	出票日期	到期日	出票银行	前手	后手	商票	银票	备注

20-13　固定资产登记表

固定资产登记表

部门名称：　　　　　　　　　　　　　登记表编号：

类别编号		类别名称	
资产编号		增加方式	
资产名称		规格型号	
原值		购置数量	
购置时间		存放地点	
经办人签字		使用人签字	
报废时间			
附属设备			
备注			

注：本表一式三份，固定资产使用部门留存一份，办公室备查一份，财务部门存档一份。

20-14　固定资产台账

固定资产台账

所属单位：　　　　　　　　　　　　　年　　月　　日

序号	编号	名称	规格	计量单位	数量	起用时间	使用寿命	年折旧率	原值	净值	使用部门	位置	变动情况	备注

20-15　固定资产报废申请书

固定资产报废申请书

申请单位：　　　　　　报送日期：　　年　　月　　日　　申请书编号：

资产编号		资产名称		型号规格	
制造国、厂		制造年份		投产年份	
使用单位及安装地点		分类折旧年限		已使用年限	
资产原值		已提折旧		残值	
报废原因、更新设备条件及处理意见：					
单位领导：　　　　　　检查人：　　　　　　经办人：					
设备部门意见：					
主管领导批示：			财务部门： 　　　　　　年　月　日		

注：使用单位、设备部门、财务部门各一份。

20-16 固定资产增减表

固定资产增减表

会计科目	财产编号	资产名称	规格	增减原因	单位	本月增加				本月减少					备注
						数量	金额	使用寿命	月折旧额	数量	金额	使用寿命	已提折旧	月折旧额	

20-17 闲置固定资产明细表

闲置固定资产明细表

管理部门：　　　　　　　　　　　　　　　　　制表日期：___年___月___日

资产编号	资产名称	数量	单位	账面价值			使用情况（年限）			闲置原因	拟处理意见
				总价	已提折旧	净值	取得时间	使用年限	已用时间		

管理部门经理：　　　　　　　　　　　　财务部经理：

20-18 固定资产累计折旧明细表

固定资产累计折旧明细表

___年___月___日至___年___月___日　　　　　　　　　　单位：元

项目	期初余额	本期增加额	本期减少额	期末余额	备注

填写说明：
（1）按房屋、机器设备等分别列明。
（2）如需经重新估价，应分别按成本及重估增值逐项列明。

20-19　无形资产及其他资产登记表

无形资产及其他资产登记表

____年度　　　　　　　　　　　　　　　　　　　　　　　　　　　　　　　单位：元

项　目	年初余额	本年增加	本年摊销	本年减少	年末余额	备注
1.无形资产						
（1）专利权						
（2）						
（3）						
小计						
2.其他资产						
（1）						
（2）						
（3）						
小计						
合计						

20-20　固定资产盘盈盘亏报告单

固定资产盘盈盘亏报告单

单位名称：　　　　　　　　　　____年____月____日

编号	名　称	计量单位	盘　盈			盘　亏			备注
			数量	重置价值	估计折旧	数量	原价	已提折旧	
盘盈盘亏原因									
审批意见									

部门负责人：　　　　　　　保管员：　　　　　　　清点人：

20-21 流动资产盘盈盘亏报告单

流动资产盘盈盘亏报告单

单位名称： ___年___月___日

编号	类别及名称	计量单位	单价	实存		账存		对比结果				备注
								盘盈		盘亏		
				数量	金额	数量	金额	数量	金额	数量	金额	
盘盈盘亏原因	待查											
审批意见												

部门负责人：　　　　　保管员：　　　　　清点员：

20-22 资产清查中盘盈资产明细表

资产清查中盘盈资产明细表

序号	资产名称	规格型号	计量单位	取得日期	取得方式	存放地点	使用部门	使用人	累计使用年限	资产原值	资产净值	申请入账金额	备注

20-23 低值易耗品新增验收单

低值易耗品新增验收单

填制单位：　　　　　　　　　　　　　　　　　　　　　　时间：＿＿年＿＿月＿＿日

资产名称	型号规格	数量	单价	金额	备注

销售商（或生产商）	
验收意见	
物资管理部签字	采购人员签字
验收人签字	保管员签字

注：本单一式两联，先由保管员填写资产的基本情况，一联自存，登记低值易耗品台账，一联随发票到财务报账，并登记低值易耗品明细账。

20-24 低值易耗品领用单

低值易耗品领用单

填制单位：　　　　　　　　　　　　　　　　　　　　　　时间：＿＿年＿＿月＿＿日

序号	资产名称	资产型号或规格	数量	单价	金额	是否以旧换新	备注

领用人签字		使用人签字	
单位领导审批		分管副总经理签字	
物资管理部签字		保管员签字	
备注	本表一式四联，先由领用单位填写领用单，经相关领导签字后，领用单位核算员存档一份，转物资管理部一份，其余两份转仓库保管员。仓库保管员据此发货自存一份，转财务部一份		

制单人：

20-25 低值易耗品报废单

低值易耗品报废单

填制单位：　　　　　　　　　　　　　　　　　　　　　时间：___年___月___日

序号	名称	型号或规格	数量	单价	金额	使用人（或使用单位）	是否有再利用价值
报废原因							
使用人签字				单位领导审批			
分管副总经理签字				物资管理部			
保管员签字				财务主办会计			
审计部				监察部			
总裁审批							
备注	本表一式四联，先由使用单位填写报废单，经相关领导签字后，使用单位核算员留底，物资管理部一份，一份转财务部做报废处理，转仓库保管员一份。若是在规定使用期限内的正常报废，则不需总裁审批；若是未到规定使用期限的非正常报废，必须经总裁审批后准予报废						

制单人：

20-26 低值易耗品调拨单

低值易耗品调拨单

填制单位：　　　　　　　　　　　　　　　　　　　　　时间：___年___月___日

序号	资产名称	资产型号或规格	数量	单价	金额	调拨原因
调出单位				调入单位		
调出单位或部门负责人意见				调入单位或部门负责人意见		
核算员				核算员		
物资管理部意见				分管副总经理意见		
财务主办会计				使用人		
备注	本表一式四联，先由调出单位填写资产的基本情况，再转由调入单位资产管理员找相关领导签字后，调出单位和调入单位核算员各一份。据此登记低值易耗品台账，一联交物资管理部，一联交财务部					

制单人：

20-27　低值易耗品出入库汇总表

低值易耗品出入库汇总表

仓库：

序号	品名	规格型号	入库汇总			出库汇总			备注
			数量	单价	金额	数量	单价	金额	

制单人：

20-28　在用低值易耗品变动分析表

在用低值易耗品变动分析表

编制单位：

本期增加					本期减少				
品名	规格型号	数量	性质	备注	品名	规格型号	数量	性质	备注

制表人：

注：性质可以根据实际情况填，即领用、调入、盘盈、调出、盘亏、报废等。

20-29　低值易耗品领用登记簿

低值易耗品领用登记簿

领用单位或部门：　　　　　　　　　　____年度　　　　　　　　　责任人：

序号	领用日期	品名	规格（型号）	数量	单价	金额	领用人	使用人	放置地点	使用期限	备注

制表人：

20-30　计提应收款项坏账准备审批表

计提应收款项坏账准备审批表

填报单位：　　　　　　　　　　　　　　　　　　　　　　___年___月___日

欠款单位名称			
欠款单位类别		欠款单位现状	
欠款日期		欠款经办人	
欠款金额		欠款原因	
已提坏账准备金额		拟提坏账准备金额	
提取减值准备主要原因			
销售部门意见	主管领导：　　　　　　鉴定责任人：　　　　　　___年___月___日		
清欠部门意见	主管领导：　　　　　　鉴定责任人：　　　　　　___年___月___日		
财务部门意见	主管领导：　　　　　　鉴定责任人：　　　　　　___年___月___日		
企业意见	主管领导：　　　　　　鉴定责任人：　　　　　　___年___月___日		

20-31 计提存货跌价准备审批表

计提存货跌价准备审批表

填报单位：　　　　　　　　　　　　　　　　　　　　　　　　　___年___月___日

存货名称			
存货类别		存货现状	
计量单位		账面价值	
估计售价		预计完工成本	
预计销售费用		已提跌价准备金额	
拟提跌价准备金额			
提取跌价准备主要原因			
销售部门意见	主管领导：　　　　　　鉴定责任人：　　　　　　___年___月___日		
供应仓储部门意见	主管领导：　　　　　　鉴定责任人：　　　　　　___年___月___日		
财务部门意见	主管领导：　　　　　　鉴定责任人：　　　　　　___年___月___日		
企业意见	主管领导：　　　　　　鉴定责任人：　　　　　　___年___月___日		

20-32　计提长（短）期投资减值准备审批表

计提长（短）期投资减值准备审批表

填报单位：　　　　　　　　　　　　　　　　　　　　　　　　　___年___月___日

被投资单位名称			
被投资单位性质		被投资单位现状	
开始投资年度		股权比例	
核算方法		原始投资成本	
期末账面价值		拟提减值准备金额	
已提减值准备金额			
提取减值准备主要原因			
相关部门意见			
	主管领导：	鉴定责任人：	___年___月___日
财务部门意见			
	主管领导：	鉴定责任人：	___年___月___日
企业意见			
	主管领导：	鉴定责任人：	___年___月___日

20-33 计提在建工程减值准备审批表

计提在建工程减值准备审批表

填报单位：　　　　　　　　　　　　　　　　　　　　　　　　　　___年___月___日

工程名称			
工程类别		开工日期	
目前状况		已停工时间	
已提减值准备金额		拟提减值准备金额	
提取减值准备主要原因			
基建部门意见			
	主管领导：	鉴定责任人：	___年___月___日
生产部门意见			
	主管领导：	鉴定责任人：	___年___月___日
技术部门意见			
	主管领导：	鉴定责任人：	___年___月___日
财务部门意见			
	主管领导：	鉴定责任人：	___年___月___日
企业意见			
	主管领导：	鉴定责任人：	___年___月___日

20-34 计提固定资产减值准备审批表

计提固定资产减值准备审批表

填报单位：　　　　　　　　　　　　　　　　　　　　　　　　　　　___年___月___日

资产编码		出厂日期	
资产名称		投产日期	
规模型号		停产日期	
计量单位		效用年限	
数量		已用年限	
原值		未来可用年限现金净流量现值	
累计折旧			
净值		可变现净值	
已提减值准备金额		拟提减值准备金额	
原折旧率		现折旧率	
折现率			
提取减值准备主要原因			
资产管理部门意见	主管领导：　　　　　　鉴定责任人：　　　　　　___年___月___日		
技术部门意见	主管领导：　　　　　　鉴定责任人：　　　　　　___年___月___日		
生产部门意见	主管领导：　　　　　　鉴定责任人：　　　　　　___年___月___日		
财务部门意见	主管领导：　　　　　　鉴定责任人：　　　　　　___年___月___日		
企业意见	主管领导：　　　　　　鉴定责任人：　　　　　　___年___月___日		

20-35　计提无形资产减值准备审批表

计提无形资产减值准备审批表

填报单位：　　　　　　　　　　　　　　　　　　　　　　　　　___年___月___日

资产名称			
资产类别		原值	
累计摊销		账面净值	
已提减值准备金额		拟提减值准备金额	

提取减值准备主要原因	
生产部门意见	
	主管领导：　　　　　　　鉴定责任人：　　　　　___年___月___日
技术部门意见	
	主管领导：　　　　　　　鉴定责任人：　　　　　___年___月___日
财务部门意见	
	主管领导：　　　　　　　鉴定责任人：　　　　　___年___月___日
企业意见	
	主管领导：　　　　　　　鉴定责任人：　　　　　___年___月___日

20-36 计提委托贷款准备审批表

计提委托贷款准备审批表

填报单位：　　　　　　　　　　　　　　　　　　　　　　　　　　　___年___月___日

借款单位名称			
借款单位类别		借款单位现状	
借款日期		贷款经办单位	
借款金额		贷款原因	
已提减值准备金额		拟提减值准备金额	
提取减值准备主要原因			
清欠部门意见	主管领导：　　　　　　鉴定责任人：　　　　　　　___年___月___日		
财务部门意见	主管领导：　　　　　　鉴定责任人：　　　　　　　___年___月___日		
企业意见	主管领导：　　　　　　鉴定责任人：　　　　　　　___年___月___日		

20-37 减值准备转回审批表

减值准备转回审批表

填报单位：　　　　　　　　　　　　　　　　　　　　　　　　　___年___月___日

资产名称		资产类别	
转回减值准备的截止日期			
已提减值准备的金额			
逆转回减值准备的金额			
相关部门意见			
财务部门意见			
主管领导意见			

第21章 成本费用管理表格

本章阅读索引：

- 产品标准成本表
- 标准成本资料卡
- 每百件产品直接人工定额
- 每百件产品直接材料消耗定额
- 成本费用明细表
- 材料运输费用分配表
- 材料采购成本计算表

- 固定资产折旧费计算分配表
- 待摊费用（报刊费）摊销分配表
- 预提费用（借款利息）摊销计算表
- 工资费用分配表
- 职工福利费计提分配表
- 制造费用分配表
- 产品生产成本计算表

21-01　产品标准成本表

产品标准成本表

标准总产量：

品　名	标准损耗率	材料		直接人工		制造费用		标准单位成本
		取得成本	制成成本	分摊率	单位成本	分摊率	单位成本	

核准：　　　　　　　　　　复核：　　　　　　　　　　制表：

21-02　标准成本资料卡

标准成本资料卡

产品名称：　　　　　　　　　　　　　　标准设定日期：

<table>
<tr><th></th><th>代号</th><th>数量</th><th>标准单价</th><th>一部门</th><th>二部门</th><th>三部门</th><th>四部门</th><th>合计</th></tr>
<tr><td rowspan="3">原料</td><td></td><td></td><td></td><td></td><td></td><td></td><td></td><td></td></tr>
<tr><td></td><td></td><td></td><td></td><td></td><td></td><td></td><td></td></tr>
<tr><td>合计</td><td></td><td></td><td></td><td></td><td></td><td></td><td></td></tr>
<tr><td>人工</td><td>作业编号</td><td>标准工时</td><td>标准工资产量/小时</td><td></td><td></td><td></td><td></td><td></td></tr>
<tr><td rowspan="3">制造费用</td><td>标准工时</td><td colspan="2">标准分摊率/人工小时</td><td></td><td></td><td></td><td></td><td></td></tr>
<tr><td></td><td></td><td></td><td></td><td></td><td></td><td></td><td></td></tr>
<tr><td></td><td></td><td></td><td></td><td></td><td></td><td></td><td></td></tr>
<tr><td colspan="4">每单位制造成本合计</td><td></td><td></td><td></td><td></td><td></td></tr>
</table>

21-03　每百件产品直接人工定额

每百件产品直接人工定额

产品名称及规格：

工序（岗位）名称	定员人数	工价	每件产品人工定额	每百件产品人工定额

21-04　每百件产品直接材料消耗定额

每百件产品直接材料消耗定额

产品名称及规格：　　　　　预算期间：　　　　　　　　　　　单位：元

材料名称	计量单位	理论消耗量	损耗率/%	实际消耗量	材料单价	消耗定额	每件产品消耗定额

编制：　　　　　　　　　　　审批：

21-05 成本费用明细表

成本费用明细表

填报时间：___年___月___日　　　　　　　　　　　　　　单位：万元

行次	项　　目	金　　额
1	一、销售（营业）成本合计（2+7+13）	
2	1. 主营业务成本（3+4+5+6）	
3	（1）销售商品成本	
4	（2）提供劳务成本	
5	（3）让渡资产使用权成本	
6	（4）建造合同成本	
7	2. 其他业务支出（8+9+10+11+12）	
8	（1）材料销售成本	
9	（2）代购代销费用	
10	（3）包装物出租成本	
11	（4）相关税金及附加	
12	（5）其他	
13	3. 视同销售成本（14+15+16）	
14	（1）自产、委托加工产品视同销售成本	
15	（2）处置非货币性资产视同销售成本	
16	（3）其他视同销售成本	
17	二、其他扣除项目合计（18+26）	
18	1. 营业外支出（19+20+…+25）	
19	（1）固定资产盘亏	
20	（2）处置固定资产净损失	
21	（3）出售无形资产损失	
22	（4）债务重组损失	
23	（5）罚款支出	
24	（6）非常损失	
25	（7）其他（包括三项减值准备）	
26	2. 税收上应确认的其他成本费用（27+28）	
27	（1）资产评估减值	
28	（2）其他	
29	三、期间费用合计（30+31+32）	
30	1. 销售（营业）费用	
31	2. 管理费用	
32	3. 财务费用	

经办人（签章）：　　　　　　　　法定代表人（签章）：

21-06 材料运输费用分配表

材料运输费用分配表

___年___月___日

分配对象	分配标准（材料重量）	分配率	分配金额
合计			

部门负责人：　　　　　　　复核人：　　　　　　　制表人：

21-07 材料采购成本计算表

材料采购成本计算表

___年___月___日

成本项目	A材料		B材料	
	总成本	单位成本	总成本	单位成本
买价				
运费				
合计				

部门负责人：　　　　　　　复核人：　　　　　　　制表人：

21-08 固定资产折旧费计算分配表

固定资产折旧费计算分配表

___年___月___日

部　门	会计科目	固定资产原始价值	月折旧率	本月折旧额
车间	制造费用			
行政管理部门	管理费用			
合计				

部门负责人：　　　　　　　复核人：　　　　　　　制表人：

21-09 待摊费用（报刊费）摊销分配表

待摊费用（报刊费）摊销分配表

___年___月___日

部　门	会计科目	本月应摊销额
车间	制造费用	
行政管理部门	管理费用	
合计		

部门负责人：　　　　　　　复核人：　　　　　　　制表人：

21-10 预提费用（借款利息）摊销计算表

预提费用（借款利息）摊销计算表

___年___月___日

借款科目	借款期限	本月发生额	年利率	月利息额
合计				

部门负责人：　　　　　　　复核人：　　　　　　　制表人：

21-11 工资费用分配表

工资费用分配表

___年___月___日

项　目		工资费用			
总账科目	明细科目	定额工资	生产工人	管理人员	合计
生产成本	甲产品				
	乙产品				
	小计				
制造费用					
管理费用					
合计					

部门负责人：　　　　　　　复核人：　　　　　　　制表人：

21-12 职工福利费计提分配表

职工福利费计提分配表

___年___月___日

项目		职工福利费		
总账科目	明细科目	工资总额	提取比例	应提福利费金额
生产成本	甲产品			
	乙产品			
	小计			
制造费用				
管理费用				
合计				

部门负责人： 复核人： 制表人：

21-13 制造费用分配表

制造费用分配表

___年___月___日　　　　　　　　　　　　　　　单位：元

分配对象	分配标准（生产工时）	分配率	分配金额
甲产品			
乙产品			
合计			

部门负责人： 复核人： 制表人：

21-14 产品生产成本计算表

产品生产成本计算表

___年___月___日

成本项目	A产品（产量：件）		B产品（产量：件）	
	总成本	单位成本	总成本	单位成本
直接材料				
直接人工				
其他直接费用				
制造费用				
合计				

部门负责人： 复核人： 制表人：

第22章 会计核算管理表格

本章阅读索引：

- 账簿启用和经管人员一览表
- 会计账册登记表
- 记账凭证清单
- 会计档案保管移交清单
- 会计档案保管清册
- 会计档案销毁清册
- 会计档案销毁清册审批表

22-01 账簿启用和经管人员一览表

账簿启用和经管人员一览表

账簿名称：　　　　　　　　　　　　部门名称：
账簿编号：　　　　　　　　　　　　账簿册数：
账簿页码：　　　　　　　　　　　　启用日期：
会计主管（签章）：　　　　　　　　记账员（签章）：

移交日期			移交人		接管日期			接管人		会计主管	
年	月	日	姓名	签章	年	月	日	姓名	签章	姓名	签章

22-02 会计账册登记表

会计账册登记表

账册名称	使用年度		年度	起用日期	编号	保管人	备注
	单一	跨年					

22-03 记账凭证清单

记账凭证清单

月	日	记账编号	凭证类型	凭证号	摘要	科目编号	科目名称	借方金额	贷方金额

22-04 会计档案保管移交清单

会计档案保管移交清单

部门：

序号	类别	档案名称及内容	起止日期	数量/本	备注
1	凭证				
2	报表				
3	账簿				
4	其他				

会计主管：　　　　　移交人：　　　　　保管人：

22-05 会计档案保管清册

会计档案保管清册

日期	种类	凭证号码	数量编号

22-06　会计档案销毁清册

会计档案销毁清册

部门名称：

序号	类别	题名	起止年月日	目录号	案卷号	原期限	已保管期限	页数	备注

财务负责人签字：　　　　　　档案负责人签字：　　　　　　　　　年　月　日

22-07　会计档案销毁清册审批表

会计档案销毁清册审批表

销毁部门盖章：　　　　　　　　　　　　　　　　　　　　　　____年__月__日

销毁会计档案总计/卷	会计凭证/卷	起止年度	会计账簿/卷	起止年度	财务报告/卷	起止年度	其他核算材料/卷	起止年度	备注
销毁原因									
主管领导意见：		档案部门意见：			财务部门意见：			监销人：	
签字：　年　月　日		签字：　年　月　日			签字：　年　月　日			签字：　年　月　日	
财政部门意见									
审核人意见：		科长意见：				主管局长意见：			
签字：　年　月　日		签字：　年　月　日				签字：　年　月　日			

注：本表一式两份，一份销毁部门档案室保存，一份财政局留存。

第23章 往来账款管理表格

本章阅读索引：

- 应收账款登记表
- 应收账款日报表
- 应收账款月报表
- 应收账款分析表
- 应收账款变动表
- 问题账款报告书
- 应收账款账龄分析表
- 应收账款催款通知单
- 付款申请单

- 劳务（　）月分包付款计划
- 材料月付款计划
- 分包商付款审批表
- 坏账损失申请书
- 应付票据明细表
- 收款情况报告表
- 应收账款可回收性分析表
- 应收账款可回收性判断因素一览表

23-01　应收账款登记表

应收账款登记表

___年度

日期		科目	厂商名称	摘要	金额	冲转日期		采购单号码	进库单号码	备注
月	日					月	日			

23-02　应收账款日报表

应收账款日报表

____年____月____日

应收账款				应收票据			
销货日期	客户	订单号	金额	收单日期	客户名称	银行名称	金额
合计				合计			

23-03　应收账款月报表

应收账款月报表

____年____月____日　　　　　　　　　　单位：元

序号	客户名称	月初余额	本月增加	本月减少	月末余额	账款类别
1						
2						
3						
…						
合计						

23-04　应收账款分析表

应收账款分析表

月份	销售额	累计销售额	未收账款	应收票据	累计票据	未贴现金额	兑现金额	累计金额	退票金额	坏账金额
1月										
2月										
……										
12月										
分析										
对策										

23-05 应收账款变动表

应收账款变动表

___年___月___日

客户名称	上期余额（A）	本期增加			本期减少				本期余额（A+B-C）	备注
		销货额	销货税额	合计（B）	收款	折让	退货	合计（C）		

核准：　　　　　　主管：　　　　　　制表：

23-06 问题账款报告书

问题账款报告书

基本资料栏	客户名称			
	公司地址		电话	
	工厂地址		电话	
	负责人		联系人	
	开始往来时间		交易项目	
	平均每月交易额		授信额度	
	问题账金额			
问题账形成原因				
处理意见				
附件明细				

核准：　　　　　　复核：　　　　　　制表：

23-07 应收账款账龄分析表

应收账款账龄分析表

____年____月____日　　　　　　　　　　　　　单位：元

账龄	A公司		B公司		C公司		合计	
	金额	比例/%	金额	比例/%	金额	比例/%	金额	比例/%
折扣期内								
过折扣期但未到期								
过期1~30天								
过期31~60天								
过期61~90天								
过期91~180天								
过期181天以上								
合计								

23-08 应收账款催款通知单

应收账款催款通知单

____年____月____日

户名	结欠		结欠期间				对策	备注
	日期	金额	2个月	3~6个月	6~12个月	1年以上		
合计								

以上应收账款均已结欠超过2个月以上，请加速催收为荷

此致

　　　　　　　　　　　　　　　　　　　　　　　　　　财务部

　　　　　　　　　　　　　　　　　　　　　　____年____月____日

填写说明：本表由财务部填写两份，一份备查，一份送业务部门。

23-09　付款申请单

付款申请单

厂商编号：
厂商名称：　　　　　　　　月份：　　　　　　　　申请日期：

年/月/日	摘要（收货单号）	申请金额	核发金额	订购单号
合计				

核准：　　　　　　　　主管：　　　　　　　　制表：

说明：（1）采购单位每月按厂商分类编制此表，以利于审核；
　　　（2）适宜采购厂商较多的公司使用。

23-10　劳务（　）月分包付款计划

劳务（　）月分包付款计划

编制单位：　　　　　　　　　　　　填报日期：＿＿＿年＿＿＿月＿＿＿日

序号	分包单位名称	分包项目名称	合同编号	合同价款	人工费	机械费	材料费	扣保修金	实际结算额	已付金额	未付金额	本月拟付金额	付款日期	备注
合计														

工程技术部：　　　　　　　物资部：　　　　　　　总经济师：
商务合约部：　　　　　　　财务部：　　　　　　　副总经理：

23-11 材料月付款计划

材料月付款计划

编制单位: 填报日期:____年____月____日

序号	供应商名称	物资名称	合同编号	合同价款	实际结算额	扣保修金	已付金额	应付金额	本月拟付金额	付款日期	备注
	合计										

项目经理: 工程技术部: 总经济师:

商务经理: 商务合约部: 副总经理:

注:此表报财务部备案。

23-12 分包商付款审批表

分包商付款审批表

项目名称: 申请日期:____年____月____日

1.付款基本情况	
分包商名称:	本单编号:
合同名称:	合同编号:
合同总额:	本期付款为该合同下第　次付款
合同形式:□固定价　□固定单价　□其他	付款方式:□支票　□电汇　□其他
付款形式:□一次性付款　□多次付款　□其他	收款人开户银行
付款性质:□预付款　□进度款　□尾款　□保修款	收款人开户银行账号
2.付款统计情况			

数据类别	序号	数据内容	金额	备注
本期应付款	1	本期完成合同内付款		
	2	本期完成合同外付款		
累计应付款	3	至本期止累计应付款		
本期扣款	4			
	5			

续表

数据类别	序号	数据内容	金额	备注
累计扣款	6	至本期止累计扣款合计		
累计已付款	7			
累计未付款	8			
本次计划付款金额	大写:			
3.付款审批				
审批人员	签 名	签字日期	审 批 意 见	
商务经理				
审批人员	签 名	签字日期	审 批 意 见	
项目经理				
商务合约部				
工程技术部				
财务部				
副总经理				
总经理				
4.实际付款记录				
财务负责人				
本次实际付款金额	大写:		支票号	

23-13 坏账损失申请书

坏账损失申请书

客户的名称		负责人姓名	
营业地址		电话号码	
申请理由			
不能收回的原因			
业务部意见			
财务部意见			
总经理意见			

23-14 应付票据明细表

应付票据明细表

票据类别	票据关系人			合同号	出票日期	票面金额	已计利息	到期日期	利息率	到期应计利息	付息条件	备注
	出票人	承兑人	收款人									

填写说明：
（1）票据类别应按商业承兑汇票、银行承兑汇票分别列示；
（2）与收款人是否存在关联关系，在"备注"栏中说明；
（3）如果涉及非记账本位币的应付票据，应注明外币金额和折算汇率。

23-15 收款情况报告表

收款情况报告表

顾客名称		信用等级		每月业务往来金额		每年业务往来金额	
收款情况				收款不顺利的原因			
1.收款金额 　预定收款金额_____元 　实际收款金额_____元 　差额_____元 2.延迟付款日数 　约定付款日期 　实际收款日期 　迟延日数_____天 3.付款方式上的差异 　合同规定　现金____%　票据____% 　实际收到　现金____%　票据____% 　差距　　　现金____%　票据____% 4.有关该公司的舆论传言 　□未曾听说 　□听到的内容				1.对方资金周转不灵 2.对方恶意拖欠 3.对方未收到账单 4.对方未收到工程量结算书 5.对方的甲方拖欠资金 6.我方和对方人员关系协调不好 7.其他			

续表

总经理的决策指示：1.终止业务往来
（1）立刻终止
（2）暂停往来
（3）伺机停止往来
2.继续业务往来
（1）限制每月的赊欠金额
（2）改善收款条件后继续往来
（3）维持现状，继续催收
3.其他

23-16　应收账款可回收性分析表

应收账款可回收性分析表

客户名称	金额	账龄	比例	可回收性	判断的基本因素
合计					

23-17　应收账款可回收性判断因素一览表

应收账款可回收性判断因素一览表

客户名称：　　　　　　　　　　　　　　　　　　　　分析日期：＿＿年＿＿月＿＿日

判断因素	回收可能性	权重/%
客户发展前景		20
客户资金状况		20
客户和公司继续合作的意愿		20
关键人物的个人个性		20
其他		20
总体回收可能性		100

使用说明：1.判断因素可以根据实际情况添加或减少，主要看有利于判断结果的可靠性。
2.权重分配也是要基于哪个因素对回款最关键。
3.总体回收可能性用来决定下一步催收应收账款的力度和措施。
4.判断的基本因素选最重要的一个即可。

第24章 税务管理表格

本章阅读索引：

- 纳税自查报告
- 企业税务风险安全自测及评估标准
- 月度涉税工作进度表
- 税务风险控制自检表
- 发票开具申请单
- 开具红字增值税专用发票申请单（销售方）
- 开具红字增值税专用发票通知单（销售方）
- 开具红字增值税普通发票证明单
- 发票使用登记表

24-01 纳税自查报告

纳税自查报告

纳税人名称： 　　　　　　　　　　　　　　　报送时间： 　年　月　日

纳税人识别号		经营地址	
法人代表		联系电话	
办税人员		自查类型	
自查情况报告： （一）企业基本情况： （二）历年纳税情况： （三）历年税务检查情况： （四）自查发现的主要问题 （分年度、分税种逐项说明）			

续表

	税种	征收品目	税款所属期起	税款所属期起止	应补缴税款
自查应补税情况	营业税				
	企业所得税				
	个人所得税				
	房产税				
	土地使用税				
	土地增值税				
	印花税				
	其他税费				
调账记录					

纳税人（公章）： 法人代表签章： 经办人：

24-02 企业税务风险安全自测及评估标准

企业税务风险安全自测及评估标准

序号	问题	评估标准	评估结果	问题剖析
1	企业的管理层对税务风险和控制是否重视	年度会议中应列明税务风险议题		
2	企业管理层是否具备税务风险管理意识	企业管理层具有税务风险意识并知道税务风险可能给企业带来的后果		
3	企业的办税人员流动性是否超过预期	一般应等于或低于企业核心人员流动率		
4	是否对企业涉税相关人员在招聘环节测试过税收知识，特别是对财务、税务工作岗位	企业招聘流程中应有相关税务知识的考核方法		
5	是否最近对公司税务财务从业人员进行过专业培训	企业员工培训政策应涵盖专业人员培训内容		
6	是否在新员工培训资料中加入与税务相关的内容	企业新员工培训手册中应有涉税事项的培训资料		
7	是否对企业业务人员进行发票事项的培训	业务人员应该知道发票对企业的重要性及风险点		
8	企业的业务合同是否经过企业税务部门审核	企业税务人员应该知道合同中有关涉税事项并提供专业指导与建议		

续表

序号	问题	评估标准	评估结果	问题剖析
9	企业最近有没有受到税务机关的调查	参照行业、地区同类企业来制定相关标准		
10	新颁布的有关企业的税务相关法律法规是否在30日内完整得到并得到税务部门的评估	企业管理层和税务人员应在30日内知道有关企业税务政策的相关内容,并且企业相关人员也应在合理的时间内(一般不超过45日)知道新的税务政策		
11	对外签订合同中的付款条件、方式等其他条款是否考虑过对纳税的影响	所有付款条件均应得到财务和税务部门的双重审核,保证企业利益不受损害		
12	企业最近有无超年度预算多缴纳的税收?是否对这些多缴纳的税收做过根本原因分析	企业纳税额应在预算的10%上下波动,同时企业可以分析差异的原因		
13	企业税务人员是否知道从事行业的税收优惠政策并能获取相关充分资料以取得该优惠	企业税务人员应该定期收集与企业相关的税收优惠政策并保证企业能享受到所有相关优惠政策		
14	新业务发生时是否咨询过企业财务或税务人员	所有新业务均应得到企业税务人员的审核并确保新业务没有或仅存在较少税务风险或企业具有降低该风险的能力		
15	企业是否为日常税务申报建立流程文件并且是否按时完成日常申报	企业应对日常涉税业务编制流程并形成书面文件,企业无延迟纳税申报记录		
16	税法差异或者企业税务人员是否能有效监督会计事项的税务处理方法	企业会计人员是否了解会计与企业会计记录要真实反映涉税记录,同时企业应编制适合自身业务情况的会计与税务调整说明书并保证执行		
17	企业税务人员是否与当地税务机关建立了良好关系,如有困难,企业是否能得到当地税务机关的支持或帮助	能够从直管税务机关获取与企业相关的税务信息,并且得到当地税务机关的正面评价		
18	企业所处行业或生产产品及服务相关税务政策是否频繁变动	企业所处行业或生产产品及服务相关税务政策变动更新频率未超过平均水平,如果企业属于高税务政策变动行业,应建立税务政策研究小组		
19	企业是否曾经有过被罚款、滞纳金的情况发生?是否就税务事项与税务机关进行过听证、行政复议或法律诉讼的行为	企业应无因纳税事项而被罚款、承担税收滞纳金的情况,同时企业应对税务争议事项按法律程序进行听证、行政复议和进行法律诉讼		
20	企业是否为涉税资料建立起专门的档案或索引目录,并按保密责任和权限进行控制	企业应按分权分控级控制方法和责任制度对涉税资料建立档案和索引目录		
21	是否有事项的内部流程控制?如果没有,是否在系统外形成相关内部控制	企业的ERP系统是否建立起税务企业能够从ERP系统获取所需税务信息,并且ERP系统有关涉税业务的处理能够按内控原则进行		

24-03　月度涉税工作进度表

月度涉税工作进度表

涉税事项	事项描述	完成日期	事项负责人	实际完成日期	延期情况说明

24-04　税务风险控制自检表

税务风险控制自检表

类别	重要风险控制关注点	控制方式	自检结果
重大决策和交易	（1）合并 （2）重组 （3）重大投资项目 （4）经营模式改变 （5）内部交易定价政策	（1）税务部门人员参与重大决策的具体方案制定 （2）重大决策制定前进行税务影响分析和规划、税务尽职调查和相关税务合规性复核 （3）税务人员和重大决策实施部门保持沟通，以完成实施过程中的相关税务合规工作	
经营链和经营要素	经营链 （1）研发（研发模式、费用的归集） （2）采购（存货及进项税发票的管理） （3）制造（成本涉税事项，如折旧） （4）销售（销售形式对销售收入确认时间和数额的影响） 经营要素：人、财、物、智	（1）对预期的风险事项与相关经营链和要素管理部门确定相关税务事项的风险常规管理责任和权利 （2）对非常规性税务事项确定事发沟通机制和第一责任方（问责方）	
税务会计	（1）税负的核算和计提 （2）递延税 （3）税务扣除限额 （4）费用项目的合理分类 （5）纳税调整 （6）将纳税事项在财务报告中进行合理披露（如税务优惠待遇及不确定税务事项的披露等）	（1）对预期的风险事项与相关经营链和要素管理部门确定相关税务事项的风险常规管理责任和权利 （2）对非常规性税务事项确定事发沟通机制和第一责任方（问责方）	

续表

类别	重要风险控制关注点	控制方式	自检结果
税务申报和缴纳	（1）防止错报、漏报、少报、迟报 （2）信息、台账管理 （3）税务凭证的申请和保管 （4）税务文件的制备和保管 （5）发票管理 （6）各地、各国申报计算规范制定与更新的程序和责任分工 （7）申报复核与签署规范的制定	（1）分层管理制度 （2）税务申报自动提醒和报告系统 （3）财务信息与税务申报自动连接转换和核对系统 （4）税务申报编制/复核/批准程序 （5）非常规性申报的第一问责制和沟通、支持制度 （6）文档管理制度	
税务争议和协商	（1）企业税务管理部门及时应对税务局的信息需求 （2）保存税务数据的纸质文档和电子文档 （3）确保税务争议处理结果是真实、完整和正确的 （4）税务管理部门充分监控和解决税务检查环境变化带来的影响	（1）税务争议事项的及时汇报 （2）税务争议的技术支持 （3）责任人制度	

24-05 发票开具申请单

发票开具申请单

客户名称				申请人：		
电话（重要）						
地址						
开票详情							
货物名称	规格型号	单位	数量	单价	金额
合计				小写金额	
				大写金额	
备注	1	请注明合同号，如无合同号，请写明产品名称和合同签订时间	
	2	务必注明开票公司	

经理签字： 　　　　　　　　　　　　　　　申请时间：

24-06 开具红字增值税专用发票申请单(销售方)

开具红字增值税专用发票申请单(销售方)

销售方	名称			购买方	名称		
	税务登记号码				税务登记号码		
开具红字专用发票内容	货物(劳务)名称	单价		数量	金额		税额
	合计						
说明	对应蓝字专用发票密码区内打印的代码: 号码: 开具红字普通发票理由:						

销售方经办人: 　　　　　　　　　　　销售方名称(印章): 　　年　月　日

申明:我部门提供的"申请单"内容真实,否则将承担相关法律责任。

注:本申请单一式两联,第一联销售方留存;第二联销售方主管税务机关留存。

24-07 开具红字增值税专用发票通知单(销售方)

开具红字增值税专用发票通知单(销售方)

填开日期: 　年　月　日　　　　　　　　　　　　　　　　　　No.:

销售方	名称		购买方	名称	
	税务登记代码			税务登记代码	
开具红字发票内容	货物(劳务)名称	单价	数量	金额	税额
	合计				
说明	对应蓝字专用发票密码区内打印的代码: 号码: 开具红字普通发票理由:				

经办人: 　　　　　　负责人: 　　　　　　主管税务机关名称(印章):

注:1.本通知单一式两联,第一联销售方主管税务机关留存;第二联销售方留存。

2.通知单应与申请单一一对应。

3.销售方应在开具红字专用发票后到主管税务机关进行核销。

24-08 开具红字增值税普通发票证明单

开具红字增值税普通发票证明单

销售方单位名称				销售方税务登记号码		
购买方单位名称				购买方税务登记号码		
开具红字增值税普通发票内容	货物（劳务）名称	单价	数量	销售额	对应蓝字发票代码（号码）	
	合计					
开具红字增值税普通发票理由						

经办人：　　　　　　　　　　　　　　　主管税务机关
部门名称（印章）：　　　　　　　　　　审核盖章
　　年　月　日　　　　　　　　　　　　　年　月　日

申明：我部门提供的"证明单"内容真实，否则将承担相关法律责任。

注：本证明单一式三联，第一联购买方税务机关留存；第二联购买方送销售方留存；第三联购买方留存。若证明单由销售方申请开具，第一联销售方税务机关留存；第二和第三联销售方留存。

24-09 发票使用登记表

发票使用登记表

＿＿＿年＿月至＿＿＿年＿月

日期	购货单位（用途）	发票金额	发票编号	使用人	同意人	备注
合计						

主管：　　　　　　　　　财务：　　　　　　　　　复核：

第25章 企业内部审计管理表格

本章阅读索引：

- 审计工作规划表
- 审计分项工作计划表
- 审计工作底稿：经营环境及状况调查表
- 审计工作底稿：横向趋势分析表
- 审计工作底稿：资产负债表纵向分析表
- 审计工作底稿：损益表纵向趋势分析表
- 审计工作底稿：内部控制调查问卷
- 审计工作底稿：控制环境调查记录表
- 审计工作底稿：会计系统控制调查表
- 审计工作底稿：审计查账记录表
- 审计工作底稿：实物核查记录表
- 审计工作底稿：审计结案表
- 审计计划表
- 审计通知单
- 审计工作记录
- 审计查账记录表
- 审计工作报告
- 审计工作底稿

25-01 审计工作规划表

审计工作规划表

被审计部门名称		审计方式	
编制依据		计划工作时间	
审计主要内容和范围：			
审计难点及对策：			
审计组成员	组长：		
	成员：		
审　批	部门意见：		
	总经理意见：		

审核：　　　　　　制表：　　　　　　　　　___年___月___日

25-02　审计分项工作计划表

审计分项工作计划表

审计项目	审计方法	审计人员	起止日期	应收集的审计资料	审计重点与难点

经理：　　　　　　　　　　审计组长：　　　　　　　　　编制人：

25-03　审计工作底稿：经营环境及状况调查表

审计工作底稿：经营环境及状况调查表

单位名称：　　　　　　　　　　　　　　年度

工作项目	重要事项说明
1. 查阅被审计单位所属行业资料	1. 外部环境
2. 参观生产过程和办公场所	2. 企业生产条件
3. 询问管理当局和内审人员	3. 市场分析

25-04　审计工作底稿：横向趋势分析表

审计工作底稿：横向趋势分析表

单位名称：　　　　　　　　　　　　　　　年度　　　　　　　　　　　单位：元

会计报表项目	＿＿年	＿＿年	＿＿年比＿＿年增长		说　明
	已审数	未审数	金额	比例/%	
序　号	①	②	③＝②－①	④＝③/①	
营业收入					＿＿年未审会计报表项目同＿＿年审定会计报表项目的比较分析：
营业成本					
营业毛利					
利润总额					
净利润					
存货					
应收账款					
速动资产					
流动资产					
流动负债					
流动资产净额					
固定资产					
在建工程					
资产总额					
负债总额					
实收资本					
净资产额					

注：说明栏仅分析增减比例超过10%以上的项目。

25-05 审计工作底稿：资产负债表纵向分析表

审计工作底稿：资产负债表纵向分析表

单位名称：　　　　　　　　　　　___年度　　　　　　　　　　　单位：元

会计报表项目	___年		___年		增减数	说　明
	已审数	比例/%	未审数	比例/%		
行次	①	②	③	④	⑤=④-②	
流动资产						
长期投资						___年未审会计报表项目同___年审定会计报表项目的比较分析：
固定资产净额						
在建工程						
递延资产						
无形及其他资产						
待处理财产净损失						
资产合计						
流动负债						
长期负债						
负债合计						
实收资本						
其他权益						
负债及权益合计						

注：说明栏仅分析增减比例超过10%以上的项目。

25-06 审计工作底稿：损益表纵向趋势分析表

审计工作底稿：损益表纵向趋势分析表

单位名称： ＿＿＿年度　　　　　　　　　　　　　单位：元

会计报表项目	年		年		增减数	说明
	已审数	比例/%	未审数	比例/%		
行　次	①	②	③	④	⑤=④-②	
一、主营业务收入						＿＿＿年未审会计报表项目同＿＿＿年审定会计报表项目的比较分析：
减：营业成本						
销售费用						
管理费用						
财务费用						
营业税金及附加						
二、主营业务利润						
加：其他业务利润						
三、营业利润						
加：投资收益						
营业外收入						
补贴收入						
减：营业外支出						
四、利润总额						
减：所得税						
五、净利润						

注：说明栏仅分析增减比例超过5%以上的项目。

25-07 审计工作底稿：内部控制调查问卷

审计工作底稿：内部控制调查问卷

被审计单位名称：　　　　　　　　　　年度

目　　　录	说明
一、管理机构、管理制度的调查	
1. 控制环境调查记录	
2. 会计系统控制调查记录	
①会计系统	
②计算机系统	
3. 控制环境和会计系统内控调查小结	
二、业务循环调查	
1. 销售与收款循环内控问卷	
2. 购置与付款循环内控问卷	
3. 生产循环以及工薪与人事循环内控问卷	
4. 仓储与存货循环内控问卷	
5. 融资与投资循环内控问卷	
三、各业务循环控制评价	
结论：	

25-08　审计工作底稿：控制环境调查记录表

审计工作底稿：控制环境调查记录表

单位名称：_____　　____年度

应调查项目内容	评述
1. 决策和管理方面 （1）董事会是否独立，能否有效地对经营、管理实施控制？ （2）董事会是通过哪些措施实施控制的？ （3）重大投资、收购合并、财产抵押、购置重要资产和签订重要合同、协议是否经董事会批准？（摘录或复印董事会有关决议） （4）重大购销业务，大额资金借贷和现金支付、资产调整、长期工程合同签订等是否经总经理核准？ （5）高层管理人员是否重视和了解内控？（与总经理交谈）是否及时采纳外部、内部审计人员所提出的建议？ （6）管理当局是否参与计划和预算的编制和审核？ （7）总经理层是否对财务报表进行独立的检查和分析？ （8）总经理层是否对有关经济业务的内部报告进行独立的检查和分析？ （9）总经理层是否对那些属于"非常或例外"事项及时做出反应？ （10）总经理层是否对财务和经营业务中失控情况，及时采取应急措施以使之恢复正常？ （11）会计系统和控制环境发生变化时，是否经总经理核准？（如有，请企业提供书面核准程序）	
2. 组织机构方面 （1）公司本部、分部和子公司在重大生产经营方面的决策权限是否划分清楚？ （2）生产、经营和管理部门是否健全？（获取企业组织机构图复印件） （3）上述部门所拥有的权力和应承担的责任是否有明确规定？组织内各级人员是否均已正确理解权、责划分情况？（请企业提供企业经济责任制复印件） （4）采购和销售业务的执行、记录、交易和资产保管职能是否分开？（获取管理人员分工图）	
3. 管理制度方面 （1）对重大投资和购置活动是否有可行性研究并经财务部门会审制度？ （2）企业内部是否有较严格的经济责任制，并对各部门完成业绩的好坏进行考核和奖惩？ （3）是否实行目标成本管理制度？（如有请企业提供复印件） （4）是否有费用预算限额开支制度？（如有请企业提供复印件） （5）是否有费用与成本分析考核制度？ （6）是否有材料与工时定额管理制度？（如有请企业提供复印件） （7）是否对资金实行归口管理制度？（如有请企业提供复印件） （8）资金使用前是否编制计划及授权审批？ （9）对存货是否有定期盘点制度？（请企业提供存货管理与盘点制度） （10）对固定资产是否一年至少盘点一次？（请企业提供固定资产管理盘点制度） （11）对企业主要资产是否有财产保险制度？	

25-09　审计工作底稿：会计系统控制调查表

审计工作底稿：会计系统控制调查表

单位名称：_____　　____年度

应调查项目内容	评述
1. 财会主管方面 （1）会计和财务方面的事项，是集中于总部或母公司处理，还是按分权原则，由各子公司或分部分别处理？集中或分散程度如何？ （2）财务主管拥有哪些方面专业知识和技能？掌握的深度和训练程度如何？ （3）财务主管是否能参与企业生产经营的重大决策？ （4）财务主管对重大支出是否亲自核准？	
2. 会计机构和人员方面 （1）财务会计机构是否独立？ （2）财务会计机构是否健全？ （3）财务会计机构人员是否充足？ （4）业务分工是否明确并考虑批准、执行和记录职能分开的内部牵制原则？	
3. 会计核算与管理方面 （1）银行日记账和现金日记账是否采用订本式？ （2）有价证券、应收（付）票据是否设置了备查登记簿？ （3）原始凭证是否都经稽核人员和有关领导审核无误？ （4）是否有企业财务收支审批制度？（如有请企业提供复印件） （5）空白支票和印章是否分开由专人保管？ （6）现金保险箱是否由专人掌握钥匙和密码？ （7）是否有会计核算业务手册？（如有请企业提供复印件） （8）是否有成本核算规程？（如有请企业提供复印件） （9）固定资产总账是否每年与固定资产管理部门台账核对相符？ （10）存货总账是否每月与存货管理部门明细账核对相符？ （11）应收账款、其他应收款是否定期催收清理？	
4. 会计控制系统的变化 （1）近年来财务部门所承担的职能、财务部门组织和内部职责划分方面有何变化？ （2）以前年度审计中是否发现会计系统控制中存在重大问题？（如有，列举问题） （3）本年度会计系统控制有无重大变化？（如有，列举改变内容）	

25-10　审计工作底稿：审计查账记录表

审计工作底稿：审计查账记录表

被审计部门：　　　　　　　　　问题类别：　　　　　　　　　　　　　　单位：元

年		册编号	凭证号码	内容摘要	金额	会计记录		审计结论
月	日					借	贷	

审计组长：　　　　　审计员：　　　　　复核：　　　　　审计日期：

25-11　审计工作底稿：实物核查记录表

审计工作底稿：实物核查记录表

被审计部门：　　　　　　　　　___年___月___日　　　　　　　　　　　单价：元

品名	规格	计量单价	账面数			盘点数			盈/亏		备注
			数量	单位	金额	数量	单位	金额	数量	金额	

实物负责人：　　　　清点：　　　　复核：　　　　审计组长：　　　　审计员：

25-12 审计工作底稿：审计结案表

审计工作底稿：审计结案表

审计期间：

被审部门		审计项目	
内容摘要			
所附凭证			
评价及建议			
被审部门意见			

审计组长（主审）：　　　　　　　　___年___月___日

25-13 审计计划表

审 计 计 划 表

编号：　　　　　　填写日期：

被审计部门		审计时间	
审计目标			
审计范围			
主要审计内容			
审计方式			
审计人员			
备注			
领导审批意见：			
签名：　　　　　　日期：			

25-14 审计通知单

审计通知单

□ 定期 □ 不定期	___月___日

审计单位：	审计日期：
审计内容：	
配合事项：	

总经理： 制单：

25-15 审计工作记录

审计工作记录

编号： 填写日期：

审计事项					
审计部门					
审计记录	单据	数量	金额	正确性	说明
评语					

25-16 审计查账记录表

审计查账记录表

被审计单位：　　　　　　问题类别：　　　　　　　　　　单位：

年		证册号	凭证号码	内容摘要	金额	会计记录		审计结论
月	日					借	贷	

审计组长：　　　　　审计员：　　　　　复核：　　　　　审计日期：

25-17 审计工作报告

审计工作报告

审计部门：

审计项目	审计类别	审计期间	抽样比率	审计结果	备注
审计意见					

制表：　　　　　审计专员：　　　　　审计主管：　　　　　财务总监：

25-18　审计工作底稿

审计工作底稿

审计对象		审计时间	
审计内容			
发现的问题			
处理意见			
附件			
审计人员签字		被审计对象签字	

第26章 财务分析管理表格

本章阅读索引：

- 财务分析提纲
- 财务状况控制表
- 现金流量表纵向趋势分析表
- 资产负债表纵向趋势分析表
- 利润表纵向趋势分析表
- 月份财务分析表
- 年度财务分析表
- 财务状况分析表
- 商品产销平衡趋势分析表
- 运营状况分析表（1）：存货周转状况分析
- 运营状况分析表（2）：固定资产周转状况分析
- 运营状况分析表（3）：流动资产周转状况分析
- 运营状况分析表（4）：总资产周转状况分析
- 运营状况分析表（5）：应收账款周转状况分析
- 融资风险变动分析表
- 生产经营状况综合评价表
- 资金收支预算执行考核表
- 成本利润趋势变动表
- 投资回报分析表
- 资本结构弹性分析表
- 企业资产结构分析表
- 资产负债表项目结构分析表
- 资产负债表项目趋势分析表
- 核心财务指标趋势分析表
- 预算损益执行情况表
- 财务指标评价分析表
- 应收账款分析表
- 存货分析表
- 利润分析表
- 财务比率综合分析表

26-01　财务分析提纲

财务分析提纲

一、主要指标完成情况
（一）产量
（二）产值
（三）销售收入
（四）利税
　　1. 利润
　　2. 税金
（五）销售回款
　　1. 内贸回款
　　（1）配套市场
　　（2）维修市场
　　2. 外贸回款
（六）出口交货值
（七）二项资金占用
　　1. 应收账款占用
　　2. 产成品占用

二、主要财务状况分析
（一）盈利能力
　　1. 销售利润率：（利润总额÷销售收入）×100%
　　2. 成本费用利润率：（利润总额÷成本费用总额）×100%
（二）偿债能力指标
　　1. 资产负债率：（负债总额÷资产总额）×100%
　　2. 流动比率：（流动资产÷流动负债）×100%
　　3. 速动比率：（流动资产－存货）÷流动负债
　　4. 利息支付倍数：税息前利润÷利息费用
（三）营运能力指标
　　1. 应收账款周转率：（销售收入÷平均应收账款）×100%
　　2. 存货周转率：（销售成本÷平均存货）×100%
（四）上市指标
　　1. 每股收益：税后利润÷股本总数
　　2. 净资产收益率：净利润÷平均股东权益
　　3. 销售毛利率：（销售收入－销售成本）÷销售收入×100%
　　4. 销售净利率：（净利润÷销售收入）×100%

三、资金收支分析

四、成本费用分析

五、存在的问题及建设

26-02 财务状况控制表

财务状况控制表

___年___月___日

应收账款		应付账款	
昨日余额		昨日余额	
本日销货		本日发票付账	
本日退货折让		折让退回	
现金销货		支付票据	
货款收回		支付现金	
本日余额		本日余额	
应收票据		应付票据	
昨日余额		昨日余额	
本日收入		本日支付票据	
本日兑现		本日到期	
本日余额		本日余额	

银行存款	昨日结存	本日存入	本日支出	本日结存	明日应付款

核准：　　　　　　复核：　　　　　　制表：

26-03 现金流量表纵向趋势分析表

现金流量表纵向趋势分析表

项　　目	上年金额	本年金额	本年比上年增长	
			金　额	比例/%
	①	②	③=②-①	④=③÷①
1. 经营活动产生的现金流量				
（1）销售商品、提供劳务收到的现金				
（2）收到的税费返还				
（3）收到的其他与经营活动有关的现金				
（4）现金流入小计				
（5）购买商品、接受劳务支出的现金				
（6）支付给职工以及为职工支付的现金				
（7）支付的各项税费				

续表

项 目	上年金额 ①	本年金额 ②	本年比上年增长	
			金 额 ③=②-①	比例/% ④=③÷①
（8）支付的其他与经营活动有关的现金				
（9）现金流出小计				
（10）经营活动产生的现金流量净额				
2. 投资活动产生的现金流量				
（1）收回投资所收到的现金				
（2）取得投资收益所获得的现金				
（3）处置固定资产、无形资产和其他长期投资所收回的现金净额				
（4）收到的其他与投资活动有关的现金				
（5）现金流入小计				
（6）购建固定资产、无形资产和其他长期资产所支付的现金				
（7）投资所支付的现金				
（8）支付的其他与投资活动有关的现金				
（9）现金流出小计				
（10）投资活动产生的现金流量净额				
3. 筹资活动产生的现金流量				
（1）吸收投资所收到的现金				
（2）取得借款所收到的现金				
（3）收到的其他与筹资活动有关的现金				
（4）现金流入小计				
（5）偿还债务所支付的现金				
（6）分配股利、利润和偿付利息所支付的现金				
（7）支付的其他与筹资活动有关的现金				
（8）现金流出小计				
（9）筹资活动产生的现金流量净额				
4. 汇率变动对现金的影响				
5. 现金及现金等价物增加额				
补充资料				
1. 将净利润调节为经营活动现金流量				

续表

项　　目	上年金额 ①	本年金额 ②	本年比上年增长	
			金额 ③=②-①	比例/% ④=③÷①
净利润				
加：计提的资产减值准备				
固定资产折旧				
无形资产摊销				
长期待摊费用摊销				
待摊费用减少（减：增加）				
预提费用增加（减：减少）				
处置固定资产、无形资产和其他长期资产的损失（减：收益）				
固定资产报废损失				
财务费用				
投资损失（减：收益）				
递延税款贷项（减：借项）				
存货的减少（减：增加）				
经营性应收项目的减少（减：增加）				
经营性应付项目的增加（减：减少）				
其他				
经营活动产生的现金流量净额				
2. 不涉及现金收支的投资和筹资活动				
债务转为资本				
一年内到期的可转换公司债券				
融资租入固定资产				
3. 现金及现金等价物净增加情况				
现金的期末余额				
减：现金的期初余额				
加：现金等价物的期末余额				
减：现金等价物的期初余额				
现金及现金等价物净增加额				

26-04　资产负债表纵向趋势分析表

资产负债表纵向趋势分析表

会计报表项目	上年金额	本年金额	本年比上年增长	
			金额	比例/%
	①	②	③=②-①	④=③÷①
流动资产				
长期投资				
固定资产净额				
在建工程				
长期待摊费用				
无形资产及其他资产				
待处理财产损失				
资产合计				
流动负债				
长期负债				
负债合计				
实收资本				
其他权益				

26-05　利润表纵向趋势分析表

利润表纵向趋势分析表

会计报表项目	上年金额	本年金额	本年比上年增长	
			金额	比例/%
	①	②	③=②-①	④=③÷①
1. 主营业务收入				
减：主营业务成本				
2. 营业税金及附加				
3. 主营业务利润				
加：其他业务利润				
减：存货跌价损失				
销售费用				
管理费用				

会计报表项目	上年金额	本年金额	本年比上年增长	
			金额	比例/%
	①	②	③=②-①	④=③÷①
财务费用				
4. 营业利润				
加：投资收益				
营业外收入				
减：营业外支出				
加：以前年度损益调整				
5. 利润总额				
减：所得税				
6. 净利润				

26-06　月份财务分析表

月份财务分析表

资产项目	上月价值	本月价值	净增加	负债项目	上月金额	本月金额	净增加
现金				应付账款			
银行存款				应付票据			
应收账款				暂收款			
应收票据				其他			
在制品库存				小计			
在制品价值				借款			
原料库存				股本			
物料库存				本期盈余			
				累积盈余			
其他				合计			
小计				存货类别	原料	物料	在制品	制成品
固定资产				上期结存			
折旧				本期入库			
存出保证金				折让			
暂存款				本期结存			
其他				本期出库			
小计				生产耗用			
合计				其他耗用			

26-07　年度财务分析表

年度财务分析表

盖章单位：

指标名称	本期数	上年同期数	增减率	指标名称	本期数	上年同期数	增减率
营业收入/元				总产值/元			
利润/元				应收账款周转天数/天			
创汇额/美元				流动资金周转天数/天			
存货/元				存货周转天数/天			
借款总额/元				销售利润率/%			
应收账款/元				产品销售率/%			
员工人数/人				负债比率/%			
				投资收益率/%			
本年度财务状况分析							

26-08　财务状况分析表

财务状况分析表

项次	检讨项目	检讨	评核 良	评核 可	评核 差
1	投入成本	□投资事业过多　□增资困难			
2	资金冻结	□严重　□尚可　□轻微			
3	利息负担	□高　□中　□低			
4	设备投资	□过多未充分利用　□可充分利用 □设备不足　□设备陈旧			
5	销售价格	□好　□尚有利润　□差			
6	销售量	□供不应求　□供求平衡　□竞争利害 □销售水平差			
7	应收款	□赊销过多　□尚可　□甚少			
8	应收票据	□期票过多　□适中　□支票甚少			
9	退票坏账	□很多　□尚可　□甚少			
10	生产效率	□高　□尚可　□差			
11	附加价值	□低　□尚可　□差			

续表

项次	检讨项目	检 讨	评 核		
			良	可	差
12	材料库存	□多 □适中 □短			
13	采购期	□过长 □适中 □短			
14	耗料率	□高 □中 □理想			
15	产品良品率	□高 □中 □低			
16	人工成本	□高 □适中 □低			
17	成品库存	□多 □适中 □少			
18	在制品库存	□多 □适中 □少			

26-09 商品产销平衡趋势分析表

商品产销平衡趋势分析表

商品名称		产量		销量							
		合计		合计			合计			合计		
		数量	金额	数量	金额	比例/%	数量	金额	比例/%	数量	金额	比例/%
年												
	合计											
年												
	合计											
年												
	合计											

26-10　运营状况分析表（1）：存货周转状况分析

运营状况分析表（1）：存货周转状况分析

单位：元

项　目	年	年	年
销货成本			
存货年末余额			
存货周转率/次			
存货周转天数/天			
综合分析：			

26-11　运营状况分析表（2）：固定资产周转状况分析

运营状况分析表（2）：固定资产周转状况分析

单位：元

项　目	年	年	年
销售收入净额			
固定资产年末余额			
固定资产平均净值			
固定资产周转率/次			
固定资产周转天数/天			
综合分析：			

26-12　运营状况分析表（3）：流动资产周转状况分析

运营状况分析表（3）：流动资产周转状况分析

单位：元

项　目	年	年	年
产品销售收入净额			
流动资产年末余额			
流动资产平均余额			

续表

项　目	年	年	年
流动资产周转率/次			
流动资产周转天数/天			
综合分析：			

26-13　运营状况分析表（4）：总资产周转状况分析

运营状况分析表（4）：总资产周转状况分析

单位：元

项　目	年	年	年
销售收入净额			
全部资产年末余额			
全部资产平均余额			
全部资产周转次数/次			
综合分析：			

26-14　运营状况分析表（5）：应收账款周转状况分析

运营状况分析表（5）：应收账款周转状况分析

单位：元

项　目	年	年	年
赊销收入净额			
应收账款年末余额			
应收账款平均余额			
应收账款周转率/次			
应收账款周转天数/天			
综合分析：			

26-15　融资风险变动分析表

融资风险变动分析表

项　目	年				年				差异（比重）	
	年初数	期末数	平均数	比重	年初数	期末数	平均数	比重	比重差	升降幅度
流动负债										
长期负债										
负债合计										
所有者权益										
融资总额										

26-16　生产经营状况综合评价表

生产经营状况综合评价表

指　标	单位	权数	上期实际数	本期目标数	本期实际数	与上期比评分	与目标比评分
（一）经营收益		26					
资产报酬率	%	12					
销售利润率	%	8					
人均利润率	元/人	6					
（二）经营安全		24					
产品适销率	%	8					
优质产品率	%	8					
资产负债率	%	8					
（三）经营效率							
劳动生产率	元/人	10					
固定资产利用率	%	5					
原材料利润率	%	8					
（四）经营周转							
产品销售率	%	5					
存货周转率	次数	5					
应收账款周转率	次数	5					
（五）经营发展							
产品更新率	%	5					
销售收入增长率	%	5					
利润总额增长率	%	5					
生产经营状况		100					

26-17 资金收支预算执行考核表

资金收支预算执行考核表

月份：

摘 要	实际金额	预算金额	差异金额	差异/%	说 明
收入：					
销货收入					
废料收入					
短期借款					
其他收入					
收入合计					
支出：					
工资					
原料					
物料					
间接材料					
维护修理					
设备零件					
电力动力					
水电费					
工程、机器设备					
运费					
交通费					
员工福利					
劳工保险					
保险费					
利息					
伙食费					
交际费					
广告费					
其他费用					
支出合计					
收支差额					

复核：　　　　　　　　　　　　　　制表：

26-18 成本利润趋势变动表

成本利润趋势变动表

单位：元

项　　目	年	年	年
1.商品销售毛利			
2.商品经营利润			
3.营业利润			
4.利润总额			
5.净利润			
6.销售成本			
7.商品经营成本			
8.营业成本			
9.税前成本			
10.税后成本			
11.销售成本毛利率=1÷6			
12.经营成本利润率=2÷7			
13.营业成本利润率=3÷8			
14.税前成本利润率=4÷9			
15.税后成本净利率=5÷10			

26-19 投资回报分析表

投资回报分析表

年度：

投资项目	投 资 类 别				预计投资金额	已支付金额	完成程度		估计收益状况			
	产品	产量	财务	其他			已完	比例/%	金额	收益期	回收年限	收益率
合计												

26-20 资本结构弹性分析表

资本结构弹性分析表

项目		年初数	年末数	差异
弹性融资	流动负债 长期借款 应付债券 未分配利润 盈余公积（公益金） 弹性融资合计			
非弹性融资	长期应付款 实收资本 资本公积 盈余公积（非公益金部分） 非弹性融资合计			
总融资	融资合计			
弹性	资本结构弹性（ ）			
备注				

26-21 企业资产结构分析表

企业资产结构分析表

项　　目	年初/%	年末/%	差异率/%	相邻两项之和	相邻两项之差
流动资产					
货币资金					
短期投资					
应收票据					
应收账款					
减：坏账准备					
应收账款净额					
预付账款					
其他应收款					
存货					
待摊费用					
待处理流动资产损失					
一年内到期的长期债券					
投资					
其他流动资产					
流动资产合计					

续表

项　目	年初/%	年末/%	差异率/%	相邻两项之和	相邻两项之差
长期投资					
短期投资					
固定资产					
固定资产原价					
减：累计折旧					
固定资产净值					
固定资产清理					
在建工程					
待处理固定资产损失					
固定资产合计					
无形及递延资产					
无形资产					
递延资产					
无形及递延资产合计					
其他长期资产					
固定及长期资产合计					
资产总计					

26-22　资产负债表项目结构分析表

资产负债表项目结构分析表

项　目	年初/%	年末/%	差异
流动资产：			
货币资金			
短期投资			
应收票据			
应收账款			
减：坏账准备			
应收账款净额			
预付账款			
存货			
待摊费用			
待处理流动资产损失			
一年内到期的长期债券投资			
流动资产合计			
长期投资：			
长期投资			
固定资产：			

续表

项 目	年初/%	年末/%	差 异
流动负债：			
短期借款			
应付票据			
应付账款			
预收账款			
其他应付款			
应付工资			
未交税金			
未付利润			
预提费用			
一年期内到期的长期负债			
流动负债合计			
长期负债：			
长期借款			
应付债券			

26-23 资产负债表项目趋势分析表

资产负债表项目趋势分析表

单位：元

项 目	年 月 日			年 月 日			年 月 日		
	金额	比例/%	趋势	金额	比例/%	趋势	金额	比例/%	趋势
资产									
流动资产									
现金及银行存款									
应收款项									
存货									
其他									
长期投资及基金									
固定资产									
递延资产									
其他资产									
资产合计									
负债及净值									
流动负债									

续表

项目	年 月 日			年 月 日			年 月 日		
	金额	比例/%	趋势	金额	比例/%	趋势	金额	比例/%	趋势
短期借款									
应付款项									
其他									
长期负债									
递延负债									
其他负债									
负债合计									
资本									
公积及盈余									
本期损益									
净值合计									
负债及净值合计									

26-24 核心财务指标趋势分析表

核心财务指标趋势分析表

项目			最近5年财务指标趋势				
			年	年	年	年	年
财务结构	负债占资产比率						
	长期资金占固定资产比率						
偿还能力	流动比率						
	速动比率						
	利息保障倍数						
经营能力	应收款项周转率/次						
	应收款项收现时间/天						
	存货周转率/次						
	平均售货时间/天						
	固定资产周转率/次						
	总资产周转率/次						
获利能力	资产报酬率/%						
	股东权益报酬率/%						
	占实收资本比率/%	营业利润					
		税前纯润					

续表

项目		最近5年财务指标趋势				
		年	年	年	年	年
获利能力	收益率/%					
	每股盈余/元					
现金流量	现金流量比率/%					
	现金再投资比率/%					

26-25 预算损益执行情况表

预算损益执行情况表

项目	单位	去年同期	预算	实际	对比			备注
					差异	比例/%	比上年增长	
①	②	③	④	⑤	⑥=⑤-④	⑦=⑥÷④	⑧=(⑤-③)÷⑤	
产量								
收入								
销售成本								
其中：原材料								
工资								
制造费用								
毛利								
毛利率								
管理费用								
其中：研发费用								
财务费用								
销售费用								
税金及附加								
利润								
利润率								

26-26 财务指标评价分析表

财务指标评价分析表
___年___月___日

项　　目	计算公式	本期数	上期数	对比分析	备注
1. 财务效益状况					
①净资产收益率	净利润÷平均净资产				
②总资产报酬率	（利润总额＋利息支出）÷平均资产总额				
③资本保值增值率	调整后的期末所有者权益÷期初所有者权益				
④销售（营业）利润率	销售利润÷销售收入净额				
⑤成本费用利润率	利润总额÷成本费用总额				
2. 资产营运状况					
①总资产周转率	销售收入净额÷平均资产总额				
②流动资产周转率	销售收入净额÷平均流动资产总额				
③存货周转率	销售成本÷平均存货				
④应收账款周转率	赊销收入净额÷平均应收账款余额				
⑤不良资产比率	年末不良资产总额÷年末资产总额				
⑥资产损失比率	待处理财产损失净额÷年末资产总额				
3. 偿债能力状况					
①资产负债率	负债总额÷资产总额				
②已获利息倍数	息税前利润÷利息支出				
③流动比率	流动资产÷流动负债				
④速动比率	速动资产÷流动负债				
⑤现金流动负债比率	年经营现金净流入÷流动负债				
⑥长期资产适合率	（所有者权益＋长期负债）÷（固定资产＋长期投资）				
⑦经营亏损挂账比率	经营亏损挂账÷年末所有者权益				
4. 发展能力状况					
①销售（营业）增长率	本年销售增长额÷上年销售总额				
②资本积累率	本年所有者权益增长额÷年初所有者权益				
③总资产增长率	本年总资产增长额÷年初资产总额				
④固定资产成新率	平均固定资产净值÷平均固定资产原价				

26-27 应收账款分析表

应收账款分析表

单位：　　　　　　　　　　　　　　　　　　　　　　　　　　　　　　单位：元

账　龄	金额	比例	可收回金额	可收回比率	预计收款费用	预计坏账损失	备注
1～6个月							
6个月至1年							
1～2年							
2～3年							
3年以上							
评价分析：							

26-28 存货分析表

存货分析表

单位：　　　　　　　　　　　　　　　　　　　　　　　　　　　　　　单位：元

项　　目	期初	期末	完好程度	损失	备注
原材料					
半成品					
产成品					
低值易耗品					
包装物					
其他					
评价分析：					

26-29 利润分析表

利润分析表

单位：

项 目	单位	金额	占利润总额比	备注
主营业务利润				
其他营业收入				
营业利润				
投资收益				
其他				
利润总额				
评价分析：				

26-30 财务比率综合分析表

财务比率综合分析表

指 标 ①	重要性系数 ②	标准值 ③	实际值 ④	关系比率 ⑤=④÷③	综合系数 ⑥=②×⑤
流动比率	0.15				
速动比率	0.1				
资产负债率	0.1				
应收账款周转率	0.05				
存货周转率	0.1				
总资产周转率	0.13				
销售利润率	0.1				
总资产收益率	0.1				
所有者权益收益率	0.15				
合计	1				